LUIS MIGUEL SÁNCHEZ TOSTADO

La historia desconocida de Jesús de Nazaret

ALMUZARA

Primera edición: abril de 2023

Editorial Almuzara • Colección Historia
Director editorial: Antonio Cuesta
Editora: Ángeles López
Corrección: Mónica Hernández
Maquetación: Joaquín Treviño

www.editorialalmuzara.com
pedidos@almuzaralibros.com - info@almuzaralibros.com

Editorial Almuzara
Parque Logístico de Córdoba. Ctra. Palma del Río, km 4
C/8, Nave L2, nº 3. 14005 - Córdoba

Imprime: Romanyà Valls
ISBN: 978-84-11316-31-6
Depósito legal: CO-503-2023
Hecho e impreso en España - *Made and printed in Spain*

Afirmar que la Tierra gira alrededor del Sol es tan erróneo como proclamar que Jesús no nació de una virgen.

Cardenal Roberto Belarmino,
durante el juicio de Galileo en 1615.

A Mercedes, por su paciente condescendencia.

A Mª José Molina, por sus correcciones y consejos.

Índice

Mi punto de vista

Imaginemos que Jesús fue un profeta apocalíptico que predicó a un pequeño grupo de seguidores en Galilea y que no nació en Belén en el año 0 de nuestra era, sino en la aldea de Nazaret seis años antes (6 a. C.). Imaginemos que tampoco nació en diciembre, sino en marzo o abril. Pongamos que era pobre y nunca fue adorado por reyes ni magos. Sus padres biológicos fueron José y María, los cuales tuvieron, al menos, seis hijos más sin que la madre fuese virgen en cada parto. Pongamos que Jesús era bajito de talla, achaparrado, de piel oscura, ojos castaños y pelo negro y que posiblemente se casó y tuvo al menos un hijo. Imaginemos que, tras su actividad político-religiosa, fue detenido y condenado a muerte por sedición, siendo crucificado junto a varios de sus hombres, muriendo no a los 33 años, sino próximo a los 42. Por aquella época, casi un abuelo con el cabello cano. Imaginemos por último que fue enterrado en la fosa común de los bandoleros y sediciosos, y no en el sepulcro de un fariseo rico.

Pues bien, este sería, resumido, el perfil más próximo al Jesús histórico en base a las conclusiones de historiadores, exégetas, paleógrafos y científicos en los estudios que, sobre su figura y sobre los textos evangélicos, se han realizado en los dos últimos siglos. En esta especulación se han tenido en cuenta los errores bíblicos y las costumbres de la época, incluyendo estudios antropológicos y antropométricos sobre los palestinos del siglo I para aproximarse a su aspecto físico. Podría añadirse que nunca resucitó y que adoleció de los poderes sobrenaturales que le atribuyeron décadas después de su muerte personas que nunca lo conocieron, pero esto ya pertenece al imperio de la fe que cada cual profese.

Pese a su abordaje crítico, esta obra no trata en ningún caso de mermar o cuestionar la fe cristiana, sino de exponer enigmas, contradicciones, errores, curiosidades y aspectos insólitos del Antiguo y del Nuevo Testamento (en adelante AT y NT) y de la figura histórica, fascinante donde las haya, de Jesus de Nazaret.

Hasta hace poco tiempo, publicar discrepancias sobre los dogmas cristianos suponía el señalamiento como blasfemo o hereje. Solo a religiosos y a teólogos se los consideraba capacitados para opinar, pues los seglares, alegaban, carecían de la formación diocesana para deponer sobre tan elevados misterios. Aún hoy, hay quienes consideran que, si no eres titulado en Estudios Bíblicos, no estás capacitado para opinar con criterio.

Para reflexionar sobre las Sagradas Escrituras o la historia del cristianismo no hay que ser teólogo, basta con hacerse preguntas, documentarse, leer el 'libro de libros', conocer la diversidad teórica de los eruditos y sacar conclusiones. Y esas conclusiones pueden ser tan válidas como otras, incluso menos condicionadas si cabe, pues proceden de la autonomía que proporciona no pertenecer a ninguna confesión religiosa. ¿Acaso es más objetivo el apologista formado en seminarios diocesanos bajo el paraguas doctrinal de la Iglesia?

Objetividad. ¿Qué es ser objetivo? Para la RAE ser objetivo es lo perteneciente al objeto en sí mismo, con independencia de la propia manera de pensar o de sentir. También se relaciona el término con lo desinteresado y lo desapasionado. Aplicado a la ideología o a la religión parecería que ser objetivo consiste en exponer las opiniones de los demás sin ofrecer la propia. Frente a esa concepción, no soy nada objetivo por cuanto jamás desvinculé mis ensayos de mis conclusiones interpretativas, ni prescindí de mi criterio, ni del interés y el apasionamiento en la búsqueda de respuestas. ¿Es más objetivo el autor que no se moja que aquel que defiende su tesis con argumentos? ¿Por qué se considera parcial o desautorizado a quien sostiene opiniones que no coinciden con las versiones oficiales?

Cuando dejamos a un lado la ciencia y la historiografía para adentrarnos en el universo teológico del fideísmo (creer sin ver), con el consiguiente menoscabo de la lógica y las leyes de la naturaleza, se abre un cajón de sastre en el que todo vale. Desde esta perspectiva, rebatir doctrinas religiosas sobre hechos inverosímiles y personajes míticos de los que no existen pruebas históricas, arqueológicas ni documentales ajenas a las fuentes bíblicas, es una batalla inútil. En materia de fe, se cree o no se cree. No hay más. El problema es que el cristianismo nos ha inculcado la figura de Jesús de Nazaret no solo como un personaje religioso sino también histórico, que llevó a cabo todos los prodigios que de él escribieron Pablo y los evangelistas, pese a que ninguno de ellos llegó a conocerlo.

Salvo la breve y sospechosa referencia a Jesús en el testimonio flaviano de finales del siglo I, puesto en duda por la crítica, no existen documentos extrabíblicos fiables y los pocos que hay (Tácito, Seutonio, Plinio el Joven o Mara Bar Serapion) responden, bien a amaños textuales cristianos posteriores o a personajes que poco o nada tienen que ver con Jesús de Nazaret. Abordaremos estas cuestiones en el capítulo correspondiente.

Fuera de esto, ningún historiador, cronista o filósofo griego, romano o alejandrino de la época de Jesús lo menciona, simplemente porque nunca oyeron hablar de él hasta las soflamas de Pablo o los primeros evangelios, hecho que contrasta con la enorme popularidad y los baños de masas que refiere la literatura bíblica. Recordemos, por ejemplo, la entrada triunfal en Jerusalén, con las multitudes alrededor de Jesús, o cuando desciende del monte de los Olivos: «las multitudes pusieron sus ropas en el suelo para darle la bienvenida y toda la ciudad se conmovió» (Mt 21, 6-11). Esto demuestra que Jesús, fuera de la narrativa cristiana, de existir como personaje histórico, fue un completo desconocido en su tiempo, un judío marginal en una provincia marginal a quien, décadas después de su muerte, seguidores que no le conocieron lo convirtieron en el mesías anunciado en el AT, le adjudicaron una biografía excepcional, una apoteósica ascendencia y unos poderes sobrenaturales por ser el 'Hijo de Dios'.

Después de dos milenios, no es fácil escudriñar al personaje histórico entre tanta leyenda, menos aún sin fuentes documentales laicas ni evidencias arqueológicas de su vida. Sin embargo, son mayoría los historiadores que reconocen la existencia de un sustrato real sobre el que se construyó la leyenda. Pese a los ríos de tinta vertidos sobre Jesús de Nazaret, pese a las más de diez mil biografías sobre el personaje, la información histórica que se tiene de él, si es que verdaderamente existió, cabe en una línea y media: que era un modesto líder de una tribu judía en Galilea y que fue detenido y ejecutado por sedición contra el Imperio romano. Fin. Todo lo demás pertenece a la literatura religiosa escrita por autores anónimos posteriores.

¿Qué motivos llevaron a Pablo a crear una nueva religión desgajada del judaísmo, desplazar al dios implacable del AT y centrarse en la cara amable, mansa y apolítica de un hombre al que jamás conoció? Para los expertos, Pablo da cuerpo al mito y Marcos lo sitúa en la historia. A partir de ahí, e inspirados en los anteriores y en la Fuente Q, un misterioso documento que se presume y cuyo contenido se desconoce, aparecen nuevos evangelios que alimentaron la leyenda. El mito fue creciendo como una bola de nieve, situación que se vio facilitada por el afán de liberación judía y el determinante espaldarazo del Imperio romano que terminó convirtiendo al cristianismo en la religión oficial de Roma, lo que facilitó su vertiginosa expansión en occidente. En siglos posteriores, en los procesos de copia manual de papiros y pergaminos, se fueron eliminando y modificando los textos ajustándolos a los intereses de la curia eclesial.

En la presente obra ni afirmo ni desmiento la existencia de Dios, ni siquiera pongo en duda a Jesús de Nazaret; de hecho, coincido con la inmensa mayoría de los historiadores convencidos de que el Jesús histórico existió, pero muy diferente al personaje divinizado de los evangelios. Tampoco rebato el valor ético de los edificantes pasajes bíblicos con sus dichos y parábolas que han ayudado a millones de personas a encontrarse a sí mismas a través del amor, la humildad, la tolerancia, la justicia, la lealtad o la solidaridad. Feligreses que encuentran consuelo en la esperanza cristiana de la resurrección, de alcanzar el paraíso junto al Padre Eterno más allá de la vida. Allá cada cual con sus creencias, respetables todas.

Mi posición escéptica queda simbólicamente representada en *La incredulidad de santo Tomás*, oportuna obra de Caravaggio que preside la portada de la presente obra. El conocido episodio del evangelio de Juan, ha sido utilizado por los teólogos como estímulo bíblico para reforzar las creencias cristianas y, en su último versículo, pone en boca de Jesús la superioridad de los que creen sin ver: "bienaventurados los que no vieron y creyeron". Fideísmo presentado por la Iglesia como paradigma en otros prodigios como apariciones marianas, peregrinaciones o reliquias. Sin embargo, es precisamente en la duda de Tomás, en su incredulidad sobre la resurrección de Cristo, donde reside el cuestionamiento que conduce hacia la verificación constatable de los hechos. Algo de lo que se adolece a la hora de enfrentarnos con ciencia y rigor a la búsqueda de pruebas sobre la existencia de Cristo como personaje histórico.

Desde ese escepticismo, abordaré apasionantes y controvertidos aspectos del cristianismo e intentaré afrontar, entre otras, las siguientes cuestiones: ¿Por qué hicieron desaparecer del panteón judío a la diosa Asherah, la esposa de Dios? ¿Por qué hay tantas contradicciones e incongruencias en la Biblia si es un libro revelado? ¿Se manipularon los textos bíblicos? ¿Es un plagio de antiguos ritos profanos? ¿Por qué la Biblia no es Patrimonio de la Humanidad y continúa siendo un negocio millonario con *copyright* del que se benefician unos pocos? ¿Fue el padre de Jesús un soldado romano? ¿Por qué se celebra la Natividad en diciembre si Jesús nació en primavera? ¿Quién inventó el mito de los Reyes Magos? ¿Qué fenómeno celeste vieron en el firmamento? ¿Por qué no sabemos nada de la adolescencia y la juventud de Cristo? ¿Tuvo Jesús un hermano gemelo? ¿Se casó Jesús de Nazaret? ¿Tuvo descendencia? ¿Por qué falsearon la biografía de María Magdalena convirtiéndola en prostituta? ¿Construyó la Iglesia primitiva un mesías a medida de las profecías mesiánicas? ¿Fue un invento de Pablo de Tarso? ¿Qué lleva a la Iglesia a rechazar los evangelios apócrifos? ¿Por qué se culpó a los judíos de la muerte de Jesús? ¿Robaron su cadáver para simular su resurrección? ¿Qué misterio encierra Barrabás? ¿Son auténticas las tumbas de Talpiot?

Adelanto mis disculpas a los lectores que pudieran sentirse incómodos con alguna de mis opiniones vertidas en la presente obra, aun cuando han sido expuestas con el debido respeto a un personaje apasionante, Jesús de Nazaret. No entra en mi empeño la ofensa, sino el revisionismo crítico de lo que, a mi criterio, se ha venido haciendo con su memoria.

El autor

La Biblia, un libro paradigmático

La Biblia es un conjunto de libros sagrados para el cristianismo y el judaísmo que incluyen historias, códigos y doctrinas que rigen estas religiones. Tanto el Antiguo Testamento como el Nuevo están considerados como revelación divina, es decir, los textos habrían sido dictados por Dios a sus profetas. Los textos revelados, por tratarse de la palabra de Dios, son considerados por los creyentes como inerrantes, es decir, carentes de errores o fallos y, por tanto, infalibles e incuestionables. En las liturgias se afirma que los textos sagrados son «la palabra del Señor». Tomás de Aquino fue categórico: «El autor de las Sagradas Escrituras es Dios» (*Summa Theologica*, art. 10) y se especificaba que, si bien fue escrita por los hombres, lo hicieron al dictado del Creador.

¿Es realmente la Biblia la palabra de Dios o una recreación imaginativa de los hombres? Vayamos por partes. Como sabemos, el AT es una colección de textos anteriores a la figura de Cristo, si bien no existe criterio unánime entre los cristianos pues unos siguen el canon de la Biblia griega (iglesias ortodoxa y católica) o del Tanaj hebreo (judaísmo y algunos protestantes). Cada una de estas religiones ha formado su propio canon oficial con los libros sagrados que les ha parecido conveniente, desechando los que no eran de su gusto. Así tenemos que el AT estará compuesto por 24 libros para la versión judía (el Tanaj), 39 para la protestante, 46 para la católica y 51 para la ortodoxa. Incluso la Iglesia copta admite otros libros no incluidos en los anteriores, como el Libro de Enoc o el Libro de los Jubileos.

Para el cristianismo, el NT, el que narra la vida y obra de Jesucristo, también es un texto revelado. Pablo declaró a su discípulo Timoteo que «toda la Escritura es inspirada por Dios, y útil para enseñar, para corregir, para instruir en justicia, a fin de que el hombre de Dios sea perfecto, enteramente preparado para toda buena obra» (2 Tim 3, 16). Si Dios es perfecto y la Biblia fue inspirada por él, ha de ser necesariamente perfecta. Obviamente este principio resulta falaz a ojos de la razón.

Es importante recordar que los originales de la Biblia nunca fueron encontrados debido a que las hojas de papiro, es decir la base sobre la que escribieron, se deterioraba con el paso de los años y, cada cierto tiempo, había que copiarlas manualmente en nuevos papiros. No se conserva, pues, ni un solo ejemplar de los textos originales, ni un minúsculo fragmento ni del Viejo ni del Nuevo Testamento. Los textos que se conservan son copias escritas varios siglos después, que a su vez son copias de anteriores copias encontradas en vertederos de papel, en excavaciones o adquiridos por coleccionistas y anticuarios y que, en la actualidad, se custodian en diferentes museos y bibliotecas del mundo. El proceso de copia manual era lento y laborioso y daba pie a múltiples errores de los que hablaremos más adelante, momentos de tránsito en los que ocasionalmente se aprovechaba para añadir o quitar párrafos a gusto de algún obispo o papa.

Israel, cuna del judaísmo, en un ejercicio ególatra, se autoproclamó como el pueblo elegido por Dios entre todos los que pueblan el planeta. Así lo reconoció el Concilio Vaticano II en 1959: «Dios amantísimo, buscando y preparando solícitamente la salvación de todo el género humano, con singular favor se eligió un pueblo, a quien confió sus promesas» (*Dei Verbum,* 14). Es decir, para acceder al paraíso hay que someterse a los cánones de aquella fe como única verdadera. Digo esto porque la Biblia judía gira en torno a ese pueblo elegido por Dios.

¿POR QUÉ LA BIBLIA ES UN LIBRO REVELADO?

Todo empieza en el monte Sinaí, en Egipto, cuando Yahvé (Dios) sacó un dedo y esculpió los Diez Mandamientos sobre unas tablas de piedra, por ambos lados y por dos veces. Lo del dedo es literal: «Y dio a Moisés, cuando acabó de hablar con él en el monte de Sinay, dos tablas del testimonio, tablas de piedra escritas con el dedo de Dios» (Éx 31, 18).

Pero en un arrebato, Moisés destrozó las tablas sagradas cuando vio a su pueblo idolatrar a un becerro de oro. Dios no se lo tomó a mal y le dijo que alisara otras dos tablas de piedra y que regresara al Sinaí al día siguiente, que le volvería a escribir los mandamientos pero, eso sí, que no llevara testigos para que la cosa quedara entre los dos: «Y no suba hombre contigo, ni aparezca alguno en todo el monte» (Éx 34, 1-4). Hecho esto, le ordenó que se hiciera con un arca y que en ella pusiera las dos tablas con los mandatos junto a una vasija con el alimento enviado por Dios llamado maná y la vara de su hermano Aarón. Los Diez Mandamientos fueron la primera remesa de leyes, porque después Dios daría a Moisés otros 603 mandatos más, derivados de los primeros y, al ser tantos, el profeta tuvo que escribirlos sobre la piel de un animal y enrollarlo en dos varas de palo. Estos 603 mandamientos serán la *mitzvá* de la Torá judía, los cinco primeros libros de la Biblia hebrea, considerados revelados por Dios a Moisés. Le mandó, además, que relatara los hechos más importantes de su vida y todos los eventos principales desde la creación hasta los días de esclavitud en Egipto. Después tomó aquel gran rollo y lo entregó a los sacerdotes levitas, que se encargaron de hacer multitud de copias. Con el paso de los años, todo levita hacía una copia porque, como hemos dicho, los pergaminos se deterioraban.

Aunque tradicionalmente judíos y cristianos atribuyeron a Moisés la autoría de los cinco libros que componen el Pentateuco (Génesis, Éxodo, Levítico, Números y Deuteronomio), su autoría fue puesta en duda sobre todo a partir de la Ilustración. Los historiadores llamaban la atención sobre sus considerables diferencias léxicas y estilísticas, así como repeticiones de relatos que sugerían la intervención de varios autores, otorgándole una antigüedad, no del siglo XV a. C. como le atribuyen, sino entre el siglo X y el V a. C. La prueba más palpable era que en el Deuteronomio, uno de los cinco libros atribuidos a Moisés, se relata su muerte, su sepultura, lo que ocurrió con su cuerpo, la tristeza de su pueblo y hechos que ocurrieron tras su finamiento, por lo que es imposible que Moisés lo escribiera después de muerto.

En 1906, la Iglesia católica, aunque reconoció un margen de duda en la autoría del Pentateuco, persistió en atribuirlo a Moisés, si bien la autenticidad no requería que la totalidad del texto hubiera sido redactada enteramente por él. Añadieron la posibilidad de que contuviera modificaciones, mutilaciones y textos agregados por los escribas, aunque reconociendo que tales ediciones lo fueron por «inspiración divina».

Los teólogos no se ponen de acuerdo en el modo en el que Dios transmitió su palabra. Los judíos ortodoxos sostienen que la Torá fue dictada verbalmente por Dios, letra por letra. La teología cristiana contemporánea considera, en cambio, que no fue dictada, sino 'inspirada' por Dios, un matiz interesante para no pillarse los dedos, dejando un margen para justificar errores al género humano. De ser revelado, procede de un dios contradictorio pues su revelación, paradójicamente, está llena de errores y deja al hombre con más dudas que certezas.

Lo cierto es que, pese a la tradición rabínica que atribuía a Moisés la autoría del Pentateuco, los expertos están convencidos de que los cinco libros que lo forman, no son obra de un autor único, sino de cientos de manos que han ido revisando, editando, poniendo y quitando. Existe cierto consenso en que los cuatro primeros libros fueron escritos alrededor del 450 a. C., bajo el Imperio persa. Sobre su autoría se libran enconados debates entre judíos y cristianos que suelen zanjarse con la afirmación generalista de que Dios es el autor, porque inspiró a sus autores humanos, actuó en ellos y se debe, por tanto, a la revelación divina.

El problema es que, aparte del judaísmo y el cristianismo, hay otras religiones cuyos textos sagrados también han sido revelados por deidades. Entre el 610 y 632 de nuestra era, el Corán, libro sagrado del islam, fue dictado por Alá a Mahoma a través de Yibril, el arcángel Gabriel. Algunas religiones politeístas también tienen libros revelados. En el hinduismo, los textos *Śruti* fueron escritos por unos sabios o videntes llamados *rishis* que los transcribieron al dictado de los dioses. Para los hinduistas, estos textos son universales y no pueden ser interpretados, sino seguidos al pie de la letra. De hecho, el *rigveda,* el libro revelado más antiguo de la tradición védica, fue escrito en sánscrito en la actual Pakistán, mil años antes que el Antiguo Testamento, pues está datado entre 1 500 y 1 200 a. C. Los hinduistas consideran que su religión es la más antigua del mundo, denominándola *sanatana dharma* (religión eterna).

MILES DE BIBLIAS DIFERENTES, ¿CUÁL ES LA AUTÉNTICA?

Es importante insistir en que los evangelios originales nunca se encontraron ni pudieron ser estudiados. Las copias más antiguas que se conservan fueron escritas varios siglos después de ellos. El problema es que no hay dos textos iguales, incluso existen importantes diferencias entre los que se conservan.

Portada del primer tomo de la Biblia Sacra o Biblia Regia, impresa en Amberes en 1569.

Con la expansión del cristianismo por Europa, proliferaron las copias manuscritas, las traducciones textuales y su interpretación. El resultado es un maremágnum de textos hasta la aparición de la imprenta en el siglo XV. Se han encontrado nada menos que 5800 copias manuscritas en griego del Nuevo Testamento, 10000 en latín y 9300 en otros idiomas, bien completas o fragmentadas. La mayoría de estas copias son posteriores al siglo X. Si añadimos la literatura de los padres de la Iglesia, existen entre 300.000 y 400.000 textos procedentes de distintos puntos geográficos integrados en diferentes modelos de textos: alejandrinos, occidentales, cesarienses, eclesiásticos o bizantinos. Pero ninguno es original.

¿Qué técnicas se utilizan para establecer su antigüedad? La datación se realiza a través de la paleografía comparada, pues cada grupo de escritura pertenece a una generación. También con pruebas de radiocarbono, pero ambos sistemas solo ofrecen una aproximación, pues tienen márgenes de error de entre 10 y 100 años.

Como los soportes sobre los que se escribían eran material orgánico, fundamentalmente papiro y pergamino, primero en rollos y después en códices, terminaban deteriorándose por el efecto de la humedad, los insectos y los roedores. Entonces, los escribas hacían nuevas copias en los *scriptorium* de los monasterios. Esto dio lugar, no solo a múltiples errores, sino a supresiones literales y diferentes interpretaciones, incluso nuevas y deliberadas interpolaciones textuales. Hubo una enorme proliferación de copias, cada año se descubren nuevos manuscritos. Se calcula que existen unas 400.000 variaciones entre los manuscritos confeccionados entre los siglos II al XV, lo que entraña la lógica dificultad para la crítica textual a la hora de determinar qué copias podrían aproximarse a los textos originales.

Entonces, ¿cuáles son los más fieles a los auténticos? Imposible saberlo. La crítica textual lleva tres siglos intentando buscar la pureza del mensaje en medio de una enorme amalgama de alteraciones, modificaciones y amputaciones textuales que hacen casi imposible saber qué textos podrían ser los más parecidos a los originales, más aún cuando se trata de autores anónimos. La copia completa más antigua es el Códice Sinaítico, del siglo IV. No obstante, se han encontrado pequeños fragmentos más antiguos, pero nunca anteriores al siglo II, casi doscientos años después de Cristo.

Papiro 37 del siglo III con versículos de Mateo 26:19-37, probablemente de origen egipcio (Biblioteca Ann Arbor de la Universidad de Míchigan).

El fragmento más antiguo encontrado hasta ahora es el Papiro 52, denominado P52, según la clasificación del teólogo René Gregory, un pequeño fragmento del tamaño de la palma de la mano que contiene unos cuantos versículos del Evangelio de Juan. Datado en la primera mitad del siglo II, fue adquirido en el mercado egipcio por el egiptólogo Bernard Grenfell en 1920, junto a otros documentos procedentes de un vertedero. Se conserva en la Biblioteca John Rylands de Manchester y su estudio se debe a Colin H. Roberts en 1934.

El primer códice que se conserva con los cuatro evangelios resumidos es el P45 o papiro de Chester Beatty creado en Egipto sobre el 250 d. C. y contiene fragmentos con textos parciales de los cuatro evangelios canónicos y algunos versículos de Hechos de los Apóstoles. Fue comprado en Egipto por el magnate y coleccionista Alfred Chester Beatty y se conserva en la Biblioteca Chester Beatty de Dublín, a excepción de una hoja de Mateo que se custodia en Viena, en la Biblioteca Nacional de Austria.

Otro manuscrito, el Papiro 66, contiene casi completo el Evangelio de Juan, escrito hacia el 200 d. C. y forma parte de un lote de veintidós papiros que incluye textos de Homero y Menandro, adquiridos en 1952 en Egipto por el coleccionista suizo Martin Bodmer. Actualmente se conservan en la Biblioteca Bodmeriana de la ciudad suiza de Cologny.

En 1901, el reverendo Charles Bousfield Huleatt adquirió en Luxor los fragmentos del Papiro 64, con párrafos en griego de Mateo y lo donó al Colegio Magdalena de Oxford, de ahí que se conozca como Papiro Magdalena. Se cree que formaban parte del mismo códice que el Papiro 67, de la colección de Ramón Roca-Puig, conservado en la abadía barcelonesa de Montserrat. Otro de los textos encontrados más antiguos es el Papiro 4 o Papiro de París, con fragmentos del Evangelio de Lucas. Fue encontrado a orillas del Nilo en 1889 por Vincent Scheil, datado en el siglo III y conservado en la Biblioteca Nacional de Francia.

En 2012, un grupo de expertos de la Universidad evangelista de Acadia, Canadá, encontró, en papiros reciclados que envolvían una máscara funeraria egipcia, un texto que creen que pertenece a Marcos escrito entre el 70 y el 80 d. C., lo que le convertiría en el texto más antiguo del NT, pero no hay consenso al respecto.

De los muchos evangelios que se fueron encontrando, la Iglesia católica solo admite cuatro, considerando a los demás apócrifos. ¿Se debió esta decisión a un riguroso estudio para establecer su autenticidad? En absoluto. Fue una iniciativa del obispo Ireneo de Lyon hacia el año 180. En su obra *Adversus haereses* (*Contra las herejías*), criticó el gnosticismo, del que se declaró férreo enemigo, y desechó todos los textos gnósticos estableciendo como oficiales solo los evangelios atribuidos a Mateo, Marcos, Lucas y Juan, considerándose a partir de ese momento como canónicos. A su criterio, «no es posible que puedan ser ni más ni menos de cuatro», como los cuatro puntos cardinales, los cuatro puntos de la rosa de los vientos y las cuatro criaturas que flanqueaban el trono de Dios en el pasaje de Ezequiel, las cuales tenían rostros de hombre (o ángel), león, toro y águila, símbolos que han quedado asociados respectivamente con los cuatro evangelistas (Ez 1, 5-11).

El exégeta normando Richard Simon ya se cuestionaba en el siglo XVII:

> «¿Es posible que Dios haya dado a su Iglesia libros para que le sirvan de guía y haya, al mismo tiempo, permitido que primeros originales de esos libros se perdieran prácticamente desde los comienzos mismos de la religión cristiana?». (Ehrman, B.D., 2006, p. 100)

¿QUIÉNES FUERON SUS AUTORES?

La mayoría de los expertos coinciden en que los cuatro evangelios canónicos fueron escritos entre los años 70 y 100 d. C., y no lo fueron al mismo tiempo. Afirman que sus autores fueron miembros de una comunidad cristiana en la segunda mitad del siglo I y se atribuye el más antiguo a Marcos. Los textos de Marcos, Mateo y Lucas presentan entre sí grandes semejanzas y párrafos literales prácticamente idénticos por lo que se denominan evangelios sinópticos. El término sinóptico procede de *Synopsis*, obra de Johan Jakob Griesbach en la que, en 1776, comparó los tres evangelios por columnas paralelas donde se evidenciaban de manera clara las similitudes.

En el siglo XIX, Christian Hermann Weisse llegó a la conclusión de que Mateo y Lucas se habían basado en el texto de Marcos y en una fuente desconocida con dichos de Jesús que no están en Marcos a la que llamó Q (del alemán *quelle*, que se traduce por fuente). Esto quiere decir que ya había historias escritas en griego sobre Jesús en torno al año 50 o 60.

Hay quien piensa que la Fuente Q es el evangelio apócrifo de Tomás que se creía perdido pero que fue descubierto, junto a otros manuscritos antiguos, en Nag Hammadi en 1945. Algunos autores creen que fue escrito en el siglo I y que formaba parte del canon bíblico del cristianismo primitivo, por tanto anterior a algunos evangelios canónicos. Recoge 114 dichos atribuidos a Jesús, la mitad de los cuales son semejantes a los evangelios sinópticos, otros a pasajes del Corán. El evangelio apócrifo de Tomás no hace ninguna referencia a la crucifixión, ni a la resurrección, ni porta la visión de que Jesús fuese el mesías (Koester H., 1990). Algunos pasajes de Juan son muy similares al Evangelio de Tomás, como la famosa incredulidad de este último ante la resurrección de Cristo (Pagels, E. 2003). Pero el texto de Tomás se consideró gnóstico y fue declarado herético por el obispo Eusebio de Cesárea en el siglo IV, por lo que fue excluido de los textos canónicos oficiales relegándolo al grupo de apócrifos, a pesar de ser contemporáneo de los sinópticos. Según algunos autores, fue rechazado precisamente por no incluir aquellos elementos clave que interesaban al cristianismo.

Los autores anónimos de los evangelios plasmaron por escrito tradiciones judías, mitos, leyendas, fábulas y biografías, unas recogidas de la tradición oral, otras inspiradas en tradiciones legendarias procedentes de otras culturas y otras completamente inventadas con el fin de establecer un nuevo mensaje dentro del inamovible judaísmo. Para ello era preciso anunciar que se habían cumplido las profecías del AT sobre la llegada del mesías, identificado en la figura de un líder político y religioso que años atrás había sido condenado a muerte y al que atribuyeron prodigios sorprendentes. Claro que nadie pudo verificarlo porque cuando se escribieron los primeros evangelios hacía varias décadas que el personaje había muerto. Necesariamente había que creer sin ver.

Aunque sin pruebas, la Iglesia católica atribuye la autoría de los evangelios a Marcos, un discípulo de Pedro, a Mateo, discípulo de

Jesús, a Lucas, médico sirio discípulo de Pablo de Tarso, y a Juan, apóstol de Jesús. Sin embargo, se desconoce por completo la identidad de los autores, de hecho en tratados de teólogos católicos se reconoce que la tradición sobre Mateo, Marcos, Lucas y Juan empieza en el siglo II o incluso más tarde. Lo que los expertos tienen claro, incluso los católicos, es que el autor del Evangelio de Mateo no fue el apóstol Mateo. En cualquier caso fueron escritos al menos medio siglo después de la muerte de Jesús y sus autores anónimos no lo conocieron en vida.

En el XIX, Christian Hermann Weisse descubrió que los evangelios de Mateo y Lucas se basaron en el de Marcos y en una fuente desconocida a la que llamó Q.

Algunos estudiosos creen que los evangelios fueron escritos antes de la destrucción del segundo templo de Jerusalén en el 70 d. C., otros opinan que fue *a posteriori*, durante el reinado de Adriano. La exégesis bíblica ha datado el Evangelio de Marcos entre los años 65 y 75 de nuestra era, el de Mateo entre el 70 y 100 y el de Lucas entre el 80 y 100, con opinión mayoritaria hacia el año 85, y el de Juan, el menos antiguo, entre el 90 y el 110 (Brown, R.E. 2002).

En el 170, el sirio Taciano, con el fin de unificarlos en un texto único, reagrupó los cuatro textos eliminando episodios repetidos y suprimiendo discrepancias entre ellos. Se conoció por *Diatéssaron* (*Concordancias*) y durante el siglo III y IV se hizo popular en Siria, pero en el siglo V volvieron a imponerse los cuatro evangelios para no perder el mensaje propio de cada uno de ellos. Se priorizó su anuncio de salvación sobre las contradicciones y las verdades científicas.

Se discute incluso sobre quiénes fueron los doce apóstoles, porque las listas en los tres primeros evangelios no coinciden. Llama la atención cómo un documento tan importante sobre los nombres y el número exacto de los escogidos por Jesús no coincide entre sí. Algunos autores opinan que los apóstoles nunca existieron en la vida de Jesús y fueron añadidos posteriormente.

¿SON INDEPENDIENTES LOS EVANGELIOS?

Durante las primeras décadas tras la muerte de Jesús, existía en Israel tres tipos de cristianismo: el judeocristiano representado por la Iglesia primitiva de Jerusalén, con Santiago, el hermano de Jesús, a la cabeza, un cristianismo paulino y un cristianismo gnóstico. Incluso el cristianismo petrino, cuya primacía supuestamente se atribuía a Simón Pedro, podría incluirse en el de Jerusalén. Tras luchas y cismas se impuso la teología de Pablo, que es la del cristianismo de hoy, cuyos miembros elaboraron los evangelios inspirados en la escuela paulina. Pero el Jesús histórico, plenamente judío, de haber pertenecido a alguno de esos tres grupos, sin duda sería al primero, nunca al de Pablo.

El problema que encontramos en el NT es que los evangelios y el material epistolario solo se centran en problemas doctrinales y prácticamente no incluyen datos biográficos de Jesús de Nazaret.

Encontramos, no obstante, pequeños detalles en las epístolas auténticas de Pablo (hay otras erróneamente atribuidas a él que no son de su autoría). Estas epístolas son los documentos cristianos de mayor antigüedad y fueron redactadas unos veinte o treinta años después de la muerte de Jesús. La actividad de Pablo no se limitó a sus epístolas públicas, pues se pasó veinte o treinta años predicando de viva voz el contenido de sus cartas y fundando comunidades.

De ese material solo podemos deducir que Jesús perteneció a una familia judía (Galatenses 4, 4), que era descendiente del rey David (Romanos 1, 3-4), que tuvo hermanos (Corintios 1 9, 5), uno de los cuales se llamaba Santiago, a quien Pablo conoció personalmente (Galatenses 1, 19), que tuvo doce discípulos (Corintios 1 15, 5), que hizo una cena de despedida donde predijo su inminente muerte (Corintios 1 11, 22-24), que fue crucificado por orden de las autoridades (Corintios 1 2, 8) por la instigación de los líderes de Jerusalén (Tesalonicenses 1 2, 14-15), que fue sepultado (Corintios 1 15, 3-4) y que resucitó (aunque no dice después de cuántos días). No hay más. Ni estas breves pinceladas nos garantizan que sean fieles al personaje histórico pues, como ya hemos comentado, tanto su descendencia davídica como su resurrección podían responder a estrategias teológicas para hacerlo coincidir con las profecías mesiánicas del AT.

Paradójicamente, los cuatro evangelios canónicos, siendo posteriores a las cartas paulinas, sí contienen material biográfico. Pero surge un nuevo problema: la independencia de las fuentes, porque existe una enorme relación de dependencia entre tres de los cuatro evangelios, por lo que no pueden ser consideradas fuentes independientes. Lo prueba el hecho de que Mateo y Lucas son, en buena parte, una copia de Marcos en la que incluso incluyen pasajes que repiten exactamente las mismas palabras y en el mismo orden. De los 662 versículos de Marcos, 406 son comunes en Mateo y Lucas. Únicamente 51 versículos de Marcos no tienen paralelo en ninguno de los otros dos.

Por ejemplo, el pasaje de Jesús con el enfermo de lepra de Marcos 1, 40, lo encontramos prácticamente idéntico en Mateo 8, 1 y Lucas 5, 12. Es uno de los muchos ejemplos de copia que contienen los tres evangelios citados. Aun asumiendo que los tres evangelistas hubieran entrevistado al mismo testigo, el uso de idéntico vocabulario en el mismo orden no es ni mucho menos casual.

Para el catedrático Antonio Piñero «los evangelios son documentos de propaganda religiosa y están escritos desde la fe y para la fe. Transmiten la visión que tienen los cristianos de Jesús después de creer firmemente que ha resucitado. Cuentan la vida del Jesús terreno, pero como si tuvieran unas gafas, las gafas de la fe, el convencimiento de que está vivo. Esto cambia mucho la perspectiva» (Piñero, A., entrevista en el programa *Mis enigmas favoritos*, 2020).

EL CÓDICE GIGAS

Entre los miles de códices medievales dedicados a la Biblia, hay uno en el que, por su insólita singularidad, merece la pena detenerse. Se trata del conocido como *Codex Gigas*, escrito en el siglo XIII. En su época fue considerado como la octava maravilla del mundo por su contenido y sus proporciones gigantescas, de ahí su nombre. Se trata del manuscrito medieval más grande conocido pues mide casi un metro de largo, medio de ancho y pesa nada menos que 75 kilos. Está escrito en latín sobre pergamino y, a lo largo de sus 624 páginas, incluye no solo la versión Vulgata de la Biblia sino también textos que, en la época, su autor consideró fundamentales como la *Chronica Boemorum* (*Crónica checa*) de Cosmas de Praga, las obras de Flavio Josefo *Antigüedades judías* y *La guerra de los judíos*, las *Etimologías* del arzobispo san Isidoro de Sevilla, varios tratados sobre medicina del médico Constantino el Africano, además de curas medicinales, encantamientos mágicos, un calendario y una lista necrológica de personas fallecidas, entre otros textos. Está bellamente ornamentado con mayúsculas capitales y miniaturas decoradas en tintas roja, azul, amarilla, verde y oro, algunas de las cuales ocupan toda la página.

La extraña combinación de textos, junto al tamaño y su leyenda diabólica, lo convierten en un ejemplar único, fascinante e inexplicable, con un valor incalculable, razón por la cual ha sido robado varias veces.

Una nota en la primera página establece como primer propietario a un monasterio benedictino en Bohemia Podlažice, cerca de Chrudim, República Checa, aunque resulta improbable que fuera escrito en ese pequeño y pobre monasterio, pues se requieren muchos recursos para confeccionar una obra de tal magnitud.

Aunque el autor es anónimo, se especula con la posibilidad de que fuese obra del monje Herman, apodado *inclusus hermanus monachus* (Herman, el monje recluso) que aparece en la necrológica como fallecido el diez de noviembre. Pudiera ser, aunque es solo una hipótesis, que el apodo 'recluso' se refiera a un autoaislamiento y escribiera esa obra como penitencia, pues manuscribir textos sagrados era una forma de redimirse.

Lo más curioso es que esta singular obra atesora una tenebrosa leyenda relacionada con Lucifer. Dice la tradición que en 1230 el monje benedictino Herman se hallaba recluido en su celda del monasterio de Podlažice y el abad lo condenó a morir emparedado por quebrantar sus votos. A cambio de salvar su vida y expiar su pena, el monje propuso escribir en solo una noche el códice sagrado más grande del mundo, que incluiría la Biblia y toda la sabiduría humana. El abad aceptó y, como tal hazaña era imposible en el tiempo previsto, Herman hizo un pacto con Satanás, que aceptó concluir el libro con dos condiciones: quedarse con su alma y que su imagen saliera en la obra, la cual aparece a página completa, algo inusual en la época. Desde entonces se conoció como la 'Biblia del diablo'.

Códice Gigas o "Biblia del Diablo". En la página derecha, la imagen de Satanás que alimentó su leyenda (Anónimo, s. XIII, Biblioteca Nacional de Suecia en Estocolmo).

Según los expertos, en esta obra debieron emplearse entre 25 y 30 años de trabajo, fue escrito por una sola persona que utilizó como tinta pigmentos elaborados con insectos machacados. Por las necrológicas que incluye, se cree que pudo escribirse entre 1204 y 1230. Tras varias ventas y una accidentada itinerancia de ocho siglos, Rodolfo II de Habsburgo, emperador del Sacro Imperio Romano Germánico, se hizo con el códice. Tras su abdicación, pasó a la reina Cristina de Suecia y solo salió de Suecia en dos ocasiones: en 1970 para exponerlo en el Metropolitan Museum de Nueva York y, en 2007, prestado para exponerlo en Praga hasta 2008. El códice fue restaurado en 1819 y en la actualidad se exhibe en la Biblioteca Nacional de Suecia en Estocolmo.

UN BESTSELLER CON RÉCORD GUINNESS

La Biblia es el libro más vendido de la historia y, sin duda, el más influyente de todos los tiempos. Un *bestseller* sin parangón que ha sido traducido a 450 idiomas de forma completa y a más de 2100 de forma parcial.

Johannes Gutenberg, inventor de la imprenta, convirtió a la Biblia en el primer libro impreso en serie. El impresor murió muy pobre en 1468, desconociendo que, con el devenir de los años, se pagarían más de 60.000 dólares por una sola de las páginas que él imprimió. En 2018, la casa Christie's subastó en Londres una Biblia Regia de Felipe II valorada en unos 690.000 euros.

Hasta la aparición de la imprenta, eran los frailes los que hacían a mano las copias bíblicas por encargo del clero y la nobleza. Eran trabajos artesanales de gran mérito, más aún si tenemos en cuenta que muchos de estos frailes escribas no sabían leer ni escribir y solo eran meros imitadores de caracteres. Esto último suponía una ventaja para que no delatasen el contenido de las copias de códices prohibidos por la Inquisición, como los de medicina. Pero esas imitaciones no fueron siempre fieles al original, sobre todo cuando se apremiaba al copista, que solía emplear varios años en concluir un libro. Las prisas daban lugar a fallos, bien de transcripción, que se iban perpetuando y multiplicando en las sucesivas copias, o de traducción, que ha dado lugar a no pocos sinsentidos que han quedado para siempre y de los que nos ocuparemos más adelante.

El clero obtenía importantes rentas en los monasterios por los encargos de biblias amanuenses. Con la llegada de la imprenta algunos se frotaron las manos. Según Guinness World Records, la Biblia es el libro más vendido de todos los tiempos, tanto que resulta imposible realizar un cálculo del número aproximado de ejemplares distribuidos a lo largo de la historia. Según un estudio de Bible Society, entre 1815 y 1975 se imprimieron 2500 millones de ejemplares, pero se cree que la cifra real podría superar los 5000 millones. Solo en 2014, esta sociedad informó de que se habían distribuido 34 millones de copias. En 1995, las ventas globales de biblias, junto a versiones menores del Nuevo Testamento, catecismos, etc., superaron los 17.000 millones de ejemplares. Muy por detrás queda *El Quijote*, de Miguel de Cervantes, que ocupa el segundo puesto del *ranking* con 500 millones de copias.

Biblia de Gutenberg de 1454, conservada en la Fundación Martin Bodmer.

En la vorágine editora de textos sagrados, la palma se la lleva EEUU, donde sigue siendo el libro más vendido con más de 25 millones de copias al año, pese a que el 90% de las familias dispone ya, al menos, de un ejemplar. En años normales, la venta de biblias factura 280 millones de dólares en EEUU. Las editoriales crean versiones específicas para despertar el interés de determinados grupos, resaltando los versículos que podían interesar al colectivo e incorporan, además, material complementario como reflexiones, recomendaciones, notas de estudio y oraciones que tuvieron y tienen, una gran popularidad. Hay diseños para todos los gustos. Las hay 'verdes' para ecologistas, con tinta ecológica de soja sobre papel reciclado, otras diseñadas para adolescentes en las que se enfatiza las escenas más espectaculares y prodigios sobrenaturales, otras para jovencitas con consejos de belleza, también para niños en formato cómic con vistosas ilustraciones. Algunas se han hecho sobre imágenes de actores famosos como Angelina Jolie o políticos como Al Gore, incluso para afroamericanos o reclusos. Las hay diseñadas para militares, con cubierta de camuflaje, resistente para ser leída en campaña o en combate. Durante la guerra del Golfo, la editorial Riverside Books and Bible, de Iowa, vendió sus biblias con cubiertas de acero por 20 dólares para que las familias las facilitaran a los soldados en la operación Tormenta del desierto. La Sociedad Bíblica Internacional envió 200.000 biblias de camuflaje militar para las tropas estadounidenses. También hay biblias para arqueólogos, para cazadores o para alcohólicos, con referencias al centenar de versículos sobre el vino y los perjuicios de empinar el codo.

Tras los atentados de las Torres Gemelas del 11 de septiembre de 2001, las ventas de biblias se dispararon en EEUU. El Centro Católico de Información (CCI), con sede en Washington, reconoció un aumento de la demanda de biblias relacionadas con el Apocalipsis y las profecías del fin del mundo. Ante crímenes múltiples y demás tragedias, empresas como Zondervan, de Michigan, una de las mayores editoriales de biblias y libros cristianos, incrementan considerablemente sus ventas. La empresa Thomas Nelson Publishing, con sede en Nashville, hizo un gran negocio tras el 11-S vendiendo biblias encuadernadas con los colores y las estrellas de la bandera de EEUU, edición a la que se le añadió el salmo «Bendita la nación cuyo Dios es el Señor».

FACTURACIONES MILLONARIAS

Las Sociedades Bíblicas Unidas (SBU) es una organización internacional cristiana, en teoría sin ánimo de lucro, dedicada a la divulgación de la Biblia. Es el mayor distribuidor de Sagradas Escrituras del planeta y alcanza el 70% de las traducciones de biblias completas en el mundo. El propósito de la SBU es «alcanzar a cada persona con la Biblia o alguna parte de ella en el idioma que pueda leer y entender y a un precio que pueda pagar». En 2015 las ventas de biblias se situaban en torno a los 34 o 35 millones de ejemplares al año. Unos 8 millones son descargas en Internet. Y no son precisamente baratas. La Biblia Reina Valera de 1960 (Rvr1960), la más popular en habla hispana, se vende en Amazon a unos 30 € y la bilingüe con tapa dura en torno a los 50 €.

Con una venta de 34 millones de ejemplares al año, a 30 dólares de promedio (las hay más baratas y más caras), obtenemos una facturación anual superior a los 1 600 millones de dólares. Un próspero negocio que nunca decae. Pero, ¿y los derechos de autor? Teniendo en cuenta que los textos sagrados son una revelación divina, a Dios, que es el autor, le correspondería percibir, al menos, un 10% en regalías y cada año debería cobrar más de cien millones de dólares en concepto de *royalties* por *copyright*, pero hasta ahora —que me corrijan los hagiógrafos—, Dios no ha mostrado interés en percibir sus honorarios, tampoco los autores de cuyas manos se sirvió. Luego entonces, si ni Yahvé, ni Moisés, ni Esdras, ni Salomón, ni David, ni Isaías, ni Ezequiel, ni Daniel, ni Pablo, ni los cuatro evangelistas, ni sus herederos, ni otros muchos autores que optaron por el anonimato, percibieron derechos de autor, ¿quién se queda actualmente con las regalías de la obra más vendida del mundo?

Tal y como ocurre con los clásicos, la Biblia debería considerarse Patrimonio de la Humanidad. De hecho, algunas ediciones antiguas así lo son, como la Biblia del Oso, traducida al castellano por el jerónimo Casiodoro Reina en 1569. Sin embargo, no ocurre lo mismo con las ediciones actualizadas, que son explotadas comercialmente, tienen reservados los derechos y prohíben reediciones sin su consentimiento. Una de las más populares entre los protestantes es la Biblia Reina-Valera, traducción de Cipriano de Valera sobre la de Casiodoro Reina (de ahí su nombre), a la que se sometió a revisiones en los años 1862, 1909, 1960, 1995, 2011 y 2015. Empresas e instituciones como American Bible Society, The Lockman Foundation, Tyndale House Foundation, IBS-STL Global, Zondervan, Moody Books, Baker Books, Multnomah, o Sociedades Bíblicas Unidas, entre otras, tienen reservadas 'sus' biblias como marcas registradas. Solo permiten publicar sin autorización hasta un máximo de quinientos versículos, siempre que no sean editados como librito independiente, ni ocupen más del 25% del texto total de la obra donde se incluyan.

Lo más paradójico es que el mayor fabricante de biblias del mundo es China. Las sociedades bíblicas internacionales les encargan su impresión por su alta capacidad productora y sus bajos costos. ¿Pero China no es un país comunista y ateo que restringe la distribución y el conocimiento del texto bíblico a sus habitantes? Así es, y la lectura independiente de la Biblia dentro del país se observa como una amenaza frente al poder y al control ejercido por el aparato estatal chino, pero no hacen ascos a tan lucrativo negocio: 150 millones de ejemplares en 2016. Las sociedades bíblicas, con tal de abaratar costes, tampoco ponen reparos en que la palabra de Dios sea impresa en un país comunista y ateo. Cosas del negocio y la doble moral.

Aunque la mayoría de estas instituciones se constituyeron como organizaciones cristianas sin ánimo de lucro, en realidad facturan millones de dólares por el volumen del negocio, pues buscan abaratar costes imprimiéndolas en China, pero no las venden a precio de coste. Alegan que el *copyright* corresponde a la traducción, la cual conlleva gastos, también por los comentarios adjuntos que incorporan y que nadie pidió. Con tales pretextos se apropian de un texto que no es suyo y explotan su comercialización, beneficiándose de su gran demanda pues, por ser la palabra de Dios, es el único libro cuyo precio no se escatima. Estamos ante un suculento negocio editorial, sin competencia y libres, además, de abonar derechos de autor.

Sea como sea, es inaudito ponerle *copyright* a la Biblia, incluso contradictorio con el mensaje de Jesús. Hacer negocio con la palabra de Jesucristo choca con el mensaje de san Mateo incluido en las mismas biblias que venden: «De gracia recibisteis, dad de gracia» (Mateo 10, 8). A estas corporaciones cristianas no les tiembla la mano a la hora de exigir 'sus derechos'. Tal fue el caso de un predicador jubilado en Estados Unidos que editó unas 160.000 copias de la Biblia Reina-Valera de 1960 y las distribuyó en Venezuela, Paraguay, Ecuador y Bolivia (Rivera, 2002). Cuando llegó a oídos de la American Bible Society, lo denunció y demostró que tenían registrados los derechos. En EEUU, la protección del *copyright* abarca un periodo de 75 años, por lo que aquella edición registrada en 1960 está protegida hasta el año 2035. También denunciaron que más de un centenar de webs publicaban 'su' Biblia y trataron de impedir las descargas gratuitas. Tratándose de una sociedad cristiana sin ánimo de lucro deberían alegrarse de que la palabra de Dios se difundiera a través de las nuevas tecnologías en lugares donde no llega la obra física, además de evitar el daño ecológico para la producción de papel. Pero las descargas gratuitas en la red les restaban beneficios en papel (un 20% en 2017). El comunicado de Ivy Rexach, gerente de publicaciones de la sociedad, advertía: «Las consecuencias legales de no hacerlo [solicitar permiso] pueden ser muy severas, y es una potestad que nos otorga la ley» (Forocristiano.com, 5 de mayo 2002).

Oportunas aquí las palabras del apóstol Pablo: «Tú pues, que enseñas a otro, ¿no te enseñas a ti mismo? ¿Tú, que predicas que no se ha de hurtar, hurtas?» (Rom 2, 21).

Asherah, la esposa de Dios

Antes de adentrarnos en la figura de Jesús de Nazaret, y como un anticipo de los próximos capítulos dedicados a la controversia textual de la Biblia, detengámonos un momento en uno de los personajes menos conocidos del judeocristianismo: Asherah, la esposa de Dios.

Desde el siglo XIII a. C. hasta la reforma religiosa de Josías en el VI a. C. como mínimo, el judaismo simultaneó el culto del dios padre con la diosa madre. Hay incluso quien prolonga este politeísmo semita primigenio hasta el II a. C., en la época de los Macabeos.

La veneración a la diosa madre procede de tiempos inmemoriales. Ya la encontramos en las venus del Paleolítico Superior entre el 40.000 y el 10.000 a. C. En la mayoría de las culturas antiguas, el concepto genérico de dios-creador respondía al binomio padre-madre, procedente de aquella dualidad para el surgimiento de la vida, lo que permitió que, en sus orígenes, las grandes religiones tuvieran una concepción más equilibrada de la vida. Famosas se hicieron parejas de divinidades como Shiva y Parvati, Vishnu y Lakshmi en el hinduismo, Amón y su esposa Mut en Egipto, Marduk y Sarpanitu en Sumeria, Zaus y a Hera en Grecia o Júpiter y Juno en Roma. Tenemos por una parte al dios padre, arquetipo del Sol, dador de la semilla, y por otro a la diosa madre, la Tierra acogedora y feraz donde la semilla germina. Las culturas precolombinas también reconocían a la diosa madre en la misma jerarquía que al dios padre, aunque con funciones diferentes.

Siempre se ha creído que el Yahvé de los judíos, musulmanes y cristianos era el dios célibe y único de las religiones antiguas, sin embargo la arqueología, los nuevos estudios bíblicos y la epigrafía han recuperado la importancia que, en los orígenes de las religiones abrahámicas tuvo la diosa Asherah, venerada como esposa de Dios.

Esto es un antecedente incómodo para estas religiones que tienden a negar sus orígenes politeístas.

¿Cuándo se prohibió el culto a Asherah y se dejó a Yahvé como dios único? El cambio fue progresivo, pasando del politeísmo a una *monolatría* transitoria en la que se convivió con otros dioses pero se clamaba a Yahvé como el verdadero dios, para pasar al monoteísmo radical clamado por Abraham. El problema es saber cuándo vivió Abraham. Aunque fuentes judías antiguas remontan su existencia entre 1813 a. C. y 1506 a. C. (Judaism 101), la crítica bíblica surgida en el siglo XIX sostiene que la era patriarcal que describe el Génesis (Abraham, Isaac y Jacob), junto al Éxodo y Jueces, son textos tardíos de autores desconocidos que vivieron en distintas épocas, si bien la hipótesis más plausible los ubica en el siglo VI a. C., a comienzos del Imperio persa en Babilonia, después del exilio de los judíos (587-537 a. C.), la toma de Jerusalén y la destrucción del templo de Salomón por Nabucodonosor II. Surgió entonces la necesidad de regresar a su tierra de la mano de Abraham, que guio a su pueblo a la tierra prometida.

Hoy se conoce que el culto a Asherah tuvo una importante implantación en Israel y es citada numerosas veces en el Antiguo Testamento. Se sabe que gobernando el rey Asá (911-870 a. C.) su imagen se veneraba incluso en la residencia real (1 Re 15, 14). Bajo los reinados de los reyes Ajab (874-853 a. C.), Joacaz (814-798 a. C.) y Ajaz (736-716 a. C.) y durante la invasión por Babilonia con el rey Oseas (721 a. C) el culto a Asherah seguía ampliamente implantado en Samaria (véase 1 Re 16, 33; 2 Re 13, 6; 17, 13-16 y 17, 13 respectivamente).

Sería la reforma religiosa del rey Josías en el año 622 a. C. la que acabaría definitivamente con el politeísmo semita, con el fin de unir políticamente al país en torno a un dios único. Nunca más sería nombrada Asherah en la Biblia. En el capítulo 23 del segundo libro de Reyes se narra el desmantelamiento de su templo, el cual daba buena cuenta de la implantación que había tenido esta diosa hasta ese momento:

> «[Josías] ordenó sacar del templo de Yahvé todos los objetos que habían fabricado para Baal, para Asherá y para el ejército de los cielos y los quemó fuera de Jerusalén» (v.4). Luego «sacó la Asherá de la casa de Yahvé, fuera de Jerusalén, al torrente Cedrón; allí la quemó, la pulverizó y arrojó las cenizas sobre las tumbas del pueblo» (v.6). Después

> «derribó las casas (…) donde las mujeres tejían velos para Asherá (v.7). Rompió las estelas sagradas, arrancó las Asherá y contaminó con huesos humanos los lugares donde estaban» (v.14). Por último, «derribó el altar que había en Betel (…) quemó el lugar sagrado, lo redujo a polvo y quemó la Asherá» (v.16).

Por las frecuentes referencias a quemar y cortar a la diosa, se deduce que sus efigies eran de madera. Asherah en ocasiones era llamada Astarot y tenía su equivalente en la Ishtar babilónica, la Astarte mesopotámica, la Hathor egipcia o la Atenea griega. Será la diosa del árbol de la vida y del mar. En sus inicios, el judeocristianismo incluyó algunas de las versiones de la diosa Asherah en su panteón de divinidades superiores. La mitología árabe, anterior a la codificación monoteísta del islam en el 622 d. C., también incluía una miríada de dioses menores, genios, demonios y monstruos, entre ellos destaca la figura femenina de Alat, diosa mayor de los pueblos de la península arábiga a la que atribuían un poder superior a lo terrenal. Formó triada con sus hermanas, las diosas Manat y Uzza, encargadas de proteger La Meca.

Pero a Asherah, un patriarcado misógino se encargó de despojarla de su trono porque pensaron que restaba trascendencia a Yahvé. Algunas tesis descartan la imposición machista y sostienen que el motivo de desalojarla del panteón israelita fue por considerarla la antinomia del dios único y por la necesidad de unir al pueblo de Israel, pero el dios único no tenía que ser necesariamente varón. Otros sostienen que el concepto Dios es asexual, que no es varón ni hembra, sin embargo se ha exaltado su masculinidad en detrimento de sus valores femeninos imponiéndolo como 'padre' condicionando en la feligresía el modo de representarlo.

Encontramos a Asherah citada en nueve libros de la Biblia hebrea: Éxodo, Deuteronomio, Jueces, Reyes, Isaías, Jeremías, Mical y Crónicas, además de una posible mención en Oseas 14, 9, aunque esta última discutida. Hay hasta cuarenta referencias a Asherah, siempre desde un marco peyorativo y hostil para que se abandonase su culto y se suprimieran sus ídolos: «Derribaréis sus altares, y quebraréis sus estatuas, y cortaréis sus imágenes de Asera. Porque no te has de inclinar a ningún otro dios, pues Jehová, cuyo nombre es Celoso, Dios celoso es» (Éx 34, 13-14).

El rey Manasseh sería muy criticado cuando colocó en el templo de Jerusalén el símbolo del árbol de Asherah, sin embargo, el monarca Hezekiah, que suprimió sus imágenes, pasó a la historia como el más justo de los reyes.

Yahvé era el dios de los reinos semitas de Samaria y Judá desde, al menos, la Edad del Hierro, pues no se conservan textos anteriores al VIII a. C., aunque se sabe que ya se practicaba su culto en la Edad de Bronce. Cada tribu semita tenía su propia deidad tutelar pero, cuando emergió el reinado, se promovió a Yahvé como dios de Israel, superior a las demás deidades cuyas funciones fue asumiendo

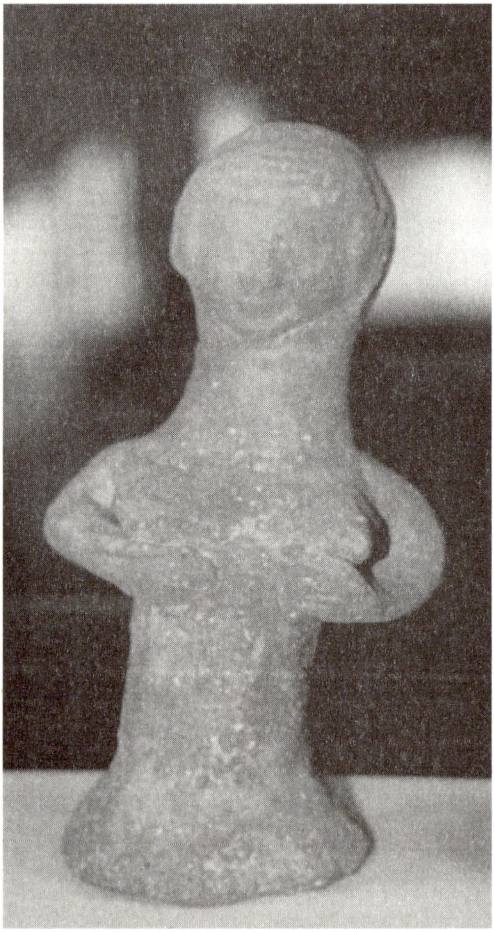

Figura de terracota de la diosa Ashserah, año 8 a 6 a.C. (Museo Eretz, Israel).

progresivamente. Asherah debía ser tan antigua o más que Yahvé, pues se ha demostrado su presencia icónica en la Prehistoria. La Biblia confirma que había estatuas de esta diosa en los templos de Jerusalén, Bethel y Samaria (Ackerman, S., 2003). Es muy significativo que fuese adorada en el templo de Yahvé de Jerusalén, el más importante para el pueblo judío.

La referencia a la reina del cielo en el Libro de Jeremías podría ser una posible alusión a esta diosa: «Los hijos recogen la leña, los padres encienden el fuego y las mujeres amasan la masa para hacer tortas a la reina del cielo y para hacer ofrendas a dioses ajenos, para provocarme a ira» (Jr 7, 18). En el Libro de los Reyes se dice que en aquel templo había una estatua de Asherah atendida por personal femenino que le confeccionaba vestimentas y hacía rituales en su honor. Recibían el nombre de *asherim* o *asera* los postes y piedras sagradas vinculadas a las prácticas religiosas cananeas que se colocaban en las colinas y bajo grandes árboles. Recordemos que era diosa del árbol de la vida: «Porque ellos también se edificaron lugares altos, estatuas e imágenes de Asera (sic), en todo collado alto y debajo de todo árbol frondoso» (1 Re 14, 23). En aquellos lugares se hacían ritos en su honor, costumbres que continuaron a pesar de la imposición de Yahvé como dios único: «Con todo eso, los lugares altos no se quitaron, porque el pueblo aún sacrificaba y quemaba incienso en los lugares altos». (2 Re 14, 4).

En el libro de Jueces, Dios ordena acabar con ídolos falsos, entre ellos Asherah y Baal: «Aconteció que la misma noche le dijo Jehová: Toma un toro del hato de tu padre, el segundo toro de siete años, y derriba el altar de Baal que tu padre tiene, y corta también la imagen de Asera que está junto a él», (Jue 6, 25). Baal era un antiguo dios adorado por fenicios, cartagineses y sirios que, en la Biblia, terminaría siendo considerado como uno de los falsos dioses. También el Deuteronomio incluye la censura sobre la figura ya denostada de Asherah: «No plantarás ningún árbol para Asera cerca del altar de Jehová tu Dios, que tú te habrás hecho» (Dt 16, 21). Los profetas Isaías, Jeremías y Micah también condenaron la idolatría de la diosa y exigían veneración única al dios verdadero. En la elaboración de copias bíblicas sobre nuevos papiros, sacerdotes y escribas, atendiendo al nuevo criterio monoteísta, fueron eliminando el rastro de la esposa de Dios.

A diferencia de Jesucristo, muy posterior, sobre Asherah (o Asera) sí existen abundantes pruebas arqueológicas y referencias en textos antiguos. Se han encontrado numerosas estatuillas y amuletos de la diosa datados entre los siglos IX a VI a. C. En 1928, en la actual ciudad de Ras Shamra, al norte de Siria, un campesino descubrió la entrada de una necrópolis cananea del siglo XII-XI a. C. Tras las excavaciones, dirigidas por el arqueólogo francés Claude Shaeffer, se llegó a la conclusión de que correspondía a la legendaria ciudad de Ugarit, importante puerto de oriente que tuvo su período de esplendor entre el 1450 a. C. y el 1180 a. C. Su ubicación se desconocía hasta entonces. Afloraron los restos de un imponente palacio real con noventa habitaciones y dos bibliotecas que contenían abundantes textos en tablillas escritas en alfabeto cuneiforme, con documentos políticos, comerciales, jurídicos y religiosos del siglo XIV a. C. En las excavaciones realizadas en el siglo XX se recuperaron otras 420 tablillas y por ellas se sabe que sus principales dioses fueron: Baal, dios de la lluvia, el trueno y la fertilidad; Asherah, Ashartu mesopotámica; Yam, dios del caos y las tempestades; Mot, dios de la muerte; Hadad, rey del cielo y Yaw, dios del mar, que posiblemente fuese el posterior Yhaweh hebreo. Estos dioses formaban parte de la corte del Dios principal conocido como El. Se descubrió que la palabra As-herá se refería a la diosa madre de los cananeos y se conoció el culto que recibía.

En 1975, el arqueólogo de la Universidad de Tel Aviv, Ze'ev Meshel, dirigió una excavación sobre los restos de una antigua posada defensiva en Kuntillet Ajrud, en la península del Sinaí. Desde el siglo IX a. C. al VIII a. C., los peregrinos podían pernoctar en ella y encontrar agua y comida. Muchos dejaron oraciones e inscripciones sobre paredes y tinajas. En unos fragmentos de vasijas de barro o *pithoi,* decoradas con diversas figuras fenicias datadas en torno al año 770 a. C., se distinguen dos figuras antropomorfas con los brazos entrelazados y una tercera sentada en un trono tocando la lira. Una de las figuras parece ser el dios Bes, con su típico tocado de plumas. Bes y su contrapunto femenino Beset, fueron deidades protectoras de la mitología egipcia, pero la importancia del descubrimiento se encontraba en dos frases fenicias junto a los dibujos, que los expertos creen algo posteriores. En una, se lee: «Yo los bendigo por Yahvé de Samaria y su Asherah», y en otra «Te bendigo por Yahvé de Temán y su Asherah; que él te bendiga y te guarde y esté con mi Señor». Samaria era una región montañosa de la antigua Judea, en el centro del reino de Israel, que incluía la capital homónima. Temán era una tribu de Judea que ocupaba la región de Edom, ubicada al sur del mar Muerto, lo que demuestra que los israelitas veneraban tanto a Yahvé como a Asherah. El uso reincidente del pronombre posesivo 'su', su Asherah, prueba que la consideraban su esposa.

En el documental de la BBC *Argead Dynasty Bible's Buried Secrets*, la historiadora de la Universidad de Exeter, Francesca Stavrakopoulos, resaltaba la aparición de inscripciones similares, «las cuales fortalecen el caso de que el dios de la Biblia tuvo una esposa». Según Stavrakopoulos, en las ediciones posteriores del Antiguo Testamento, realizaron una labor de modificación y reinterpretación, al objeto de garantizar el centro del poder religioso a la casta sacerdotal masculina, prohibiendo, reprimiendo y posteriormente censurando el vínculo femenino de la divinidad.

Algunos historiadores llaman la atención sobre un curioso detalle: en el Génesis, cuando Dios crea el mundo, habla en plural, como refiriéndose a alguien que estuviera a su lado: «Entonces dijo Dios:

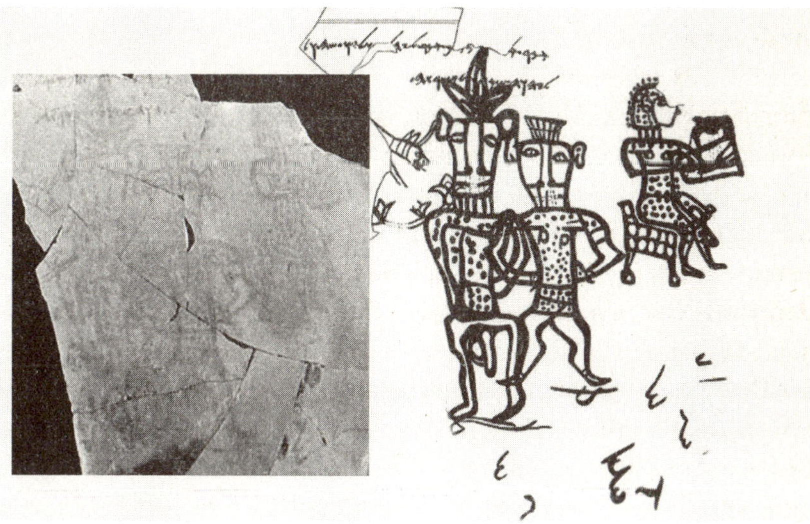

Asherah, la esposa de Dios. Pareja de divinidades con los brazos entrelazados en una óstraca del 770 a.C., en la península del Sinaí, con la inscripción: «Yo los bendigo por Yahvé de Samaria y su Asherah».

hagamos al hombre a nuestra imagen y semejanza» (Gn 1, 26) ¿Por qué dice «hagamos al hombre a nuestra semejanza» en lugar de 'haré al hombre a mi semejanza'? ¿Olvidaron los autores monoteístas posteriores corregir este lapsus que delata a Asherah y la pone en boca de Dios?

No será el único desliz. Un verso que nunca se tradujo correctamente es precisamente el primero del AT: «En el principio, creó Dios los cielos y la tierra» (Gn 1, 1). La palabra hebrea utilizada para Dios es *elohim*, pero esta voz es plural por lo que la traducción literal sería «En el principio, los dioses crearon los cielos y la tierra». Más adelante, tras haber creado a Adán y Eva, Dios dice: «He aquí el hombre es como uno de nosotros» (Gn 3, 22). ¿Acaba de crear al primer hombre y la primera mujer y dice que es como uno de 'nosotros'? ¿De quiénes? ¿No debería hablar en singular?

Pero hay más, cuando se refiere a la Torre de Babel, se describe a Dios diciendo: «Ahora pues, descendamos y confundamos sus lenguas» (Gn 11, 17), cuando debería decir 'descenderé y confundiré'. Estos vestigios evidencian un primitivo origen politeísta del judaísmo, del que tanto reniegan.

En libros posteriores (Josué, Jueces, Samuel y Reyes) se eliminaron casi todas las menciones a la diosa y las pocas que se conservan insinúan un culto esporádico y marginal cuando, en realidad, no fue así. El siguiente paso de los autores sería negar el pasado politeísta de la religión hebrea. Para ello, pusieron en boca de Moisés, que para ellos vivió en el siglo XIII a. C., la negación hacia Asherah: «No plantarás ningún árbol para Asera cerca del altar de Jehová tu Dios, que tú te habrás hecho» (Dt 16, 21). Es imposible que Moisés pronunciara estas palabras porque no podía saber que tres siglos después Ashera estaría junto a Yahvé en el templo de Jerusalén. No es sino un añadido posterior para atribuir a Moisés el monoteísmo que impuso Josías muchos siglos después y otorgar patente monoteísta al judaísmo. También en los Diez Mandamientos se utiliza a Moisés para reprimir la idolatría: «No harás para ti escultura, ni imagen alguna de cosa que está arriba en los cielos, ni abajo en la tierra, ni en las aguas debajo de la tierra. No te inclinarás a ellas ni las servirás» (Dt 5, 7-9).

Huérfano ya de la figura femenina, a Yahvé hubo de otorgársele algunas pinceladas femeninas para asumir el nuevo rol de padre-madre, algo impensable en las tradiciones milenarias anteriores.

Veamos algunos ejemplos: «¿Concebí yo a todo este pueblo? ¿Lo engendré yo, para que me digas: llévalo en tu seno, como lleva la que cría al que mama, a la tierra de la cual juraste a sus padres?» (Nm 11, 11-12). «Despreciaste a la roca que te engendró, y olvidaste al Dios que te dio a luz» (Dt 32, 18). «¿Quién engendra las gotas de rocío? ¿Quién ha parido el hielo? ¿Quién da a luz la escarcha del cielo?» (Job 38, 28-29). «Por mucho tiempo he guardado silencio (…) Pero ahora grito como mujer de parto, resuello y jadeo a la vez» (Is 42, 14). «¿Puede una mujer olvidar a su niño de pecho, sin compadecerse del hijo de sus entrañas? Aunque ellas se olvidaran, yo no te olvidaré» (Is 49, 15). «Como una madre consuela a su hijo, así los consolaré yo a ustedes» (Is 66, 13).

Manipulaciones textuales de la Biblia

Más arriba he aludido a los múltiples procesos de copia a mano de los manuscritos por el deterioro de los soportes orgánicos como papiros o pergaminos. En este proceso se cometían frecuentes errores, por lo que los manuscritos que se conservan del NT no son fiel reflejo de los originales. Estas modificaciones textuales fueron unas veces accidentales (omisiones de palabras, líneas duplicadas, faltas ortográficas, etc.), otras de traducción a distintos idiomas, en los que se llegó a alterar el sentido de la frase o del mensaje, pero las más graves fueron las intencionadas, tales como sustituciones, supresiones y añadidos posteriores denominadas por los críticos textuales como interpolaciones, eufemismo sutil para evitar decir manipulaciones, menos decoroso a la hora de referirse a las Sagradas Escrituras. Estos manejos textuales, que en pleno siglo XXI siguen negando no pocos apologistas cristianos, dejaban en entredicho el carácter revelado de las Sagradas Escrituras y su inspiración divina, lo que hizo difícil determinar si aquellos cambios tuvieron la finalidad de mejorar la lectura o respondían a estrategias ideológicas y religiosas.

La tradición católica creía que el Evangelio de Marcos era un resumen posterior de Mateo y Lucas pero, en 1838, los teólogos alemanes Weisse y Wilke demostraron que el texto de Marcos era anterior y en él se basaron Mateo y Lucas. Existe consenso sobre la datación de Marcos a finales de los años 60 o 70 del siglo I; narra la vida de Jesús desde su bautismo hasta su resurrección, pero carece de información biográfica de su vida anterior a su predicación. Coincide con la teología paulina sobre el hecho fundamental, la muerte y resurrección de Jesús, aunque incorpora relatos de exorcismos y diversas curaciones a leprosos, paralíticos, sordomudos, ciegos, etc., la mayoría repetidas en Mateo y Lucas, sin duda con la pretensión de magnificar al profeta resaltando su capacidad para hacer milagros.

El texto de Marcos es más primitivo en estilo y nos presenta a un Jesús más humano y falible, por tanto, algo más parecido al personaje histórico real. Pero esta humanidad fue un obstáculo para los evangelistas posteriores, que magnificaron la divinización del personaje. Con los siglos, la cristología se fue desarrollando progresivamente y el material documental disponible se fue filtrando y moldeando conforme a las tradiciones y las nuevas tendencias. Convertido el cristianismo en la religión oficial del Imperio romano en el siglo IV,

San Marcos escribe su evangelio al dictado de San Pedro (Atribuida a Pasquale Ottini, 1578, museo de Bellas Artes de Burdeos).

los copistas no solo continuaron con sus errores habituales, también adaptaron los textos para limar asperezas con el imperio, pese a que fue Roma quien acabó con su líder. Pablo y los evangelistas rompen con el judaísmo y trasladan la responsabilidad de la muerte de Jesús a los judíos para convertirlo en un no judío.

Eruditos en crítica literal han descubierto en el canon testamentario numerosos añadidos de dos formas: insertando frases en textos antiguos o añadiendo manualmente las interpolaciones a la hora de hacer una nueva copia a mano. Pese a que intentaron que pasaran inadvertidos para el lector inexperto, resultan evidentes para los exégetas contemporáneos, que analizan meticulosamente los manuscritos apoyándose en el conocimiento de las lenguas antiguas de cada época y lugar. Se han encontrado, además de indicios físicos, párrafos y capítulos con bruscos cambios de ritmo y giros en la armonía del estilo que hace perder el hilo del discurso, además de usar términos y expresiones impropias de la época de datación del resto del texto, lo que demuestra que se trata de añadidos posteriores. Estas tesis se ratificaron conforme fueron apareciendo copias de evangelios más antiguos que carecían de esas interpolaciones, por lo que se supo que fueron incluidas siglos más tarde.

Muchos de estos amanuenses pertenecían a la clase media-alta y algunos debieron ser los responsables de sus iglesias. No les debió resultar difícil meter la tijera y hacer modificaciones cuando algún texto no se adecuaba a su tendencia teológica. Lo peor es que muchas de estas alteraciones textuales han quedado para la posteridad. Hechos de los Apóstoles, por ejemplo, quinto libro del NT en el que se narra la historia de la primitiva Iglesia, es un 10% más largo en el texto occidental que en el alejandrino, lo que demuestra que los textos se editaban, se cortaban y se ampliaban. Evidentemente uno de ellos debería ser rechazado, pero la Iglesia admite los dos.

El filósofo griego Celso, en el siglo II, ya criticaba estas manipulaciones bíblicas:

> «Algunos creyentes, como si hubieran estado bebiendo, llegan al punto de oponerse a sí mismos y alterar el texto original del evangelio tres o cuatro o varias veces más, y cambian su carácter para poder negar las dificultades que les plantea la crítica». (Orígenes, Contra Celso 2, 2)

Según el erudito estadounidense Bart Ehrman, hay más variaciones en estos manuscritos que palabras en la Biblia. Algunos piensan que incluso el mismo Pablo de Tarso ya lo advirtió cuando se dirigió a los pastores de la Iglesia de Éfeso y les dijo con amargura que «de entre vosotros mismos saldrán algunos que corromperán la doctrina, arrastrando tras de sí a los discípulos; por eso, estad alerta» (Hch 20, 29-31). Me inclino a pensar que Pablo por entonces no pensaba en futuras manipulaciones bíblicas, sino que alertaba sobre algunos de sus discípulos, que podían oponerse a su doctrina y llevarse tras de sí a sus seguidores: el grupo de Santiago, por ejemplo, férreo defensor de la ley, que se oponía a las aperturas paulinas a los gentiles.

AÑADIDOS POSTERIORES

Veamos algunos ejemplos de interpolaciones localizadas por el teólogo alemán Hans Hinrich Wendt:

Jesús pregunta a sus discípulos sobre lo que la gente dice de él, a lo que le responden que unos creen que es Juan el Bautista, otros que es Elías, profeta del AT, y otros que es un profeta nuevo. Entonces Jesús les pregunta por lo que piensan ellos y Pedro responde que es el mesías, el Cristo de Dios. Este pasaje se encuentra reproducido, casi idéntico, en tres evangelios: Marcos 8, 27-30; Lucas 9, 18-21 y Mateo 16, 13-20. Sin embargo, en este último texto, en el de Mateo, se añaden sorprendentemente dos nuevos versículos en los que se convierte a Pedro en el primer papa de la nueva Iglesia:

> «Entonces, respondiendo Jesús, le dijo: Bienaventurado eres, Simón, hijo de Jonás; porque no te lo reveló carne ni sangre, mas mi Padre que está en los cielos. Mas yo también te digo, que tú eres Pedro, y sobre esta piedra edificaré mi iglesia; y las puertas del infierno no prevalecerán contra ella». (Mt 16, 17-18)

Estos versículos, tan leídos en las homilías, no se encuentran en los demás evangelios ni en manuscritos más antiguos. Algunos historiadores creen que existe un error de traducción cuando se dice «hijo de Jonás», traducción de *bar Jona* y que debería haberse traducido de *barjonna*, vieja palabra arcadia que significa bandolero o fuera de la ley (Ambelain, R., 1985).

Para Wendt, el texto es un añadido o interpolación posterior al siglo IV, «época en la que, por orden de Constantino y bajo la vigilancia de doctores como Eusebio de Cesarea, se unificaron los evangelios oficiales, se enviaron en series de cincuenta ejemplares a los diversos obispados del Imperio romano y se recogieron los antiguos, no conformes con la nueva versión» (Ambelain, Ob. Cit., p. 80-81).

Añadir una frase o un párrafo nuevo cuando se estaba elaborando una copia era fácil, bastaba con intercalar el nuevo texto en el punto preciso y continuar. Pero, ¿cómo intercalar un texto en un papiro antiguo? Las hojas de papiro se encolaban unas con otras formando largas tiras que se enrollaban sobre palos o ejes de madera. Así lo explica Ambelain:

> «Para introducir un texto nuevo en el manuscrito inicial, bastaba con despegar dos páginas o dos bandas, e intercalar entre ellas, encolándola a su vez, la facción de piel o la página de papiro que contuviese el o los nuevos textos. A veces podía sucederle al interpolador la fatalidad de ver que una frase quedaba cortada en dos. Y entonces estaba obligado a terminar, encima de la fracción introducida, la frase desventuradamente partida. Luego, en la parte de debajo de la última página introducida, tenía que colocar, como fuera, un texto que enlazara con el encabezamiento de la antigua página inmediatamente posterior. Cada uno de esos dos fragmentos daba entonces origen a una nueva frase, pero la segunda constituía un burdo doblete de la primera. Repetía los términos y el giro» (Ambelain, Ob. Cit., p. 79).

Este procedimiento fraudulento se conocía como interpolación repetida. El teólogo alemán Wendt fue el primero que descubrió dos casos de interpolación repetida en Hechos de los Apóstoles. Con frecuencia, los añadidos provocaban contradicciones en el mismo libro en el que se decía una cosa y más adelante la contraria. En Hechos hay un pasaje en el que se narra la conversión al cristianismo de Pablo, judío fariseo que persiguió en sus comienzos a los cristianos. Cuando se dirigía a Damasco acompañado por otros judíos, apareció una luz en el cielo que lo cegó y escuchó la voz de Dios que le preguntaba: «Saulo, Saulo, ¿Por qué me persigues?». En el capítulo 9 se dice que los hombres que acompañaban a Pablo se quedaron parados, atónitos, pero no vieron a nadie (9, 7), en el capítulo 26 se dice que todos cayeron al suelo al escuchar la voz (26, 14) y en el capítulo 22 que vieron la luz, pero no oyeron a nadie (22, 9). Finalmente, no sabemos si los acompañantes de Pablo escucharon o no la voz que el apóstol dijo oír.

Lo de incluir las cartas de Pablo en la Biblia fue decisión de los emperadores de Roma en el siglo IV. Aunque recogen pasajes edificantes para los cristianos, en algunos episodios de estos textos aparece otro 'Pablo' que exige obediencia a los poderosos e impone una moral judaizante más allá de los mandamientos de Cristo. Las cartas de Pablo son documentos contradictorios de dudosa autoría y han sido motivo de grandes controversias.

Las epístolas paulinas son muy importantes por ser anteriores a los evangelios y, por tanto, supuestamente más próximas a los textos originales, pero en ellas se han localizado numerosas interpolaciones posteriores. Un ejemplo lo encontramos en el hermoso pasaje en torno al amor, en el capítulo 13 de la Primera a los Corintios. Pese a su belleza, supone una brusca interrupción en la línea argumental, además de ser inconsistente con el pensamiento paulino sobre el espíritu de Yahvé. Su contenido no tiene nada que ver con la temática del capítulo anterior ni con la del posterior. Estas interpolaciones hacen más difícil la interpretación de Pablo y que se le atribuyan posiciones que posiblemente nunca sostuvo (Rosario Barbosa, P.M. 2012, p.7).

Según el teólogo y profesor Sené Vidal, en las cartas paulinas se han detectado interpolaciones breves en: Gál. 6, 6; 1 Cor 1, 2b,16; 7, 21b; 11, 2,19; 15, 56; 2 Cor 1, 1c; Flp. 1, 1c; 2, 21 y Rom 2, 16; 6, 17b; 7, 25b; 10, 17; 14, 12; 15, 4. También interpolaciones más extensas en: 1 Tes 2, 15-16; 5, 1-11; 1 Cor 2, 6-16; 12, 31b-14, 1b; 14, 33b-36; 15, 9-10; 15, 39-41; 2 Cor 6, 15-7;1 Flp 3, 1b-4, 1; 4, 8-9; Rom 5, 6-7; 13, 1-7; 16, 16b-20; 16, 25-27 (Vidal 1996, 22).

La crítica textual, en su constante búsqueda de las obras menos adulteradas y, por tanto, más próximas al mensaje original, ha detectado gran cantidad de añadidos, inexactitudes y gazapos. Algunos de estos errores fueron realmente escandalosos. El estadounidense Bart D. Ehrman, en su obra *Jesús no dijo eso: los errores y falsificaciones de la Biblia*, pone un ejemplo hilarante: en un manuscrito del siglo XVI, el copista empleó para Lucas un texto con genealogías en dos columnas. En lugar de hacerlo igual, las copió seguidas en un único párrafo, provocando un lío tremendo. Dios cayó en mitad de la lista como hijo de Aram, poniendo como creador de la humanidad a Fares (Ehrman, B.D., 2006).

Los cristianos no solo modificaron los textos bíblicos, también manipularon textos clásicos extrabíblicos, para probar la existencia de Jesús, que hubieran pasado desapercibidas para el lector inexperto, pero el investigador entrenado localizará la interpolación al constatar que el hilo del discurso inicial se rompe y, de repete aparece perturbada la armonía del estilo. Un ejemplo lo encontramos en la obra *Antigüedades judías* de Flavio Josefo, que veremos en otro capítulo.

EL FINAL LARGO DE MARCOS

Gracias a los textos más antiguos conservados del NT, se pudieron demostrar dos añadidos textuales incorporados en manuscritos posteriores: los versículos finales del Evangelio de Marcos y el pasaje de la mujer adúltera del Evangelio de Juan.

Detengámonos un momento en el añadido de Marcos que tan intensos debates ha provocado, pues la mayoría de expertos coinciden en que se trata de una interpolación posterior que incluye información de sucesos que narraron evangelistas más tardíos como Lucas y Mateo. Como sabemos, el texto de Marcos es anterior, se considera fuente primaria de los demás y concluye cuando María de Jacobo, María Magdalena y Salomé se dirigen al sepulcro para embalsamar el cadáver de Jesús. Allí se encuentran con la piedra de acceso desplazada y, al asomarse, ven a un joven que les informa de que el cuerpo ya no está porque ha resucitado, que se ha marchado a Galilea, donde lo verán. Las tres marcharon asustadas: «salieron corriendo del sepulcro, porque estaban temblando y fuera de sí. Y no dijeron nada a nadie, porque tenían miedo» (Mc 16, 1-8).

Así concluye el evangelio más antiguo, sin ninguna aparición de Jesús resucitado. Se desconoce si el autor de Marcos quiso terminar así el texto o tenía un final que fue cercenado por alguna razón. El caso es que alguien decidió añadirle otro final porque los últimos versículos, en los que se narran las apariciones a María Magdalena y a los demás discípulos, la ascensión a los cielos y las referencias a la misión universal apostólica («Id por todo el mundo y proclamad la buena nueva a toda la creación»), fueron añadidos años o décadas después en la última página. Esa interpolación, que hoy constituyen los versículos del 9 al 20 del capítulo 16, es conocida como 'el final largo de Marcos'. En la primera parte del citado texto se dice que se le apareció a María Magdalena «de la que había echado siete demonios», referencia copiada del Evangelio de Lucas.

Los manuscritos más antiguos que se conservan en la actualidad, el Códice Vaticano del 325 d. C. y el Códice Sinaítico, del 370 d. C., consideradas las biblias más antiguas del mundo, no incluyen el final largo de Marcos. El Papiro 45 es más antiguo, del 250 d. C., pero solo es un fragmento. En el Sinaítico, rescatado por el cazador de manuscritos Konstantin Von Tischendorf de un monasterio egipcio en 1844, contiene el polémico final de Marcos con una escritura diferente al resto del manuscrito, realizado, por tanto, por otro escriba posterior, el cual añadió una marca diacrítica bajo la cual escribió *kata markon* (de acuerdo a Marcos), aludiendo que hasta ahí

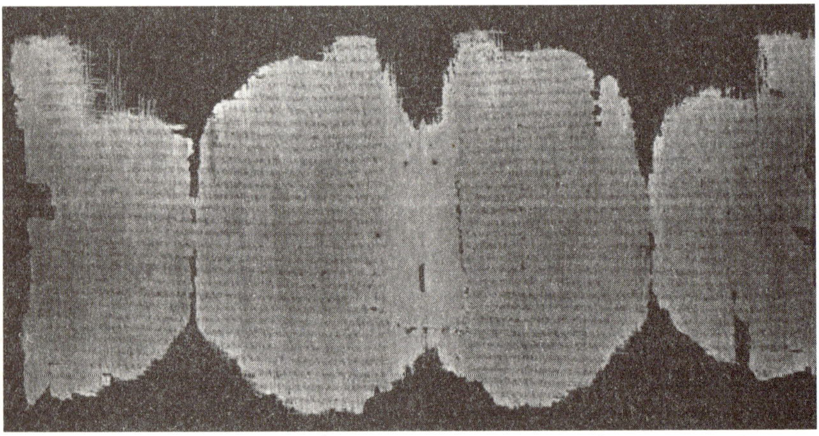

Papiro 45 con parte del evangelio de Lucas, del siglo III.
(Biblioteca Chester Beatty, Dublín, Irlanda).

era el final del Evangelio de Marcos. Eruditos como Bruce Metzger, aseguran que los referidos versículos finales no son auténticos porque el vocabulario y el estilo no corresponden al resto del evangelio. Algunas palabras usadas en este pasaje no se encuentran en ningún otro lugar del texto de Marcos.

Pese a las dudas fundadas sobre la autenticidad de estos doce versículos, ni la Iglesia católica ni las editoriales bíblicas decidieron suprimirlos. Es más, siguen considerándolos canónicos y de inspiración divina. No obstante, en algunas biblias se incluye una nota en la que se advierte que dichos versículos fueron agregados posteriormente y

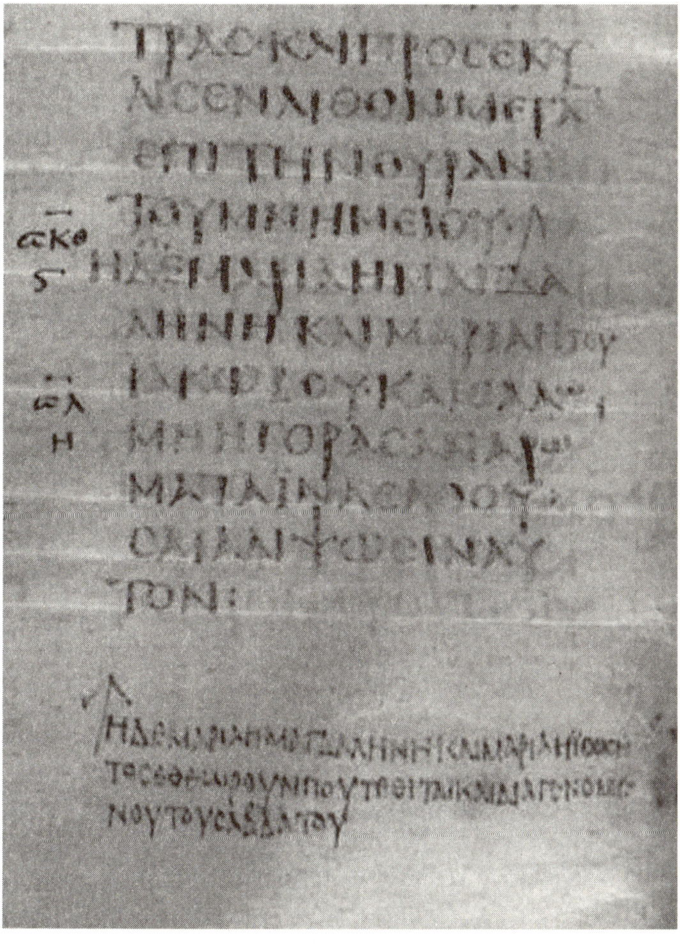

Primeras líneas de Marcos 16 en el Códice Sinaítico del siglo IV.

que el final del evangelio se perdió, cuando en realidad se desconoce si lo hubo. En la nota a pie de página de la *Biblia de Jerusalén* podemos leer esta llamada:

> «El final de Marcos versículos 9-20, forma parte de las Escrituras inspiradas; es considerado como canónico. Esto no significa necesariamente que haya sido redactado por Marcos. De hecho, se pone en duda su pertenencia a la redacción del segundo evangelio».

Si los comités editoriales de las biblias reconocen que los doce versículos finales no son originales de ese evangelio, ¿por qué los siguen manteniendo y no los declaran apócrifos como otros textos? Dicen que por tradición católica. Así lo explica el reputado crítico estadounidense Bruce Metzger:

> «Hoy en día sabemos que los últimos doce versos del Evangelio de Marcos no se encuentran en los más antiguos manuscritos griegos, latinos, sirios, coptos y armenios, y que en otros manuscritos existen asteriscos o símbolos que marcan estos versos como dudosos o falsos. Eusebio y Jerónimo de Estridón, que estaban al tanto de estas variaciones en los manuscritos, discutieron sobre cual forma del texto era la correcta. Debemos destacar, sin embargo, que ninguno sugirió que una forma del texto era canónica (oficial) y la otra no lo era. En el segundo siglo, por ejemplo, el llamado final largo de Marcos era conocido por Justino Mártir y por Tatiano, quien lo incorporó en su *Diatesarón*. Por consiguiente, parecen existir suficientes razones para concluir que, aunque la evidencia externa e interna contra la autenticidad de los últimos doce versos de Marcos es concluyente en tanto que estos versículos no provienen de la misma pluma de la que proviene el resto del evangelio, el pasaje debe ser aceptado como parte del texto canónico (oficial) de Marcos» (Metzger, B.M., 1965, pp. 81-83).

En el siglo III, al citar los relatos de la resurrección, Orígenes cita todos los evangelios canónicos excepto el de Marcos, precisamente porque no se hablaba de la resurrección en él, por lo que se deduce que alguien decidió que, un tema tan importante para el cristianismo como es la resurrección, debía aparecer en el evangelio más antiguo.

LA PERÍCOPA DE LA MUJER ADÚLTERA

Veamos ahora otro añadido posterior muy interesante: el conocido pasaje o perícopa de la mujer adúltera en el Evangelio de Juan. Jesús estaba en el templo cuando le llevaron a una mujer sorprendida en adulterio por lo que, según la ley, debía sufrir pena de lapidación. Tras recabar su opinión, Jesús les dijo: «El que de vosotros esté libre de pecado sea el primero en arrojar la piedra contra ella», lo que hizo que los hombres se avergonzaran, abandonaran su intención y se marcharan. Cuando quedó a solas con la mujer le dijo: «Tampoco yo te condeno. Vete y no peques más». (Jn 8, 1-11).

Si Jesús se hubiera negado al apedreamiento de la mujer lo podrían haber acusado de quebrantar la ley mosaica y, si hubiera accedido a la pena, iría en contra de su propio mensaje de amor y perdón. Emitió una hábil respuesta para difundir un mensaje hermoso, salvo por el detalle de que esas palabras no fueron dichas por Jesús, sino que fueron añadidas al texto siglos después, tal y como ha demostrado la crítica textual.

La perícopa de la mujer adúltera, de Lucas Cranach el Viejo, 1532 (Museo de Bellas Artes de Budapest).

Efectivamente, la perícopa de la mujer adúltera no se encuentra en las copias más antiguas de los evangelios del siglo II y III. Está ausente en el Papiro 66, códice del Evangelio de Juan que forma parte de los papiros Bodmer encontrados en Egipto y datado hacia el año 200; tampoco está en el Papiro 75, de principios del siglo III, ni en los códices mayúsculos (unciales), ni el los códices Sinaítico y Vaticano del s. IV, ni en el Codex Borgianus del V, ni en el Codex Purpureus Petropolitanus del VI, ni en el Codex W o Washingtoniano de los siglos V o VI. Tampoco se encuentra en algunas copias posteriores como el Codex Sangallensis 48 del siglo IX, el Codex Monacensis del X o en el Codex Regius del XII, entre otros códices bíblicos (Bruce M. Metzger, B.M y Ehrman, B.D., 2005, p. 319).

El texto más antiguo en el que se incluye este pasaje es el Códice de Beza (Codex Bezae*)* del siglo V que el calvinista Teodoro de Beza encontró en el monasterio de San Ireneo en Lyon (Francia) en el siglo XVI.

El traductor Jerónimo de Estridón (340-420 d. C.) informó de que la famosa perícopa de la mujer adúltera a finales del siglo IV no se encontraba en «varios manuscritos griegos y latinos», lo cual fue confirmado por Ambrosio de Milán y Agustín de Hipona en los siglos IV y V. Este último, aunque reconociendo la ausencia del texto en las copias más antiguas, lo atribuía, no a que fuese un añadido posterior, sino a que debió ser suprimido siglos atrás para no dar la impresión de que Cristo justificaba el adulterio, lo cual, de ser cierto, no deja de ser también una manipulación de un texto atribuido a Dios:

> «Ciertas personas de poca fe, o más bien enemigos de la verdadera fe, por temor a, supongo, que a sus esposas se les deba dar la impunidad en el pecado, removieron de sus manuscritos la ley del Señor del perdón a la adúltera, como si él hubiera dicho 'no peques más', y así concedido permiso para pecar» (San Agustín, *Adulterinis Conjugiis* 2, 6-7).

Pese al argumento agustino, el pasaje no aparece en las traducciones siríacas, góticas, algunas armenias ni en las versiones antiguas georgianas. Tampoco fue citado nunca por padres de la Iglesia como Clemente de Alejandría, Tertuliano, Orígenes, Cipriano, Juan

Crisóstomo, Cirilo de Alejandría, entre otros muchos. La crítica textual es mayoritaria al negar que el texto forme parte del corpus juanino; se trata pues de un añadido por un copista siglos después de la redacción original, aun cuando el mensaje resulte coherente con la doctrina de Jesús o la existencia de alguna referencia aislada sobre el perdón de Jesús a una mujer pecadora como la de Dídimo el ciego (Ehrman, B.D., 1988, pp. 24-44).

Estos son algunos ejemplos de los cientos de añadidos que se fueron incorporando a la Biblia hasta la aparición de la imprenta en 1440 y que fueron incluidos por escribas y amanuenses religiosos, bien por iniciativa propia o siguiendo instrucciones superiores. No seré yo quien reste un ápice de belleza a los edificantes pasajes cargados de valores y enseñanzas, pero atribuir su autoría exclusivamente a Dios, considerarla inerrante por ser su palabra, pese al criterio técnico de la crítica textual, es ir demasiado lejos.

Bruce Metzger, reconocido profesor de teología y editor bíblico estadounidense, reconoce que en los evangelios se hacía constar lo que interesaba:

> «Los evangelios tardíos omiten lo que podría implicar que Jesús era incapaz de lograr lo que quería (...) y también omiten preguntas formuladas por Jesús que podrían interpretarse como reflejo de su ignorancia» (Metzger, B.M., 1965).

¿Por qué la Iglesia no suprime las interpolaciones pese a ser demostradamente posteriores? Fácil: fueron los propios miembros de la Iglesia los que fueron incorporando estos añadidos y la mayoría de los copistas estaban vinculados con la Iglesia de una u otra forma.

Errores de traducción

Luego están los cientos de errores de traducción y fallos en la interpretación de las distintas lenguas primitivas, algunos monumentales, que provocaron falsas creencias que hoy suscitan la hilaridad del lector.

En el año 382 d. C. el papa Dámaso I encargó a Jerónimo de Estridón (san Jerónimo) traducir la Biblia del hebreo al latín, dando lugar a la conocida Vulgata, de *vulgata editio* (edición divulgada), escrita en un latín corriente más asequible al pueblo que el latín clásico. Pese a ser el libro más traducido del mundo, los expertos calculan que puede contener más de 1 400 errores de traducción y 463 contradicciones. Veamos algunos de estos fallos.

LOS CUERNOS DE MOISÉS

Uno de los más comentados fue atribuido precisamente a san Jerónimo, patrón de los traductores. En el Éxodo, cuando describe a Moisés a su regreso del monte Sinaí, utiliza el verbo irradiar que tiene la misma raíz que el sustantivo cuernos, por lo que, en vez de traducirlo como 'su rostro era resplandeciente' se tradujo como *quod cornuta esset facies sua*, «su rostro era cornudo» (Biblia Sacra Vulgata, Éx 34, 29). Autores como Ian Caldwell y Dustin Thomason lo atribuyeron a un error de traducción: «La palabra hebrea rayos también se puede traducir como cuernos: *karan versus keren*» (Caldwell y Thomason, 2004, p. 213). Ello dio lugar a un Moisés con cuernos en varias imágenes eclesiásticas del período gótico tardío, entre los siglos XIV a XVI.

Sin embargo, otros autores piensan que no se trató de un error de traducción sino de un hecho deliberado. Tal vez Jerónimo pensó que nadie más que Cristo debería brillar con rayos de luz y aportó una traducción alternativa. En la Antigüedad clásica los cuernos venían a significar poder, fortaleza y sabiduría, incluso conocimiento de Dios. Por esta razón en algunas monedas se representaba a Alejandro Magno con cuernos de carnero. El Corán refiere al citado rey de Macedonia como Iskandar o *Dhu al-qarnayn* (el de los dos cuernos). La cornamenta y su simbolismo de poder ya se incluyeron en las representaciones artísticas de algunos dioses como el egipcio Amón o el griego Zeus. ¿Lo entendió así san Jerónimo en su Vulgata? De hecho, en la II epístola a los Corintios, también traducida por él, san Pablo se refiere a que el rostro de Moisés resplandece «glorioso» (2 Cor 3, 7).

Con el paso de los siglos, el significado de cornudo fue perdiendo esa acepción y, en la Edad Media, se relacionaba con el demonio, con lo demoníaco. Por esta razón, en el s. XIII, santo Tomás de Aquino

Los cuernos del Moisés de Miguel Ángel, s. XVI. ¿Error de traducción en la Biblia o símbolo de sabiduría? (Foto: Jörg Bittner Unna).

tuvo que explicar públicamente que Moisés no tenía cuernos (*In omnes beati Pauli Apostoli epistolas*, super 2 Co. III, Lectio II). Como sabemos, en la actualidad cornudo tiene otras acepciones.

Sea como fuere, la Iglesia eliminó la voz cuernos de las traducciones posteriores de la Biblia. El renacentista Miguel Ángel recuperó aquella tradición e incorporó los cuernos en su famosa escultura de Moisés, sugiriendo el poder sobrenatural del personaje tras el encuentro con Dios en el monte Sinaí.

LA ETERNA VIRGINIDAD DE MARÍA

Otro importante error de interpretación convirtió en virgen a María, la madre de Jesús. En Isaías se dice: «Pues el Señor mismo os dará una señal: Mirad, la muchacha joven está encinta y dará a luz un hijo, a quien pondrá el nombre de Enmanuel» (Is 7, 14). Esta cita del AT fue interpretada por los cristianos como una profecía sobre el futuro mesías, cuando en realidad se refería a Ezequías, rey de Judea, hijo de Ajaz.

En la traducción griega de la Biblia de los Setenta aparecía como «una virgen está encinta y dará a luz un hijo». Se empleó la palabra hebrea *almah* pero este término se utilizaba para designar indistintamente a una muchacha joven y virgen pues, por entonces, toda mujer casadera solía ser joven y virgen. De haberse querido especificar con claridad que se trataba de una doncella que parirá siendo virgen, debió haber empleado el término *bethulah* y no *almah;* por lo tanto, la afirmación bíblica original fue que Cristo nació de una mujer joven, no de una mujer virgen, y así es como aparece en algunas traducciones. En la traducción al griego se transcribió *almah* por *parthenos*, que sí significa virgen. Así que el error fue doble pues se refería a la madre de Ezequías y no al mesías (Fábrega, O., 2017, p. 119). En realidad se desconoce si se trató de un error de traducción o se modificó deliberadamente el término en el proceso de copia de los papiros que se fueron haciendo, siguiendo una línea doctrinal trazada.

Surge aquí la cuestión de si los evangelistas, con la idea de magnificar la figura del nazareno, relacionaron el nacimiento de Jesús con otros partos milagrosos del AT como el de Isaac, parido por Sara a los noventa años de edad, el de José, parido por Raquel, o el de Samuel, parido por Ana, ambas estériles, o lo que pretendían era proteger la reputación de María, puesta en duda por Celso y los judíos.

A diferencia de otras confesiones cristianas, los católicos fueron aún más allá y consideraron que María fue virgen, no solo antes y durante el parto de Jesús, también lo fue durante toda su vida. Esto ya lo escribió Orígenes allá por el s. III en su *Comentario al Evangelio de Mateo* (10, 17), posteriormente sería ratificado en los concilios de Constantinopla del año 553, en el de Letrán del 649, incluso en el cercano Concilio Vaticano II en 1962, donde se la denomina 'la siempre virgen'. En 1854, el papa Pio IX aprobó la bula *Ineffabilis Deus* en la que reconocía el dogma de la Inmaculada Concepción de María. Es decir, que Jesús fue engendrado sin intervención de varón, algo que obviamente la ciencia descarta. Si esto ya es asombroso, lo es más el hecho de que, después del parto, la virginidad de María continuase intacta. Pero existía un problema, Mateo refiere claramente que María tuvo más hijos e hijas, que fueron hermanos de Jesús, por lo que necesariamente debieron ser concebidos mediante el procedimiento tradicional:

> «¿No es este el hijo del carpintero? ¿No es su madre María, y sus hermanos, Santiago, José, Simón y Judas? Y sus hermanas, ¿no viven con nosotros?» (Mt 13, 55).

Ante la incómoda tesitura, algunos se apresuran a decir que en arameo no existía un término que distinguiera primos y hermanos por lo que lo que debía referirse a primos. Pero los evangelios no fueron escritos en arameo sino en griego, lengua donde sí existían dos términos nítidamente diferenciadores entre hermanos (*adelphos*) y primos (*anepsios*), pero a partir del siglo IV la Iglesia persistía en defender a toda costa la perpetua virginidad de María y alegó entonces que no serían hermanos sino hermanastros, tal vez hijos de un matrimonio anterior de José o, en su defecto, se habrían denominado hermanos a los primos porque los clanes familiares eran muy amplios y convivían todos fraternalmente como hermanos, pero la virginidad de María era incuestionable. Pero para la crítica bíblica esto es altamente improbable. Siglos después se estableció la disparatara tesis de que María había sido virgen durante toda su vida, antes, durante y después de cada parto.

Tertuliano, uno de los padres de la Iglesia, es una de las excepciones de los escritores eclesiásticos al afirmar que María no permaneció virgen después de parto. La razón es que la frase bíblica «aperiens vulvam» (Lucas 2, 23, Éx 13, 2 y 13, 15) implicaba que, a partir del nacimiento de Cristo, María tuvo el seno abierto y, por tanto, no podía ser virgen. En realidad, a la Iglesia primitiva no le importó en absoluto que Jesús tuviera hermanos, sí le importó el nacimiento virginal y maravilloso del héroe primogénito y solo se empezó a defender tímidamente por una pequeña parte de la Iglesia a partir del siglo II. Pero aquella leyenda se implantó con fuerza hasta el punto de que se impuso el dogma de la Inmaculada Concepción en fecha tan tardía como 1854, si bien aquella tradición ya era firme en los siglos VI o VII.

La ciencia y el sentido común nos dice que aquellos prodigios sobrenaturales que incumplían las leyes de la física que el mismo Dios creó, no son más que estratagemas para magnificar al nazareno en su plan de convertirlo en el mesías esperado.

Si en los evangelios canónicos no existe ninguna referencia a la perpetua virginidad de María, ¿de dónde surgió la idea? Sorprendentemente surge de un evangelio apócrifo: el Protoevangelio de Santiago, un texto del siglo II que habla de los padres de María (Joaquín y Ana), de la anunciación y concepción milagrosa de Ana, similar a la de su hija María. Este protoevangelio tiene una finalidad claramente apologética con el fin de defender a María de las acusaciones de Celso recogidas por Orígenes en su obra *Contra Celso*, y de otras tradiciones judías en las que se la acusada de ser una mujer adúltera, repudiada por su marido, que dio a luz a un hijo ilegítimo de un soldado romano apellidado Pantera. El Protoevangelio de Santiago no solo enfatiza la santidad de María, sino también su virginidad, incluso después del parto. Sin duda la redacción de este texto anónimo guarda relación con los inicios del culto mariano.

La existencia de hermanos carnales de Jesús entraba en contradicción con el dogma de la perpetua virginidad de María, que mantienen confesiones como el catolicismo, por lo que aún existe un intenso debate entre teólogos e historiadores sobre la interpretación de esas referencias bíblicas. Sus tesis están condicionadas por las creencias religiosas de cada autor.

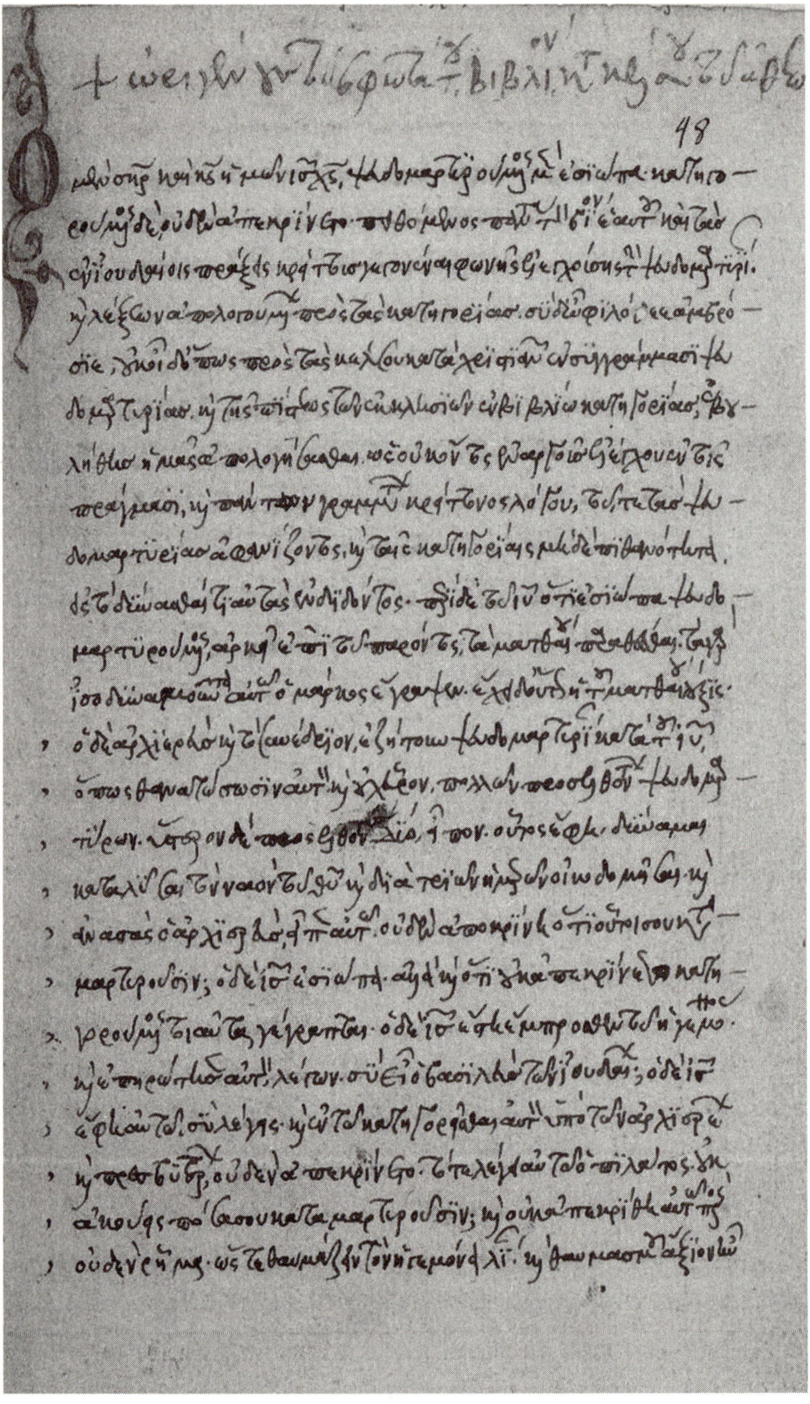

Tratado de Orígenes Contra Celso, considerada la obra más importante de la apologética cristiana primitiva.

LA COSTILLA Y LA MANZANA

Veamos más ejemplos curiosos de errores de traducción. En el Génesis se lee: «Entonces Jehová Dios hizo caer un sueño profundo sobre Adán y, mientras este dormía, tomó una de sus costillas y cerró la carne en su lugar. Y de la costilla que Jehová Dios tomó del hombre, hizo una mujer y la trajo al hombre» (2, 21). ¿Realmente se trataba de una costilla?

Se cree que algunos mitos sumerios fueron adoptados por los judíos. Uno de ellos es el de la creación, a lo que habrá que añadir la dificultad de la escritura cuneiforme sumeria en la que algunas palabras polisémicas tienen un significado distinto dependiendo del lugar que ocupen en el texto. La palabra TI, por ejemplo, podía significar o 'poder de dar la vida' o costilla'. Si bien el mito sumerio adoptaba la primera acepción, se tradujo en la Torá como costilla. El mito sumerio dice algo así como: cogió Dios el poder para crear vida y creó con él a la mujer. Este simple error de traducción cambió el relato en el AT donde, desde esa mentalidad misógina de las religiones abrahámicas, fijaron la idea de que la mujer fue creada con una parte del hombre, es dependiente de él y, por tanto, de su propiedad, justificando así el sometimiento.

Algo similar ocurrió con el fruto prohibido del edén, que asociamos automáticamente a la manzana y así se ha representado en la iconografía. Sin embargo, la Biblia no especifica qué fruto era. Dios ordenó a Adán y a Eva no comer del fruto del árbol del bien y del mal:

> «De cualquier árbol del jardín puedes comer, mas del Árbol de la ciencia del bien y del mal no comerás, porque el día que comieres de él, morirás sin remedio» (Génesis 2, 16-17).

Cuando se tradujo la palabra mal al latín vulgar, se utilizó la palabra *malum*, que puede significar mal o manzana. Este error de traducción en el siglo IV hizo que durante cientos de años se creyera que la fruta prohibida era la manzana. Según los especialistas, se trató de otra metedura de pata de Jerónimo de Estridón al traducir del hebreo al latín vulgar.

Por cierto, la amenaza de Dios a Adán 'morirás sin remedio' tras comer el fruto prohibido, no se cumplió en su literalidad pues el propio Génesis reconoce que Adán vivió 930 años (Gn 5, 5), a no ser que se refiera a que, a partir de ese instante sería mortal.

Otra confusión es asociar el edén con el jardín de las delicias o con el paraíso terrenal que, como tal, nunca existió. La expresión hebrea *gan eden* se tradujo con torpeza por *jardín del edén* cuando, en realidad, *gan* es huerta y *eden* significa vega, llanura irrigada. Por tanto, *gan eden* sería una huerta en una vega con abundante agua como lugar donde Dios puso al ser humano para aplicarlo en trabajo, un lugar fértil e idílico hasta su expulsión. Nada de paraísos (De Santos, A, 2019).

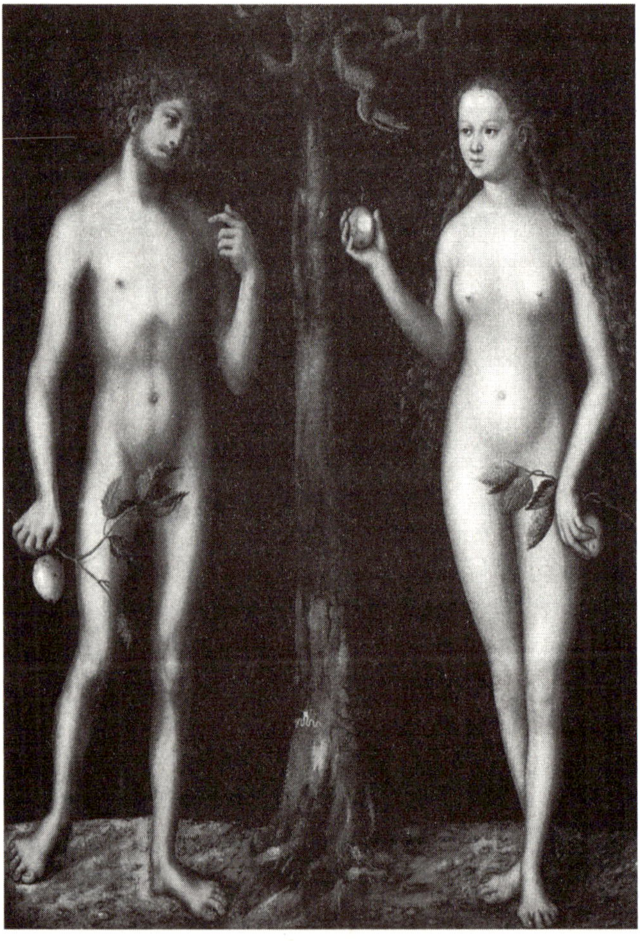

Adán y Eva con la polémica manzana, obra de Lucas Cranach el Viejo en 1513.

EL CAMELLO CONTORSIONISTA

En el Evangelio de Lucas, cuando Jesús le dice a un rico que venda todo lo que tiene y lo entregue a los pobres, dice: «Al ver Jesús que se había entristecido mucho, dijo: ¡Cuán difícilmente entrarán en el reino de Dios los que tienen riquezas! Porque es más fácil pasar un camello por el ojo de una aguja, que entrar un rico en el reino de Dios» (Lc 18, 24-25).

Es cierto que en la Biblia abundan las metáforas y las exageraciones para ilustrar una situación. Sin embargo, el ejemplo del camello y la aguja resulta chocante. Pudiera ser una hipérbole deliberada, pero bien pudiera ser un error en la traducción al utilizar la palabra *gamla* en arameo que puede utilizarse indistintamente como camello y como soga. La palabra resultante, *kamelos* (camello) es muy similar a *kamilos* (soga). En el contexto de la frase tiene más sentido comparar la soga con el hilo frente al ojo de la aguja, y no el camello.

EL VINAGRE QUE DIERON A JESÚS

En el Evangelio de Juan leemos:

> «Después de esto, sabiendo Jesús que ya todo estaba consumado, dijo, para que la Escritura se cumpliese: Tengo sed. Y estaba allí una vasija llena de vinagre; entonces ellos empaparon en vinagre una esponja, y poniéndola en un hisopo, se la acercaron a la boca. Cuando Jesús hubo tomado el vinagre, dijo: Consumado es. Y habiendo inclinado la cabeza, entregó el espíritu» (Jn 19, 28-30).

En la Biblia no se menciona el nombre de este soldado romano, pero en las tradiciones cristianomedievales apócrifas se le denomina Estefatón. En representaciones bizantinas de la crucifixión, Estefatón aparece junto a Longino, nombre que se dio al soldado que perforó el costado de Jesús con una lanza.

Este episodio del NT es una clara adaptación de otro del AT en el que Davi dice: «Y por comida me dieron hiel, y para mi sed me dieron a beber vinagre» (Sal 69, 21).

No tiene demasiado sentido que allí hubiera un recipiente con vinagre. Es más plausible que se tratara de posca, una bebida popular en la antigua Roma que consistía en vinagre o vino de mala calidad mezclado con agua. A veces se empleaban vinos baratos ya avinagrados que la gente pobre mezclaba con agua y hierbas aromáticas. Era la bebida típica en el ejército romano y las clases bajas y su uso se extendió hasta el periodo bizantino. Jesucristo estaba custodiado en la cruz por soldados romanos, por lo que es más fácil situar en esta escena un recipiente lleno de posca que de vinagre.

Por tanto, este episodio, que siempre fue ofrecido como un acto de crueldad dando vinagre a Jesús cuando dice tener sed, resultaría un acto de piedad pues el soldado romano que le acercó la esponja a la boca, lo hizo con su propia bebida. Otro ejemplo más de cómo cambia el sentido de las frases según el uso de las palabras.

Ilustración del evangelio de Rabbula, del año 586, con Estefatón aproximando a Jesús un palo con una esponja con vinagre y Longinos alanceando su costado (Biblioteca Laurenziana de Florencia).

Contradicciones e incoherencias

En la Biblia se han encontrado hasta 463 contradicciones. En un capítulo se afirma un dato y en ese mismo libro, o en otro del canon, encontramos todo lo contrario, lo que determina que las Sagradas Escrituras, aun teniendo algunos datos fidedignos, no puedan ser tomadas de ningún modo como un documento histórico. Veamos algunos ejemplos.

En Deuteronomio 24, 16 se dice que los hijos no deben pagar por los pecados de los padres, sino por su propio pecado; mientras, en Isaías 14, 21 se dice «preparad para sus hijos el matadero a causa de la iniquidad de sus padres; que no se levanten y tomen posesión de la tierra, y llenen de ciudades la faz del mundo».

En el Éxodo (20, 15) y en el Levítico (19, 13) se nos prohíbe robar, en cambio, en el mismo Éxodo (3, 21) se justifica el robo: «Y sucederá que cuando os vayáis, no os iréis con las manos vacías, sino que cada mujer pedirá a su vecina y a la que vive en su casa objetos de plata, objetos de oro y vestidos; y los pondréis sobre vuestros hijos y sobre vuestras hijas. Así despojaréis a los egipcios». Otro tanto en Lucas (19, 29-34): «Id a la aldea que está enfrente, en la cual, al entrar, encontraréis un pollino atado sobre el cual nunca se ha montado nadie; desatadlo y traedlo. Y si alguien os pregunta: ¿Por qué lo desatáis?, de esta manera hablaréis: Porque el Señor lo necesita».

En un pasaje del Génesis se dice que Dios primero creó a los animales y después al hombre (1, 25). En el capítulo siguiente se dice que primero fue el hombre y después los animales (2, 18).

En Juan 14, 27 y Hechos 10, 36 se dice que Jesús predicaba la paz por estar predestinado a traer el amor entre los hombres pero, en Mateo 10, 34, se dice «no penséis que vine a traer paz a la tierra; no vine a traer paz, sino espada. Porque vine a poner al hombre contra su padre, a la hija contra su madre y a la nuera contra su suegra».

En Mateo 1, 6 se dice que el hijo de David del que desciende Jesús era Salomón, en Lucas 3, 31 se dice que fue de Natán. Mateo dice que Juan Bautista reconoció a Jesús antes de su bautismo (3, 13), cosa que se niega en Juan 1, 31. En Mateo 26, 48 se dice que Judas besó a Jesús, pero en Juan 18, 3 se niega, porque no pudo acercarse lo suficiente para besarlo. En Juan 19, 17 se asegura que Jesús cargó con la cruz, en cambio en Mateo 27, 31 se asegura que quien cargó con la cruz fue un cireneo llamado Simón, al que le «obligaron a que llevase la cruz». Según los historiadores, de ser cierto que alguien le ayudó, lo hizo solo con el travesaño horizontal, porque el vertical estaba ya clavado en el patíbulo, porque una cruz entera podía pesar más de cien kilos y no podía ser llevada por una sola persona.

En Lucas 23, 1-7 se dice que a Jesús lo condenan por promover una sedición, por negarse a pagar el tributo al emperador y declararse rey de Israel, es decir mesías. Es decir, que una de las razones fue negarse a pagar impuestos al césar, lo que entra en franca contradicción con Mateo 22, 21 cuando, refiriéndose a los tributos, Jesús dijo a los fariseos «Dad al césar lo que es del césar y a Dios lo que es de Dios».

Judas, tras recibir las treinta monedas de plata, según Mateo las arrojó en el templo, de donde huyó para terminar ahorcándose (Mt.27, 5), pero en Hechos dice que con aquel pago se compró un campo, luego cayó de cabeza, se reventó por la mitad y sus entrañas se derramaron (Hc 1, 18).

Cuando Pablo iba camino de Damasco, vio una luz y escuchó una voz en el cielo. Según Hechos 9, 7, los que iban con él también la escucharon, pero más adelante el propio autor se contradice y en el capítulo 22, 9 dice que no oyeron la voz.

Según Marcos 14, 12, Jesús fue crucificado la mañana después de la comida de Pascua, y según Juan fue antes. Según Marcos, después de su bautismo, Jesús se retiró al desierto durante cuarenta días, Juan dice que, después del bautismo, el primer día seleccionó a dos de sus discípulos, el segundo día fue a Galilea y seleccionó a dos más y el tercer día asistió a las bodas de Caná.

Respecto a las últimas palabras de Cristo en la cruz, según Salmos dijo «Dios mío, Dios mío, ¿por qué me has abandonado? ¿Por qué estás tan lejos de mi salvación y de las palabras de mi clamor?». En cambio, según Lucas lo que dijo fue «Padre, en tus manos encomiendo mi espíritu. Y habiendo dicho esto, expiró». Y en Juan:

«Entonces Jesús, cuando hubo tomado el vinagre, dijo: ¡Consumado es! E inclinando la cabeza, entregó el espíritu».

En el AT Dios establece un pacto, una alianza exclusiva y eterna con un solo pueblo: el judío. Sin embargo, en el NT se desdice y lo extiende a todos los hombres del mundo. ¿Por qué tal incongruencia en un Dios omnisciente y previsor? ¿Por qué es tan diferente el dios del AT y el NT? Si es el mismo, ¿por qué tantas y tan importantes contradicciones entre uno y otro?

Detengámonos un momento en el Génesis. De su lectura se deduce que la serpiente del edén que tentó a Adán y Eva a comer el fruto prohibido era la especie más inteligente, tenía patas y además hablaba, hasta que la ira de Dios, por tal cuestión, la maldijo y la redujo a su aspecto actual: «maldita serás entre todas las bestias y entre todos los animales del campo; sobre tu pecho andarás, y polvo comerás todos los días de tu vida» (Gn 3, 14). Esto pasó, según la cronología bíblica, hace unos 6 010 años, pero la ciencia asegura que los reptiles tuvieron su origen hace unos 270 millones de años, en el período Carbonífero de la era Paleozoica.

Este animal extraño que luego se convirtió en serpiente nos recuerda que, en otros pasajes del AT, se habla de animales mitológicos como dragones y faunos. En la profecía revelada por Dios a Isaías podía leerse:

> «Mas bestias fieras dormirán allí: y sus casas te henchirán de hurones: allí habitarán hijas del búho, y allí saltarán faunos. Y en sus palacios gritarán gatos cervales: y dragones en sus casas de deleite: y cercano está para venir su tiempo, y sus días no se alargarán» (Isa 13, 21-22).

Como sabemos, los dragones fueron bestias mitológicas en varias culturas y los faunos eran una divinidad de la mitología romana que solían habitar en los bosques, tenían cuerpo de hombre pero cuernos y patas de cabra, equivalente a los sátiros griegos.

Así aparecía esta profecía en las primeras versiones bíblicas de Reina-Valera, incluso aún puede verse en la versión King James. Sin embargo, en las siguientes revisiones se eliminaron estos personajes mitológicos sustituyéndolos por hurones, avestruces, cabras, hienas o chacales para darle mayor credibilidad. Así ha quedado en la versión actual de Reina-Valera:

> «Sino que dormirán allí las fieras del desierto, y sus casas se llenarán de hurones; allí habitarán avestruces, y allí saltarán las cabras salvajes. En sus palacios aullarán hienas, y chacales en sus casas de deleite; y cercano a llegar está su tiempo, y sus días no se alargarán».

Aquí surge, como en muchos pasajes bíblicos, el alegato del creyente que excusa el relato sugiriendo no tomarlo en forma literal, pues se trata de un episodio simbólico. El problema es que la Biblia no anuncia en ningún momento qué relatos son simbólicos y cuáles no lo son, lo que deja al arbitrio del lector la capacidad de creerlo a pies juntillas o, lo que es peor, de aplicar el simbolismo solo cuando interese. ¿Son también simbólicos y míticos el resto de relatos bíblicos o solo unos cuantos? Recordemos que hasta la aparición de la arqueología y la biología, que desmintieron estos relatos, se pecaba de herejía tan solo por contradecirlos y no aceptarlos en su literalidad.

Sigamos con la lectura del pasaje de la tentación en el paraíso. Dios, enojado tras la profanación del árbol de la vida, se dirigió a Eva: «A la mujer dijo: multiplicaré en gran manera los dolores en tus preñeces; con dolor darás a luz los hijos; y tu deseo será para tu marido, y él se enseñoreará de ti» (Gn 3:16). Es decir, desde aquel momento, condenó a la mujer a tener partos con dolor, dejando el deseo carnal para el marido, que además será dueño absoluto de ella, pues utiliza el verbo señorear que, según la RAE, es «dominar algo, hacerse señor y dueño de algo». Y este despropósito machista no lo dice cualquiera, lo dice Dios. Frases tan misóginas como estas, de las que abundan en la Biblia, explican que las tres grandes religiones abrahámicas, el judaísmo, el cristianismo y el islamismo, permitan que algunos fundamentalistas maltratadores justifiquen sus actos porque Dios así lo dejó escrito. Los libros sagrados de las tres confesiones contienen frases que humillan a la mujer y la sitúan por debajo del hombre. Las tradiciones de la sociedad patriarcal les llevó a poner en boca de Dios disparates como considerar natural el deseo masculino y ver el femenino como una aberración. Aún hoy, en algunos países musulmanes se practica la aberrante ablación o circuncisión femenina para impedirles el deseo sexual y que lleguen vírgenes al matrimonio.

Pero, prosigamos con la lectura. Cuando Jehová prohíbe al hombre comer del fruto prohibido, le advierte que «el día que de él comieres, ciertamente morirás» (Gn 2, 17), pero Adán comió del fruto prohibido y después vivió nada menos que 930 años (Gn 5, 5). No será el único al que la Biblia atribuye longevidades extraordinarias: Peleg, por ejemplo, vivió 239 años, Heber 430, Lamec murió a los 777 años, Quenán a los 910, Noé a los 950 y Matusalén nada menos que a los 969 años.

Para explicar esta incoherencia, algunos se sacaron de la manga una rebuscada explicación: que por entonces los judíos empleaban el calendario lunar, no solar, lo que implica que las edades reales de esos personajes sean, en realidad, trece veces y media menores. Por tanto, convirtiéndolos a años solares, Matusalén vivió hasta los setenta y dos años y Lamec a los cincuenta y siete. Pero no cuadra. Si Peleg, nieto de Noe, murió con 239 años lunares, si lo convertimos a solares resulta que falleció solo con 17 años de edad, pero en el AT se dice que tuvo un hijo a los 30 años, suponemos que solares, pues si fueran lunares hubiera sido padre a los 2 años de edad. Luego, esas fabulosas longevidades son años solares. Lo demuestra el hecho de que en el mismo Génesis Dios estableció la longevidad máxima del ser humano en ciento veinte años: «Y dijo Jehová: no contenderá mi espíritu con el hombre para siempre, porque ciertamente él es carne; mas serán sus días ciento veinte años» (Gn 6, 3). Si fueran 120 años lunares, al convertirlo a solares nos sale una edad máxima para el hombre de solo 8 años, lo que demuestra que el Génesis se refería a años solares, no lunares.

Tal vez la explicación hay que buscarla en Proverbios, en el hecho de que Dios premiaba con años de vida la bondad o santidad de algunos personajes judíos: «Pues por mí se multiplicarán tus días, y años de vida te serán añadidos» (Prov 9, 11). Ante eso, podríamos preguntarnos desde qué momento Dios dejó de regalarnos aquella generosa longevidad.

En el siglo XVII, el arzobispo James Ussher realizó complicados cálculos basados en los testimonios de la Biblia y llegó a la conclusión de que el mundo se creó el sábado 22 de octubre del 4004 a. C., a las seis de la tarde, para más señas. La expulsión de Adán y Eva del paraíso fue el lunes 10 de noviembre de ese año y el diluvio universal, el miércoles 5 de mayo del 2348 a. C. Aunque nos parezca asombroso, estas fechas gozaron de total aceptación durante siglos, incluso se incluyeron en las ediciones inglesas de la Biblia, hasta que los científicos refutaron a Ussher y demostraron que la Tierra tenía 4 543 millones de años y que el *homo sapiens* lleva en ella unos 300.000 años.

El pueblo hebreo intentaba dejar en las Sagradas Escrituras el falso testimonio de su linaje, trazarse un pedigrí desde el principio de los tiempos y, utilizando las descendencias que aparecen en el AT, debieron otorgar a muchos personajes longevidades de cientos de años para que las cuentas les cuadraran. Otro fallo más en la teoría de la revelación del texto bíblico.

Hasta el arco iris se lo atribuyen a Dios y ponen en su boca que aquel arco lo hizo para recordar su pacto con el hombre:

> «Y dijo Dios: Esta es la señal del pacto que yo establezco entre mí y vosotros y todo ser viviente que está con vosotros, por siglos perpetuos: Mi arco he puesto en las nubes, el cual será por señal del pacto entre mí y la tierra» (Gén 9, 12-16).

Isaac Newton demostraría con un prisma óptico que el arcoíris se debe a la descomposición de la luz del sol en un degradado de colores cuando atraviesa las gotas de lluvia, y no a un recordatorio de Dios.

Estos y otros muchos ejemplos en los textos bíblicos me invitan a concluir que la Biblia gira en torno a un mismo pueblo, pero no en torno a un mismo dios. El concepto de deidad en el AT, con un dios vengativo y extremadamente violento, es muy distinto al del NT. Parecen dos deidades completamente distintas, lo que evidencia que la mano y la premeditación humana ha estado detrás de cada línea, de cada idea y de cada mito plasmado en sus páginas. Dos hechos me resultan evidentes: que, independientemente de su importante valor ético y ejemplarizante, la Biblia es literatura mítica que no ha de ser tomada como referencia histórica, y en ningún caso fue obra de Dios, sino de sacerdotes y escribas que no conseguían cuadrar sus profecías por la que la colmaron de errores y contradicciones precisamente por su falta de conocimiento histórico y científico.

Muy apropiada en este punto la frase de Douglas Adams:

> «Dios ha sido durante mucho tiempo la mejor explicación disponible, pero ahora las tenemos mucho mejores. Dios no explica nada en absoluto, al contrario, se ha convertido en algo que necesita una cantidad insalvable de explicaciones».

Existen cientos de contradicciones bíblicas documentadas, pero valga esta breve muestra de contrariedades y controversias para las que ni los propios teólogos tienen respuesta sin recurrir a la socorrida metáfora.

UN DIOS GENOCIDA

Algunos libros del AT son espeluznantes. Yahvé o Jehová, el dios de la época, era cruel, sanguinario y vengativo. Era el dios de la justicia, la venganza y la ejemplaridad inmisericorde que exigía devoción a base de escarnio y miedo vicario. Su perfil no encaja con el dios misericordioso del NT, menos aún con el mensaje de Jesús de Nazaret.

El Yahvé del AT aniquila sin piedad a los pecadores, a los enemigos de Israel e incluso a su propio pueblo elegido. Y no le tiembla su espada flamígera a la hora de acabar con ancianos, mujeres, niños… incluso con animales y plantas.

En Números, Deuteronomio y Josué se documentan auténticas carnicerías. En Números, en la narración de las guerras con los madianitas, las órdenes de Jehová fueron escalofriantes. Varios israelíes a los que se les ocurrió adorar a Baal, el dios de los madianitas, fueron «ahorcados delante del sol» (Núm 25, 4-5). No quedó ahí la cosa. Moisés se enojó porque los soldados habían dejado vivas a las mujeres, y ordenó matar a todos los niños y a todas las mujeres salvo a las doncellas que fueran vírgenes, que podían quedárselas (Núm 31, 14-18).

Con la idolatría pagana no se tenía contemplación. En otro pasaje, Jehová ordena que todos los habitantes de Canaán, la tierra prometida, fueran asesinados sin excepción, y sus ciudades, ídolos y lugares de culto destruidos. Cuando «cualquier ciudad siga una religión falsa, sus habitantes y toda cosa viva que se hallare en ella serán pasados a cuchillo, sus restos quemados y la ciudad arrasada». (Orbaneja, F., 2016)

Las referencias a la violencia son continuas, valga algunos ejemplos:

> «Todo el que sea descubierto, será traspasado, y el que sea apresado, caerá bajo la espada. Sus niños pequeños serán estrellados ante sus ojos, sus casas saqueadas y sus mujeres violadas» (Isa 13, 15-16).

> «Embriagaré mis flechas de sangre, mi espada devorará la carne; sangre de los masacrados y cautivos, cabezas de jefes enemigos» (Dt 32, 42).

> «Si un hombre golpea a su siervo o a su sierva con un palo y muere a sus manos, cae bajo la ley de venganza. Pero si sobrevive un día o dos, no será vengado, pues lo había comprado con dinero» (Éx 21, 20-21).

En un pasaje de Samuel, Dios manda al rey Saúl de Israel hacer una gran matanza. Dios dijo al rey: «... mata a hombres, mujeres, niños, y aun los de pecho, vacas, ovejas, camellos y asnos» (1 Sam 15, 3). ¿Cómo puede un dios-padre y protector matar a ciudades enteras incluyendo niños y animales? En el mismo capítulo leemos cómo el profeta Samuel recriminó al rey Saúl no haber matado al rey Agag y le mostró lo que debía hacer: fue cortando en pedazos al rey Agag mientras le decía «como tu cuchillo hizo las mujeres sin hijos, así tu madre será sin hijos entre las mujeres» (1 Sam 15, 32).

Las escabechinas de Yahvé a lo largo de los cuarenta y seis libros del AT son tan numerosas que, según los cálculos de algunos autores, Yahvé mató a 25 millones de personas (Well, S., 2013). De ese gigantesco genocidio, 2′82 millones aparecen citados en los textos sagrados como víctimas de Dios, el resto se estima que debieron morir de la siguiente forma: 20 millones en el diluvio universal que era la población del planeta hacia el 2400 a. C., como fecha aproximada del diluvio, a lo que habrá que sumar los 500.000 primogénitos que fueron exterminados de Egipto, otros 500.000 soldados israelitas, 300.000 en la séptima plaga de Egipto (granizo), 200.000 que mató David obedeciendo sus órdenes, 147.000 bajas en el ejército de Nicanor y los macabeos, 120.000 contra las huestes de Gedeón, 120.000 soldados que renegaron de Dios, 100.000 sirios muertos por llamar a Yahvé 'Dios de las colinas' y 75.813 asesinatos en Esther, en la festividad de Purim. Todos ellos por orden de Dios.

Toda divinidad es un modelo a seguir y, si esa violencia está escrita en las Sagradas Escrituras, el ser humano la aplicará de igual forma, porque el Pentateuco era, además, la ley. Siguiendo esta implacable ejemplaridad, en el AT encontramos numerosos episodios donde se justifica la violencia y la pena de muerte también en casos menores, situaciones propias de una sociedad gobernada por un fanatismo religioso dispuesto a cumplir la ley bíblica al pie de la letra. Rigorismo que nos recuerda el fundamentalismo actual en algunos países de Oriente Medio.

Veamos algunos ejemplos.

En el Éxodo se ordena que hay que matar a quien trabaje el sábado. «Cualquiera que trabaje ese día, morirá» (Éx 35, 2). El mismo libro permite vender a tus hijas como siervas de otros hombres (Éx 21, 7-11). También habrá que dar muerte a los homosexuales (Lev 20, 13). En el mencionado libro y en el Levítico se insiste en la necesidad de matar al hijo que maldiga a sus padres (Éx 21, 17, Lev 20, 9). El Deuteronomio es más explícito y si el hijo es «contumaz y rebelde» y desobedece a sus padres, «lo sacarán ante los ancianos de su ciudad a la puerta del lugar donde viva; y dirán a los ancianos de la ciudad: este nuestro hijo es contumaz y rebelde, no obedece a nuestra voz; es glotón y borracho. Entonces todos los hombres de su ciudad lo apedrearán, y morirá; así quitarás el mal de en medio de ti, y todo Israel oirá y temerá». (Dt 21, 19-21).

Encontramos episodios tan poco edificantes como el protagonizado por el rey David con la joven Betsabé. El rey David vio por la ventana a la joven bañándose, le gustó y la hizo subir a su casa pese a que Betsabé estaba casada con Urías, pero a David no le importó. Yació con ella y la dejó embarazada. Hizo llamar a Urías y le pidió que se acostara con su mujer para ocultar que el futuro hijo era suyo. Como el esposo se negó, David ordenó a su general que destinara a Urías sin protección en el sitio más peligroso de la guerra para que el enemigo le diera muerte, como así ocurrió, quedándose David con Betsabé (2 Sam 11, 1-26). David era uno de los grandes gobernantes del antiguo Israel, ejemplo a seguir y aún se le considera una figura emblemática en el sionismo moderno como rey y profeta en el judaísmo, el cristianismo y el islam.

DETENER EL SOL

En el libro de Josué, en plena batalla con los cinco reyes de los amorreos y sus ejércitos en Gabaón (Josué 10, 5-10), se produce un hecho insólito. Josué detiene el sol y la luna durante casi un día con el fin de que les dé tiempo a matar a todos los enemigos. El sumun de la violencia y lo que se llega a hacer para seguir matando. Veamos qué dice la cita:

> «Entonces Josué habló a Jehová el día en que Jehová entregó al amorreo delante de los hijos de Israel, y dijo en presencia de los israelitas:
>
> Sol, detente en Gabaón;
> Y tú, luna, en el valle de Ajalón.
> Y el sol se detuvo y la luna se paró,
> Hasta que la gente se hubo vengado de sus enemigos.
>
> ¿No está escrito esto en el libro de Jaser? Y el sol se paró en medio del cielo, y no se apresuró a ponerse casi un día entero. Y no hubo día como aquel, ni antes ni después de él, habiendo atendido Jehová a la voz de un hombre; porque Jehová peleaba por Israel» (Josué 10:12-14).

La Biblia no explica cómo Dios hizo ese milagro. Tampoco en el NT se explica cómo obró Jesús el milagro de los panes y los peces para alimentar a miles de personas (Mt 14, 13-21), cómo consiguió que un hacha flotara en el agua (2 Reyes 6, 4-7), cómo Jesús pudo caminar sobre las aguas del lago Tiberíades (Mt 14, 22-33), o cómo Jonás pudo sobrevivir tres días en el vientre de una ballena (Jonás 1, 17). Los milagros no se explican, se creen sin más. El poder ilimitado de Dios es la única explicación.

Para el autor del libro de Josué y su escasa formación en astrofísica, el prodigio de detener el sol y la luna era posible según la cosmovisión de la época. Desconocían que, desde nuestra perspectiva, para que el sol no progresara, lo que había que hacer era detener la Tierra, que rota sin descanso. Pero por entonces se pensaba que la tierra era plana y era el sol el que circundaba la Tierra moviéndose por la bóveda celeste.

O bien Dios realizó aquel espectacular milagro deteniendo el movimiento de la de la tierra, o fue un efecto psicológico de los soldados a los que se les pareció que el sol se detuvo por lo larga que se les hizo la jornada, o fue una pura invención del autor para hacer testigos a los astros de la victoria.

Pero existe una cuarta hipótesis: que el autor hizo su propia interpretación tomando el texto del *Libro de Jaser*, obra poética perdida citada en la Biblia hebrea en la que ya aparecía tan magnífica proeza. Tal vez la intención del autor de Josué era mostrar a los incrédulos que otros, además de él mismo, ya habían escrito sobre este fenómeno (Whittaker, H.). Hubo algún cambio pues, a diferencia del libro de Jaser, en el de Josué es él mismo quien da la orden a los astros para que se detengan, no se lo pide a Dios.

Si esto hubiera sucedido, las consecuencias cósmicas hubieran sido catastróficas e irreversibles. Para que el sol y la luna quedaran quietos respecto a la Tierra tendría que haberse detenido el movimiento de rotación de la Tierra y el de traslación de la luna. La velocidad de rotación de la Tierra es de 1770 km/h en el ecuador y 0 km/h en los polos. Detener ese movimiento hubiera supuesto que todos los seres vivos hubieran salido disparados hacia la atmósfera por el efecto de la fuerza centrífuga, además de producirse enormes

Josué detiene el sol en plena batalla. Obra de Esteve March (1650-1660).

terremotos y tsunamis por el movimiento de los océanos, cuyas aguas migrarían violentamente hacia los polos, dejando un mega continente circundando el ecuador.

Resulta una paradoja detener el sol para tener más tiempo para matar cuando en el simple hecho de detenerlo hubiera sido motivo de muerte para todos los humanos.

DISPARATES EN EL EDÉN

En el Génesis nos topamos con interesantes controversias. En el sexto día de la creación, Dios hizo a los animales de la tierra y al ser humano, a su imagen y semejanza. Primero a Adán, después a Eva, los primeros seres humanos del mundo, según la Biblia. Eva tuvo un hijo, varón por supuesto, al que llamaron Caín («por voluntad de Jehová he adquirido varón», Gén 4, 1). Después vino otro hijo, varón por supuesto, al que llamaron Abel. Caín era labrador, y Abel ganadero. El favorito de Dios era Abel porque sus ofrendas eran desinteresadas y Caín tomó celos de su hermano y acabó con la vida de Abel.

Tras el asesinato, Dios castigó a Caín a vagar eternamente («errante y extranjero serás en la tierra») pero finalmente no cumplió el castigo y Caín se fue a vivir al país de Nod, que estaba «a oriente del edén», y allí conoció a su mjer, con la que concibió y dio a luz a su primogénito Enoc y fundó una ciudad con el nombre de su hijo: Enoc (Gn 4, 16-17).

Si, tras la muerte de Abel, solo había tres personas en la tierra: Adán, Eva y su hijo Caín, porque por entonces no había nacido el tercer hijo de Adán y Eva, varón por supuesto, al que llamaron Set, ¿cómo es que había más personas en la tierra de Nod? ¿De dónde sale la mujer que concibe los hijos de Caín? El mismo Génesis acaba con el mito de la descendencia de la humanidad.

Más adelante, en el capítulo 6 se afirma que existían unos seres 'hijos de Dios', se deduce, que eran una especie de ángeles o demonios que tuvieron hijos con las hijas de los humanos. Suponemos que se trata de los *nefilim*, raza de gigantes híbridos que se refieren en Ezequiel 32, 27 o en Judit 16, 6. Al autor del Génesis, se le olvidó contar de dónde procedían, cuándo y cómo los hizo Dios. Lo más curioso es que estos ángeles debían de tener órganos sexuales porque sentían deseo sexual y preñaban a las hijas de los humanos. Y es en este punto cuando Yahvé repara que «la maldad de los hombres era mucha en la tierra», se arrepiente de haber creado al hombre y decide aniquilarlo a través de un diluvio universal.

Algunos alegarán que al episodio creacionista del Génesis con nuestros 'primeros padres' en el edén, junto a la historia de Caín y Abel, hay que concederle la importancia justa pues se trata de un antiguo mito de varios miles de años por gentes sin conocimiento científico. Sin embargo, y esto es lo chocante, eran esos episodios bíblicos los que nos inculcaban como historia sagrada indiscutible durante nuestra infancia y juventud en pleno siglo XX.

EL MITO DEL DILUVIO

> «Y vio Jehová que la maldad de los hombres era mucha en la tierra, y que todo designio de los pensamientos del corazón de ellos era de continuo solamente el mal. Y se arrepintió Jehová de haber hecho hombre en la tierra, y le dolió en su corazón. Y dijo Jehová: Raeré de sobre la faz de la tierra a los hombres que he creado, desde el hombre hasta la bestia, y hasta el reptil y las aves del cielo; pues me arrepiento de haberlos hecho» (Gn 6, 5-7).

El disparatado relato del diluvio nos llena de preguntas. ¿Cómo es que Dios se arrepiente de haber creado al ser humano cuando lo había considerado la culminación de su obra? ¿Cómo siendo omnisciente no sabe lo que va a pasar y no puede evitarlo si no es de nuevo matando a toda la especie humana, salvo a la familia de Noé? ¿Por qué aniquila también a los animales? ¿Por qué crea una raza de hombres y después la elimina para sustituirla por otra igual o peor? ¿Por qué no lo hizo mejor si Dios goza del don de la omnipotencia? ¿Por qué un dios perfecto crea algo imperfecto como el hombre y lo arrasa por mera frustración? ¿Cómo ese Dios del AT tan violento y vengativo se espanta de la maldad de los hombres? ¿No lo había hecho a su imagen y semejanza?

De niños nos gustaba imaginar al bueno de Noé construyendo el arca de madera por mandato de Dios, casi veíamos entrar a los animales en perfecto orden por la pasarela antes de que empezara la gran lluvia. Imaginamos el interior del arca con el suelo lleno de paja y unos meses divertidos viendo sobrevolar a los loros o dando biberones a los terneritos. Había pocos animales y había que cuidarlos, sin embargo a Noé no se le ocurre otra cosa que sacrificar a Dios un animal de cada especie en acción de gracias. Todo un desastre ecológico, pues de algunas especies solo había una pareja.

Ya de adultos, nos preguntábamos con la media boca de la ironía ¿cómo pudo Noé apresar a miles de especies animales en todos los continentes y alimentarlos entre cinco y doce meses, según las versiones? ¿Qué proporciones gigantescas debía tener el arca? ¿Aisló a los depredadores carnívoros? ¿Entraron voluntariamente los animales salvajes? Cuando el diluvio pasó y las aguas se retiraron hacia no se sabe dónde, los animales volvieron a la tierra, pero los carnívoros se encontraron que no había presas con las que alimentarse. ¿Se comieron a los animales que salieron con ellos del arca? Los herbívoros tampoco tendrían qué comer porque toda la tierra había sido arrasada por el agua.

Ni con la tecnología actual sería posible una empresa de tal calibre, pero ¿pudo existir algún tipo de diluvio universal?

El episodio más parecido que existió sobre Israel y alrededores fue la apertura del estrecho de Gibraltar. Durante medio millón de años, el mar Mediterráneo estuvo incomunicado y llegó a evaporarse casi por completo. Solo quedaban algunas marismas salinas. A raíz del descubrimiento en 2009 de un cañón submarino en el mar de Alborán, existe una teoría que sostiene que se produjo un hundimiento tectónico en el estrecho de Gibraltar que provocó la entrada del agua del océano Atlántico provocando una espectacular inundación que duró dos años, una inmensa cascada con un desnivel de 1500 metros de altura que produjo una subida de las aguas a una velocidad de 10 metros al día.

Pero este fenómeno no pudo ser transmitido de generación en generación porque la mega inundación del Mediterráneo ocurrió hace más de 5 millones de años, en el período Zancliense, por lo que no pudo presenciarla el ser humano.

Por tanto, el diluvio universal es un mito de transmisión oral procedente de otras culturas antiguas pues existe como leyenda en varios continentes. De hecho, ya se relataba en la tradición sumeria en la *Epopeya de Gilgamesh,* escrita dos mil años antes, como veremos en siguiente capítulo.

La falta de conocimiento y la exacerbada devoción religiosa hacía que las inundaciones de los ríos por grandes lluvias o deshielo, como cualquier otro desastre natural, se relacionase con castigos divinos e inspirase a chamanes y religiosos para engrandecer el poder de Dios y multiplicar el temor del pueblo.

¿Plagio de civilizaciones antiguas?

Para algunos autores, como religión nueva que era, el cristianismo se vio obligado a reutilizar tradiciones antiguas, transformando su apariencia y adaptando el mensaje ético, que en muchas ocasiones será casi idéntico. El Cristo divino de Pablo tiene un gran parecido a los dioses paganos de la época que solamente vivieron en el mito.

Por analogía, hay quienes relacionan la historia de Jesús con mitologías grecorromanas, con la sumeria o con la del antiguo Egipto. (Ogden, M, 1991 o Hengel, M. 2005). Otros sostienen que estas similitudes son fruto de una paralelomanía sin base histórica, alegando que los judíos del siglo I no estaban abiertos a mitos paganos (Fredriksen, P. 2000 u O'Collins, G, 2008). Los hay incluso que relacionan a Jesús con el budismo e hinduismo, resaltando ciertas analogías con la vida y las doctrinas de Buda, atribuyendo a Jesús un supuesto viaje que realizó a la India en los años oscuros cuya vida no se documenta en la Biblia (Notovich, N., 2007 o Bentley, J. H., 1992). Incluso se le comparó con Apolonio de Tiana, un filósofo contemporáneo que, según dice, realizó algunos prodigios. Hay, pues, opiniones para todos los gustos. Veamos algunas de ellas.

APOLONIO DE TIANA

Leamos atentamente esta breve biografía:

> «Incluso antes de nacer, se sabía que sería alguien especial. Un ser sobrenatural le informó a su madre que el hijo que ella iba a dar a luz no sería un simple mortal, sino un ser divino. Nació de un milagro, y se convirtió en un joven desusadamente precoz. Como adulto, dejó su hogar

> y emprendió su ministerio de predicación, apremiando a sus oyentes a vivir, no por lo material del mundo, sino por lo espiritual. Reunió un número de discípulos a su alrededor, quienes se convencieron de que sus enseñanzas eran de inspiración divina, esto debido a que él mismo era un ser divino. Lo demostró realizando muchos milagros, curando enfermos, expulsando demonios, y reviviendo muertos. Pero al final de su vida él despertó cierta oposición, y sus enemigos le entregaron a las autoridades romanas para que fuera juzgado. Aun así, luego de dejar este mundo, retornó para encontrarse con sus seguidores y convencerlos de que no estaba muerto, sino viviendo en un reino celestial. Tiempo después, algunos de sus discípulos escribieron libros sobre él» (Ehrman, B.D., 2012).

En este prefacio del libro *Breve introducción al Nuevo Testamento*, el historiador estadounidense y experto en paleocristianismo Bart Denton Ehrman, no se está refiriendo a Jesús de Nazaret, sino a Apolonio de Tiana, célebre porque predicó y realizó milagros muy similares a los de Jesús.

¿Quién fue este personaje? Nació en el 3 a. C. en la ciudad turca de Tiana, en la Capadocia, actual Kemerhisar. Considerado un niño prodigio, Apolonio fue filósofo, matemático y místico neopitagórico contemporáneo a Jesús, célebre por sus milagros y profecías. De él se escribió que, al pasar delante del féretro de una doncella fallecida, se acercó a ella y, tras pronunciar palabras místicas, la chica se levantó y caminó hacia la casa de sus padres, quienes le ofrecieron una gran recompensa que le entregó como dote a la doncella.

Medallón con la inscripción «Apolloni-us Teaneus» (Apolonio de Tiana). (Monedas de Baumeister. Monumentos de la Antigüedad Clásica, Volumen I, 1885).

Sus prodigios fueron recogidos hacia el año 210 por el sofista griego Filóstrato de Atenas, que se basó en una obra anterior, actualmente desaparecida, escrita por Damis, un compañero de Apolonio. Hasta el siglo v, Apolonio estuvo bien considerado entre los cristianos. Lo prueba el hecho de que León, ministro del rey de los visigodos, solicitó al obispo de Auvernia, que tradujera la obra de Filóstrato sobre la vida de Apolonio.

En el siglo III, Sosiano Hierocles, aristócrata romano bajo el mandato de Diocleciano, criticó el cristianismo en su obra *Amante de la verdad*, donde sostenía que las doctrinas de Apolonio fueron más relevantes que las de Jesús. Durante la Ilustración, Voltaire y Charles Blount coincidieron en este punto de vista.

Algunos autores opinan que si la vida y obra de Apolonio de Tiana no se difundió fue porque careció de las condiciones óptimas que, para su expansión, tuvieron el cristianismo, el budismo o el islam (Remsburg, J., 1909). Otros encuentran en Jesús y Apolonio el arquetipo de héroes míticos como Krishna o Buda (Campbell, J., 1949 o Price, R. M., 2011). Hay quienes piensan que Pablo y los evangelistas se inspiraron en la similitud de los supuestos milagros de Apolonio. A estas voces se oponen otros investigadores que opinan que fue al revés, que Apolonio de Tiana fue una figura construida en gran parte por Filóstrato, al menos siglo y medio después de la muerte de Jesús, como contrapunto intencional al cristiano y se hizo imitando los evangelios para ridiculizar a Jesús y hacer que el héroe Apolonio se viera incluso superior (Craig, W.L. 2013 o Piñero, A. 2016).

TESIS SUMERIA

Sumeria está considerada como la primera civilización del mundo y se encontraba localizada entre los ríos Tigris y Éufrates, al sur de la antigua Mesopotamia, con una antigüedad de entre el 5000-4500 a. C. al 1750 a. C. En la Biblia aparece mencionada en una ocasión como la tierra de Sinar (Génesis 10, 10). Fue el historiador Jules Oppert (1825-1905) quien descubrió que Sinar era Sumeria. Las sucesivas excavaciones pusieron de relieve esa cultura con la aparición de escritos en tablillas de barro considerados los textos más antiguos. Es en estos relatos donde se descubren curiosas semejanzas con el relato bíblico posterior.

La Epopeya de Gilgamesh, por ejemplo, escrita entre 2500-2000 a. C. es la obra épica más antigua conocida. En ella aparece el diluvio universal. Enlil, dios mitológico, decidió destruir a la humanidad porque le resulta molesta y ruidosa. Utanpshtim, el Noé sumerio, es instado para que construya un arca que debería llenar de animales y semillas. Con el diluvio perece toda la humanidad salvo Utanpshtim y su esposa. Durante la navegación percibe que el nivel de las aguas desciende poco a poco y suelta un cuervo. Cuando las aguas se retiran hace una ofrenda a los dioses y estos quedan satisfechos por el sacrificio. Las semejanzas con el diluvio del Génesis son evidentes. Otros, en cambio, llegan a la conclusión de que ambas culturas refieren el mismo suceso histórico, escrito en épocas y estilos diferentes.

El 'dios alfarero' que crea del barro también lo encontramos en el dios egipcio Khnum y en el babilónico Marduk. La creación del mundo por Dios descrita en el AT se asemeja a la epopeya sumeria Enuma Elish, dos milenios más antigua. Encontrada en tablillas en las

Tablilla de la Epopeya de Gilgamesh, del s. VII a.C., donde se cuenta la historia del diluvio universal (Foto: Hermann Junghans. Museo Británico).

ruinas de Nínive, narra cómo el dios Marduk crea el universo en varias etapas: primero la luz, después el firmamento, a continuación crea la Tierra y las luminarias, para concluir con los humanos. Terminado el trabajo descansó. También hay un mito egipcio que narra cómo antes de que existieran el cielo y la tierra, el dios Ra creó el viento con su aliento y la humedad con su saliva, después creó la Tierra a la que llamó Egipto e hizo que las aguas estuviesen en la Tierra; así nació el río Nilo. Después creó la vegetación y los seres vivos.

El episodio de Adán y Eva en el jardín del edén lo encontramos en el poema sumerio Eneba-Am, cuyos protagonistas, el varón Ea y la mujer Dankina, vivían en perpetua juventud en un paraíso donde no existía la enfermedad ni el sentimiento de culpa. Tras la muerte de todos los habitantes del edén, quedó un solo hombre llamado Tag-tug, que se ganó la confianza de Ea y le permitió vivir en el paraíso con la única condición de no comer la fruta de *la casia*, el árbol de la vida. Pero Tag-tug incumplió el pacto, lo que conllevó la entrada de enfermedades, perder la eterna juventud y la inmortalidad. En el Museo Británico de Londres se conserva el *Cilindro de la Tentación*, un sello tallado en piedra datado en el año 2.200 o 2.400 a. C. en el que aparece el primer hombre y la primera mujer separados por el árbol de la vida. Incluso en tradiciones griegas se habla de las Hespérides, donde hay un árbol prohibido con manzanas de oro vigilado por una serpiente.

La historia del nacimiento de Moisés parece una copia perfecta de la historia del rey Sargón I de Acadia (2370-2215 a. C.). Sargón era hijo de una sacerdotisa y un peregrino. Su madre no deseaba que la gente conociera el nacimiento de su hijo, puso a la criatura en una cesta y la depositó en las aguas del Éufrates cuya corriente lo arrastró hasta que fue recogido por Aqqi, jardinero real. Aqqi salvó al niño y lo adoptó como hijo, que terminó creciendo hasta convertirse en el rey Sargón El Grande, rey del Imperio acadio de Mesopotamia, que unificó los diversos reinos de la región bajo una autoridad central.

Las tablillas sumerias registran la confusión de lenguas registrada en la Biblia (Génesis 11, 1-9). El relato sumerio narra que hubo una época cuando todos los seres humanos hablaban una sola lengua, lo que nos recuerda el relato de la torre de Babel en el Génesis, relato dirigido a explicar el por qué los pueblos del mundo hablan diferentes lenguas cuando, al principio de los tiempos, todos los hombres hablaban la misma.

TESIS EGIPCIA

Algunos historiadores sostienen que la tradición cristiana posee una importante herencia de la cultura egipcia como la imagen de la diosa Isis, asociada a la Virgen María, o la escena de san Jorge y el dragón, un versión de la afrenta mítica entre el dios Horus y su tío Set por el asesinato de Osiris. Libros sapienciales, como Proverbios, tienen una enorme similitud con *Las máximas de Ptahhotep*, visir del faraón Djedkare Isesi en la V dinastía (2350 a. C.). Estas máximas son treintaisiete reglas sobre dar de comer al hambriento, agua al sediento, ropa al desnudo, consejos sobre moderación, amabilidad, generosidad, sentido de la justicia, etc. con expresiones muy similares a las que se ponen en boca de Jesús.

A juicio de la teóloga Emma Brunner-Traut, los Proverbios de Salomón y algunos poemas del Cantar de los Cantares están tomados de la poesía amorosa del antiguo Egipto. Otro tanto ocurre con el Salmo 104 del AT, coincidente con el famoso himno a Atón, compuesto hacia 1360 a. C. posiblemente por Ajenatón, décimo faraón de la dinastía XVIII de Egipto.

Es curiosa la similitud entre los Reyes Magos y la leyenda que acompaña al nacimiento del dios Horus, hijo de Isis y Osiris. Según la leyenda egipcia, el dios con cabeza de halcón nació en los marjales del delta, siendo visitado a los pocos días por cuatro extraños reyes. Cada uno de ellos era el mandatario de uno de los cuatro pilares sobre los que se sustentaba el cuerpo celeste en cada uno de los puntos cardinales. Al igual que los magos presentados en el Evangelio de Mateo (2, 1-12), cada uno de estos visires traía consigo ricas ofrendas para regalar al niño divino recién nacido.

Otros historiadores ven un gran paralelismo entre Jesús y Osiris, dios y rey mítico de Egipto que también nació de madre virgen o fue venerado en su cuna por venerables sabios, multiplicó panes y peces para alimentar a sus seguidores, fue traicionado al final de sus días por alguien cercano, murió y resucitó al tercer día. Según estos autores, los evangelios fueron compuestos por eruditos sacerdotes judeoegipcios del templo de Serapis en Sakkara y construyeron la vida de Jesús utilizando textos egipcios (Carcenac y Llogari, 1991).

Algunos autores relacionan a Jesús con el antiguo dios Sol y su resurrección al tercer día estaría inspirada en el solsticio de invierno, periodo en el que el astro rey se mantiene en su punto más bajo iniciando de nuevo su ascenso (resurrección) el 25 de diciembre. Muchos dioses solares anteriores a Jesús como Horus, Atis, Krishna, Mitra y Dioniso, resucitaron al tercer día, hacían milagros y tenían discípulos que les seguían, por lo que algunos eruditos consideran que los evangelios son versiones de relatos sobre dioses antiguos (Campbell, J., 1992).

También se han referido las similitudes de Jesús con el dios Horus (Massey, G, 1907 y Kuhn, A.B., 1940). Entre otras, que la deidad egipcia nació el 25 de diciembre y que las referencias al rey Herodes se basan en el mito de Herrut, la malvada serpiente hidra. Señalan igualmente semejanzas artísticas, como la imagen de Lázaro en el sepulcro envuelto en vendas, al igual que las momias egipcias, o las estatuas de Isis amamantando al niño Horus, que relacionan con iconos posteriores de la Virgen con el niño Jesús. Pero estas hipótesis tuvieron poco calado por su debilidad y por la inclusión de errores, entre otros, el hecho de que en la Biblia no se cita en ningún momento la fecha del nacimiento de Jesús.

Yoquébeb, la madre de Moisés que, curiosamente pertenecía a los levitas, tribu sacerdotal de Israel, y casada con un sacerdote, también temía por su hijo. Ella, al igual que la madre del rey Sargón

Página del Libro de los Muertos, en la que se muestra el juicio de los difuntos ante el dios Osiris. 1275 a.C. (Museo Británico).

de Acadia, también metió a su hijo en una cesta y la depositó en el río, cuya corriente lo arrastró hasta que fue recogido por la hija del faraón. La princesa salvó al niño, lo adoptó y así Moisés terminó creciendo hasta convertirse en el liberador de los israelitas esclavizados en Egipto, a los que condujo hacia la tierra prometida (Éx 2, 1-10). La historia del bebé Moisés depositado en la cesta del río recogida en el Éxodo es, al menos, un milenio más reciente que la misma historia del rey Sargón de Acadia. Resulta difícil creer que tanta coincidencia sea fruto de la casualidad.

TESIS GRECORROMANA

Entre las similitudes con la mitología grecorromana, destaca la inevitable comparación entre la figura del dios Dionisio y Jesús de Nazaret, ya apuntada en 1800 por el escritor alemán Friedrich Hölderlin. Los dos eran hijos de un dios superior (Zeus y Yahvé) y de una mujer mortal (Sémele y María de Nazaret). Ambos resucitaron y ascendieron al cielo junto a sus respectivos padres; tras sus muertes, surgió una nueva generación de hombres.

Según Plinio el Viejo y Pausanías, que vivieron en el siglo I y II respectivamente, en Élide, durante el festival de Dioniso, los sacerdotes llevaban tres cántaros de agua a una habitación sellada y el dios los convertía en vino, tal y como Jesús hizo en las bodas de Caná (Jn 2, 1-11). Peter Wick, experto en temas bíblicos, asegura que este último episodio fue concebido para superar el mito de Dionisos y fortalecer la figura de Jesús frente a tradiciones helenísticas (Wick, P., 2004). También lo relacionan con el origen de la transubstanciación cristiana, efecto de convertir el pan en el cuerpo de Cristo y el vino en su sangre. Por estas y otras coincidencias, algunos historiadores piensan que el concepto de Jesús como hijo de Dios, de vida, muerte y resurrección no es más que una adaptación de la teofanía dionisíaca, cinco siglos anterior.

Autores como Walter Burkert (1985) o el profesor estadounidense Barry Powell (1998), no solo resaltan las analogías en los arquetipos. Algunos creen que los primeros pensadores cristianos fueron judíos helenizantes que vivían en un mundo pagano, lo que justifica que su base teórica judía estuviera teñida de rituales propios del paganismo. Para el teólogo francés Alfred Loisy, el cristianismo es una adaptación de los misterios paganos al monoteísmo judío (Loisy, A., 1967).

Son ejemplos que alimentan la tesis de algunos historiadores que niegan la Biblia como libro revelado por Dios, sino como compendio de leyendas y relatos míticos con los que trataban de dar una explicación a los conflictos humanos a través de relatos tomados del imaginario popular, otros propios y otros directamente tomados de culturas antiguas que perduraron y fueron adoptadas tanto por el judaísmo primitivo como en el primer cristianismo, lo que descarta una intervención reveladora divina.

El dios griego Dionisio era hijo de una virgen, muerto, resucitado y ascendido al cielo para gobernar el mundo junto a su padre Zeus. (Mosaico de la Epifanía de Dioniso, siglo II. Museo Arqueológico de Dion, Grecia).

Jesús, ¿mito o historia?

El gran debate entre creyentes y escépticos ha girado, y aún gira, en torno a si la figura de Jesús de Nazaret es solo un mito inspirado en leyendas antiguas, si existió realmente, pero careció de la naturaleza divina que le atribuyeron los evangelios o si, por el contrario, es verdaderamente el hijo de Dios, el mesías anunciado en el Antiguo Testamento.

LA TEORÍA DEL MITO

La teoría del mito de Cristo es relativamente reciente y engloba distintos puntos de vista sobre la figura de Jesús de Nazaret como personaje de ficción. La tesis se basa fundamentalmente en las semejanzas dogmáticas con otras religiones mistéricas y con la astrología, lo cual demostraría que el cristianismo no sería fruto de una revelación divina, sino obra de un sincretismo religioso. Consideran que la utilización del mito de Jesús es fruto de la necesidad de las instituciones religiosas para manejar a un pueblo poco ilustrado al que se atemorizaba con los martirios eternos del infierno, al tiempo que acaparaban poder social y económico.

Las opiniones se dividen entre los que niegan la existencia del Jesús histórico, los que opinan que pudo existir pero que sus historias, vagamente recordadas, se fusionaron con el Cristo mitológico de Pablo y los que consideran que no se puede llegar a una conclusión sobre su existencia por falta de información histórica. En general, cuestionan la fiabilidad de las epístolas paulinas y los evangelios como fuentes para establecer la historicidad de Jesús y resaltan la ausencia de información en fuentes no cristianas en los siglos I y II.

Durante la Ilustración francesa varios autores pusieron en duda no solo la existencia de Jesús, sino del mismo Dios. Ilustres pensadores europeos del mismo siglo destacaron en estas tesis, tales como John Mackinnon Robertson, Jean Meslier, el barón de d´Holbach, Voltaire, Reimarus, etc.

En 1762, Voltaire publicó la obra *Extracto de los sentimientos de Jean Meslier,* cura católico de la parroquia de la localidad francesa de Étrépigny quien, antes de morir en 1729, dejó escrito un testamento en forma de obra póstuma titulado *Memoria de los pensamientos y opiniones de Jean Meslier.* Aunque la obra de Voltaire era una versión edulcorada y plagada de errores, sirvió para divulgar el pensamiento de este sacerdote que, más que un testamento, era un profundo tratado filosófico sobre la inexistencia de Dios y las manipulaciones de la Iglesia. La biografía y la obra de Meslier serían abordadas de forma más seria en 1965 por el profesor Maurice Dommanget en su obra *El cura Meslier, ateo, comunista y revolucionario bajo Luis XIV.*

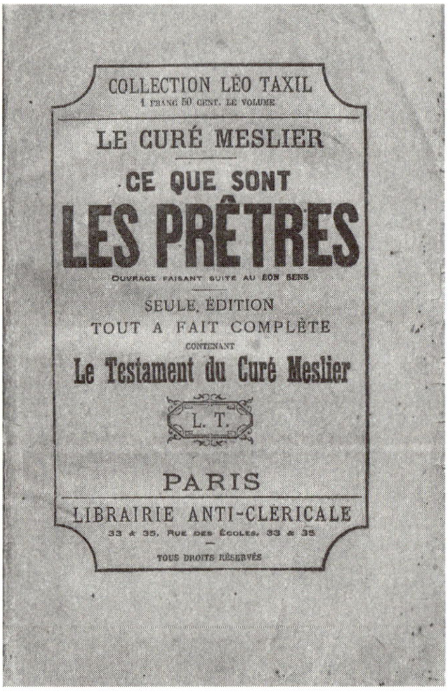

Edición de 1881 del libro del sacerdote Jean Meslier de 1729, con su polémico testamento sobre la inexistencia de Dios y las manipulaciones de la Iglesia.

En su testamento, este sacerdote confiesa su ateísmo, niega la existencia de Dios y de Jesús y expone las «demostraciones claras y evidentes de la vanidad y falsedad de todas las divinidades y de todas las religiones del mundo». Critica a la Iglesia, la religión, la aristocracia, la monarquía y denuncia la injusticia social, el pensamiento idealista y la moral cristiana del dolor. Ve en las imágenes solo ídolos falsos y acusa a sus compañeros sacerdotes de interpretar la Biblia a su conveniencia y sostener la influencia sobre el pueblo a través del miedo, al tiempo que se silencian los abusos de los poderosos. Resulta paradigmático que fuera un sacerdote católico el fundador del ateísmo en Francia, pero no se puede decir que Meslier no hablara con conocimiento de causa, pues dedicó toda su vida al estudio del catolicismo y las Sagradas Escrituras.

A finales del XVIII destacarían dos filósofos, también franceses, Constantin François Chassebœuf de Volney (conde de Volney), con su obra *Ruinas o meditaciones sobre las revoluciones de los imperios* (1791), y el humanista Charles François Dupuis, con su polémico libro *El origen de todos los cultos, o la religión universal* (1794). Ambos sostenían que el cristianismo se formó con una mezcla de varias religiones antiguas y que Jesús era un personaje mitológico que carecía de sustento histórico y estaba relacionado con el dios solar.

En 1835, la obra *Das Leben Jesu, kritisch bearbeitet* (*La vida de Jesús, críticamente elaborada*), del teólogo David Friedrich Strauss, provocó un gran escándalo en Europa pues, pese a no negar la existencia de Jesús, tildaba de míticos los milagros atribuidos en los evangelios, a los que considera textos de teología y de fe, sin ningún valor histórico. Esta mitificación sería máxima en el Evangelio de Juan. Otro tanto aportó el pensador alemán Bruno Bauer a mediados del siglo XIX.

La teoría del mito fue defendida por numerosos eruditos durante los siglos XX y XXI, entre otros Prosper Alfaric, Paul Luis Couchoud y Albert Bayet (*El problema de Jesús y los orígenes del cristianismo*, 1932), Dorothy Milne Murdock (*La conspiración de Cristo*, 1999), Michel Onfray (*Tratado de ateología*, 2005), etc. O más recientemente, Van Voorst, Robert E. (*Jesús fuera del Nuevo Testamento: una introducción a la evidencia antigua*, 2000), Gerd Theissen (*Teoría sobre la religión cristina primitiva*, 2003), Earl Doherty (*El rompecabezas de Jesús*, 2005) o Bart Ehrman (¿Jesús existió?, 2012).

Algunos seguidores de esta teoría creen que la figura de Jesús surgió como una deidad no humana en el primer cristianismo: el apóstol Pablo lo ideó como un ser espiritual, para posteriormente convertirlo en un personaje humano.

El historiador Earl Doherty (1999) se pregunta por qué el Cristo divino de Pablo es tan similar a otros dioses salvadores paganos de la época. Se cuestiona por qué, dada la expansión del cristianismo por el Imperio romano en el siglo I, fue una sola comunidad cristiana la que compuso la historia de Jesús (el Evangelio de Marcos, escrito entre el 65 y 75 d. C.), mientras que todos los demás evangelios se han limitado a versionar aquel primer texto. Sostiene, además, que los detalles sobre el juicio de Jesús y su crucifixión fueron extraídos de pasajes del AT, para concluir que, desde su punto de vista, el cristianismo ha venerado a un fundador que probablemente nunca existió.

Joseph Campbell, en su obra *Las máscaras de Dios: Mitología occidental* (1992) afirma que «sea exacta o no en los detalles biográficos, la conmovedora leyenda del Cristo crucificado y

El teólogo David Friedrich Strauss escandalizó Europa en 1835 al publicar que la Biblia carecía de valor histórico, calificando de míticos los milagros de Jesús (Revista Die Gartenlaubede, 1874).

resucitado, estaba ideada para añadir nueva calidez, inmediatez y humanidad a los viejos relatos sobre los adorados Tammuz, Adonis y Osiris».

El teólogo y filósofo estadounidense, Robert McNair Price, cree que nunca existió un Jesús histórico tal y como se describe en los evangelios y fundamenta su tesis en la ausencia absoluta de menciones a los grandes milagros y prodigios de Jesús en fuentes que no sean religiosas y los evidentes paralelismos con otras deidades que los apologistas cristianos tratan de minimizar. Para él, Jesús sería un personaje cuya historicidad no ha sido probada, como Buda y Krishna en la India o Lao-tse en China.

La teoría del mito lleva implícita la negación de la validez histórica de las fuentes cristianas con el argumento de que la figura de Jesús no fue un personaje histórico sino una entidad mítica inventada por los primeros cristianos, fruto del sincretismo entre las teologías helenística y judía (Theissen y Merz, 1968). Se basan, fundamentalmente, en dos argumentos principales: el hecho de que apenas hay referencias históricas de Jesús fuera de las fuentes cristianas, a lo que denominan irónicamente 'la conspiración del silencio' (Bultmann, R., 2000) y el sospechoso paralelismo entre acontecimientos del AT que, a su juicio, los evangelios fueron modelando a semejanza de la Biblia judía (Smith, M., 1978).

EL JESÚS HISTÓRICO

En el último siglo, la inmensa mayoría de los historiadores han defendido la existencia de Jesús como personaje histórico, como líder político judío natural de Nazaret, condenado a muerte por sedición en la provincia romana de Judea en el siglo I. Sin embargo, no pocos niegan que tuviera que ver con la fundación del cristianismo, ni realizase los prodigiosos milagros que, tras su muerte, le atribuyeron los evangelios escritos por personas que jamás lo conocieron y que exaltaron y engrandecieron su memoria para divinizarlo y convertirlo en el mesías anunciado en el AT. Su figura histórica fue reemplazada por el Cristo de la fe en las epístolas paulinas y en los evangelios.

Se basan fundamentalmente en las dudosas referencias de autores no cristianos, en las alusiones de textos cristianos sobre figuras históricas cuya existencia ha sido constatada y en la abrumadora expansión del cristianismo, difícil de explicar sin la figura de un personaje real. Historiadores como Geoffrey *Bromiley* (1982) o Tryggve Mettinger (2001) niegan que sea aplicable a Jesús la comparativa mítica de otros dioses antiguos que mueren y resucitan.

El profesor Oscar Fábrega, en su obra *Pongamos que hablo de Jesús* (2017), expresa su convencimiento de que Jesús existió pero no es el personaje del que hablan los evangelios. Para este historiador, la evidencia de la existencia del Jesús histórico hay que buscarla en los propios evangelios, no porque lo digan los evangelistas, sino porque se deduce al contrastar las distintas versiones de un mismo hecho. Resalta, por ejemplo, algunos curiosos detalles del bautismo de Jesús.

En el evangelio más antiguo, el de Marcos, escrito según los expertos unos 30 o 40 años después de la muerte de Jesús, se describe el episodio del bautismo de Jesús por Juan en el río Jordán diciendo que, en ese momento se abrió el cielo, bajó una paloma y se escuchó una voz: «tú eres el hijo amado, en ti me complazco» (Mc 1, 9-11). El bautismo es un rito de redención de pecados pero, si Jesús era Dios, no tenía pecados, ¿para qué entonces su bautismo? Sencillamente porque Marcos consideraría a Jesús como lo que era, un hombre normal y corriente, un pecador. Para él, Jesús era solo un profeta, no era el hijo de Dios. Sin embargo, años después, Lucas y Mateo, que sí creían que Jesús era el hijo de Dios, debieron solventar este problema teológico. Mateo se inventó un diálogo entre Jesús y Juan que Marcos no menciona cuando dice que Jesús acudió a Juan para que lo bautizara y este se resistió diciendo: ¿Quién soy para bautizarte a ti si eres el hijo de Dios? Y Jesús le responde «deja eso ahora pues conviene que cumplamos lo que Dios ha dispuesto» (Mateo 3, 13-15). De un plumazo solventa el problema haciendo hijo de Dios a Jesús y cambiando rápidamente de tema. Lucas, por su parte, no menciona a Juan el Bautista, y Juan ni siquiera relata el bautismo en su evangelio, y prescinde de él. Según el profesor Fábrega, «esto demuestra que los personajes de Juan y de Jesús existieron, porque si alguien se inventa una historia, ¿por qué complicarse la vida ofreciendo cuatro versiones distintas? Si fuese todo mentira, los cuatro dirían lo mismo».

En otro episodio que narra Marcos, Jesús habla del fin del mundo y los discípulos le preguntan qué día llegará, a lo que responde: «nadie sabe nada, ni los ángeles del cielo, ni el Hijo, sino el Padre» (Mc 13, 32). Marcos vuelve a mostrar a Jesús como un simple humano, apadrinado por Dios de alguna forma, pero no era Dios, lo que explica que no sepa cuándo será el fin del mundo. Sin embargo, años después Mateo omitirá lo de «ni el hijo», y Lucas y Juan directamente prescindirán de ese versículo incómodo. El cristianismo posterior defenderá que Jesús encarnará la famosa Trinidad: es el Hijo, el Padre y el Espíritu Santo.

Un dato que la mayoría de los historiadores consideran un indicio para probar el carácter histórico de la crucifixión del Jesús histórico es la tablilla clavada en la parte superior de la cruz. Esa inscripción o *títulus* figura en los cuatro evangelios y tenía como finalidad informar sobre el motivo de la condena a muerte. Para muchos autores, el cargo condenatorio 'rey de los judíos' nunca se presentó como una invención cristiana y fue un hecho a la vista del público en general (Brown, R.E. 2006).

En la actualidad, una inmensa mayoría los autores sostienen la creencia de la existencia histórica de Jesús. El catedrático Antonio Piñero, en su *Guía para entender el Nuevo Testamento*, apunta los siguientes argumentos:

1. La mención de Jesús en obras de Tácito y Flavio Josefo, dos autores no cristianos considerados fiables, si bien algunos autores las ponen en duda en el convencimiento de que se trata de interpolaciones cristianas posteriores.
2. El hecho de que negar la existencia histórica de Jesús presenta muchas más dificultades que admitirla.
3. Las alusiones a figuras históricas reales contrastables en documentos no cristianos, como los reyes David, Salomón, Herodes el Grande, el prefecto Poncio Pilato, etc.
4. Las reinterpretaciones y contradicciones sobre la figura de Jesús en los textos cristianos, que no habrían sido precisas si el personaje fuera una invención.
5. El desarrollo del cristianismo, difícil de explicar sin la figura de Jesús.

El profesor Murray añade un sexto punto no menos importante: lo improbable de que un grupo de judíos del siglo I, para quienes la crucifixión era una maldición (Dt 21, 23), inventara una religión cuyo fundador fue crucificado por los romanos, acusado de sedición y alboroto político, y que muriesen por sostener semejante engaño por ellos creado (Murray, J.H., 2005).

La escasez de información no religiosa sobre el Jesús histórico, incluso el retrato que se intenta intuir detrás de unos textos evangélicos adaptados para divinizarlo, ha dado pie a las más variopintas teorías.

Hay autores que lo consideran un mago (Smith, M., 1978), otros opinan que fue un maestro ético próximo a la filosofía cínica (Puente Ojea, G., 1998), otros no lo consideran líder de una revuelta armada, sino de un grupo de judíos mesiánicos que, inspirados en la Biblia hebrea, esperaban una intervención sobrenatural divina que pusiera fin a la dominación romana y restaurara el reino davídico con Jesús como el rey ungido por Dios que inauguraría una era de paz y prosperidad (Maccoby, H., 1980). Otros, por el contrario, lo consideran un revolucionario mesiánico relacionado con el movimiento zelota. La crucifixión estaba reservada para los reos por sedición, pero su discurso fue reelaborado tras su muerte para congraciarse con los gentiles (Brandon, S.G.F., 1967).

El profesor Antonio Piñero, uno de los expertos mundiales más acreditados, considera que las referencias de Jesús como sanador y exorcista son probablemente auténticas, pues esas prácticas se siguen realizando en el siglo XXI. «Otros milagros como multiplicación de panes y peces, resurrecciones, calmar la tempestad, etc., que superan las leyes de la naturaleza, son legendarios». Añade que Pablo reinventa la figura de Jesús añadiendo a hechos históricos, como el nacimiento de mujer en Israel y su muerte en la cruz, otros no históricos como la resurrección. «Pablo puede reinventar la figura de Jesús, pero siempre sobre una base histórica». (Piñero, A. *Mis enigmas favoritos,* 2020).

En general, la opinión más extendida es que Jesús fue un profeta apocalíptico, que posteriormente fue deificado. No faltan investigadores que sitúan al Jesús histórico en una línea doctrinal muy diferente a la teología que Pablo establecería décadas después de la crucifixión de aquel.

Las diferencias entre Pablo y otros miembros de cristianismo primitivo quedan patentes en el 'incidente de Antioquía' que se narra en la epístola a los gálatas. Veamos qué dice Pablo:

> «Pero cuando Pedro vino a Antioquía, le resistí cara a cara, porque era de condenar. Pues antes que viniesen algunos de parte de Jacobo [Santiago], comía con los gentiles; pero después que vinieron, se retraía y se apartaba, porque tenía miedo de los de la circuncisión. Y en su simulación participaban también los otros judíos, de tal manera que aun Bernabé fue también arrastrado por la hipocresía de ellos. Pero cuando vi que no andaban rectamente conforme a la verdad del evangelio, dije a Pedro delante de todos: Si tú, siendo judío, vives como los gentiles y no como judío, ¿por qué obligas a los gentiles a judaizar?» (Gal 2, 11-14).

Estamos ante una disputa en los primeros años de la década de los 50 entre Pablo y Santiago, con Pedro como mediador, debido a la distinta concepción de la 'marca' del incipiente cristianismo: Santiago, más firme a la hora de guardar la herencia judía, y Pablo, con sus aperturas hacia una nueva religión. Este episodio también se cita en Hechos de los Apóstoles entre los años 60 y 120, aunque con discrepancias en el relato. Este conflicto dio origen en los siglos XVIII y XIX a la idea de que existió un choque ideológico entre Pablo y Santiago con respecto al judaísmo, ejerciendo Pedro la función de hombre-puente entre las dos tendencias (Dunn, J.D.G. 2002). Se deduce que Santiago defendía la línea dura mantenida por su hermano Jesús quien, de estar vivo, nunca hubiera aceptado la línea dogmática de Pablo que lo divinizó siendo humano, fraguó un mito para hacerlo coincidir con las profecías mesiánicas y relajó las costumbres judías para aproximarlas a los gentiles. La postura paulina terminó siendo la aceptada por la Iglesia, lo cual no deja de ser una paradoja.

El cisma entre Pablo y Santiago podrían confirmarlo los manuscritos del mar Muerto, según defienden Michael Baigent y Richard Leigh en su obra *El escándalo de los rollos del mar Muerto,* que recogen las investigaciones de Robert Eisenman, arqueólogo estadounidense y erudito bíblico. Según esta tesis, Jesús estuvo influenciado por la comunidad de Qumrán, en el desierto de Judea, tradicionalmente atribuida a los pacíficos y ascetas esenios. Los autores creen que, aunque la comunidad pudo haber sido fundada por los esenios siglos antes de Jesús, en el siglo I, estuvo ocupada por zelotas en base a los restos arqueológicos encontrados en las excavaciones de Qumrán tales como monedas, obras de fortificación, torres defensivas, puntas de flecha y una fragua para templar armas, impropias de los esenios.

También parece atestiguarlo el estudio de los rollos del mar Muerto encontrados en las cuevas de Qumrán, sobre todo en los denominados 'sectarios', tales como *El manuscrito de Damasco, La regla de la guerra* o *El documento de Damasco.* Baigent y Leigh llegaron a la conclusión de que, tras la muerte de Jesús, la comunidad formada por judíos nacionalistas estrictos con la ley, estuvo liderada por su hermano Santiago. Según esta tesis, Pablo, que se incorporó a la comunidad años después de la crucifixión de Jesús, rompió relaciones con Santiago y creó su propia doctrina, desligándose de la ortodoxia judía y creando las bases de una nueva religión (Baigent, M., Leigh, R., 1993).

En este punto surge la cuestión, ampliamente debatida, en torno a qué grupo político religioso judío pertenecía Jesús, pues los evangelios no lo refieren. Veamos muy resumidamente los principales grupos:

Los fariseos eran judíos piadosos desde aproximadamente el siglo IV a. C., Desde la revolución macabea eran gente de pueblo, fundamentalmente artesanos, dedicados a transmitir la tradición oral y a interpretar las Escrituras.

Los saduceos eran los descendientes de Sadoc, sumo sacerdote de David, que era la familia que tenían los grandes sumos sacerdotes. La mayoría de los sumos sacerdotes eran saduceos, normalmente ricos y formaban una gran parte del sanedrín. Recordemos que el sanedrín (del griego *synedrion*, reunión) era un pequeño tribunal que existía en todas las ciudades judías y el Gran Sanedrín, aunque también se le llama simplemente sanedrín, era el consejo supremo de los judíos de 71 miembros de Jerusalén presidido por el sumo sacerdote y que veía asuntos de más importancia, como los de estado y religión.

Los esenios eran piadosos sacerdotales, probablemente del entorno del 150 a. C. Ahora discuten los arqueólogos que, llegado un momento, quizás entre el 80 o el 90, o quizás en el 100, 120, 130 a. C., se separan de los piadosos y se instalan en Qumrán, siendo los autores de los manuscritos del mar Muerto.

Los zelotas eran fariseos de la rama dura partidarios de expulsar con armas y violencia a todo pagano y conseguir preparar la tierra para la inminente llegada del reino de Dios.

A Jesús se le ha vinculado con cada uno de estos grupos políticos. Para el experimentado catedrático Antonio Piñero, que lleva más de cuarenta años estudiando el cristianismo y la figura de Jesús de Nazaret, el perfil político de Jesús es ambiguo, si bien a lo que más se parece es a un fariseo. «En todo caso tendría afinidades con una doctrina farisea que sería zelota moderada». Ve improbable que fuese esenio por la doctrina de Jesús, por el contacto que tiene con los pecadores, por la interpretación de la ley y por esa manera de comportarse, más propia de un rabino fariseo de Galilea. «Ahora bien, al final de su vida, tanto la entrada en Jerusalén, que fue totalmente política, como el acto armado sin duda, con látigo, espadas o algo así, de la purificación del templo, son actos de violencia, se quiera o no se quiera» (Piñero, A., 2020).

El misterio de Barrabás

Situémonos en el contexto de la crucifixión de Jesús. Durante el proceso, los evangelios citan a Barrabás como un preso también condenado a morir en la cruz. Según Marcos, Barrabás estaba «preso con sus compañeros de motín que habían cometido homicidio en una revuelta» (Mc 15, 7). Lucas dice «había sido echado en la cárcel por sedición en la ciudad, y por un homicidio» (Lc 23, 19). Mateo solo dice que era un preso famoso (Mt 27, 16) y Juan, el más tardío de los evangelistas, refiere que era un ladrón (Jn 18, 40), evitando cualquier referencia a los polémicos términos sedición y revuelta.

Según los evangelios, en la Pascua judía existía la tradición de liberar a un preso por aclamación popular, lo que se conocía como privilegio pascual. Según esta versión, Pilato consultó con la multitud para que eligiera si liberar a Jesús o a Barrabás, aclamándose popularmente la liberación de Barrabás. Pero el privilegio pascual choca con el derecho romano aplicado por Pilato y, al margen de los evangelios, esa costumbre no está atestiguada en ninguna fuente antigua, ni judía ni romana. Si realmente se liberó a un tal Barrabás, debió de ser un caso aislado, un episodio que parece añadido en el texto con una intención antisemita: la de hacer que fueran los judíos los responsables últimos de la muerte de Jesús y que la autoridad de Roma (Pilato) quedase liberada de esa responsabilidad con el simbólico gesto de 'lavarse las manos'. Por otra parte, Poncio Pilato mostraba gran desprecio por la tierra en donde gobernaba y no era probable que respetase una tradición judía como aquella, si es que existió.

El episodio de Barrabás es ciertamente extraño. Resulta inverosímil, por no decir imposible, que Pilato soltara a un preso que se hubiera rebelado contra el Imperio romano o que hubiese perpetrado

Barrabás se representa como delincuente y homicida pero, de haber existido, es probable que perteneciera al grupo de Jesús. Imagen de Elías Rodríguez Picón para el misterio de la Humildad de Málaga.

un asesinato por motivos políticos. Según Filón, solo había dos posibilidades para los condenados a la cruz con motivo de alguna festividad, o posponer la ejecución o que fuera enterrado por su familia, nunca la conmutación de la pena.

Un ejemplo que ilustra los procedimientos del prefecto Pilato, que choca con la imagen que de él ofrecen los evangelistas de la escuela paulina, es la cruel represión contra los samaritanos cuando celebraban un rito judío en el monte sagrado Garizín, motivo por el que sería destituido por Tiberio en el año 36. Así lo contaba Flavio Josefo:

«Durante el combate [el destacamento romano] mató a unos, hizo huir a los otros y capturó finalmente a muchos prisioneros. Entre estos últimos, Pilato mandó matar a los jefes y reservó la misma suerte a los más influyentes de los fugitivos.

Una vez apaciguados estos desórdenes, el consejo de los samaritanos fue a buscar a Vitelio, personaje de rango consular que era gobernador de Siria y acusó a Pilato de haber matado a los que habían perecido, afirmando que no se trataba de una revuelta contra los romanos, sino que aquella gente se había dirigido a Tiratana para huir de las violencias de Pilato. (Flavio Josefo. *Antigüedades de los judíos*, L. X VIII).

Las especulaciones sobre Barrabás fueron múltiples. Una teoría sostiene que Barrabás nunca existió y que se trató de una parábola añadida en los evangelios para crear una contrafigura opuesta al pacifismo de Jesús, pues Barrabás sería un rebelde alzado contra el imperio. Los judíos esperaban a un mesías guerrero, un zelote que los librase de los romanos y optaron por preferir liberarlo a él.

Algún autor considera que Barrabás era un miembro del grupo de Jesús y el motín al que se refiere Marcos es la redada del monte Getsemaní donde también fue detenido Jesús (Alonso, J., 2019). Otros creen que, tras aquella amplia redada, detuvieron a un segundo Jesús hijo de José, de ahí la frase de Mateo «¿cuál de los dos queréis que os suelte?» (Mt 27, 21), como indagando cuál de los dos es el verdadero Jesús. Tal vez Pilato dejó en libertad a un hombre detenido por error, detalle que obviaron los evangelios para evitar que un presunto criminal se llamara igual que el mesías (Winter, P., 1995). Una variante de esta tesis sostiene que Barrabás podría ser un nombre de guerra de un rebelde agitador con el mismo nombre Iesous (Jesús), muy común en Jerusalén.

El teólogo argentino Áriel Álvarez Valdés expone una tesis curiosa. Arguye que el término *stasiastés*, además de sedicioso o revolucionario político, también se traduce por perturbador de orden y, como Flavio Josefo documentó que el rey Herodes construyó en Jerusalén un hipódromo en el que se celebraban carreras de carros, la *stásis* también podría significar competición hípica o carreras de carros o cuadrigas. De modo que aquellos *stasiastái* encarcelados con Barrabás podrían ser alborotadores del orden público en alguno de aquellos espectáculos, espectadores provocadores que hubieran tenido algún altercado con Barrabás, un auriga al que el pueblo admiraba y cuya liberación querían a toda costa. Barrabás sería su apodo deportivo, por ello Mateo dijo que era un preso famoso.

El historiador Hyam Maccoby propone una teoría distinta. El nombre Barrabás, o Bar Abbá está compuesto por bar, que en arameo es hijo de, y Abba, que significa padre por lo que Bar Abbá es hijo del padre. Para Maccoby, Barrabás y Jesús eran la misma persona y cuando la multitud exigió a Pilato que diera libertad a Bar Abbá pedía libertad para el mismo Jesús. Esta hipótesis está apoyada en manuscritos griegos anteriores al siglo III provenientes de Cesárea, del Sinaí, de Siria y de varios manuscritos usados por Orígenes en los que, en Mateo 27, 17, se le llama *Iesous ho Barabbas*, es decir, Jesús Bar Abba o Jesús hijo del padre. (Evans, C. A., 2012). No hubo pues elección popular, sino una aclamación a la libertad de Jesús posteriormente manipulada en la literatura evangélica. Barrabás sería un invento del cristianismo gentil para vilipendiar y culpabilizar a los judíos (Maccoby, H., 1980). Con esta tesis coincide el erudito bíblico estadounidense Benjamín Urrutia, que asegura que la elección entre los dos prisioneros fue pura ficción (Urrutia, B., 1996). Ha de tenerse en cuenta que pocos días antes otra multitud compuesta seguramente de las mismas personas había aclamado a Jesús a su entrada a la ciudad, por lo que carece de sentido que clamen ahora por todo lo contrario.

Con la información que tenemos se hace difícil conocer el verdadero origen de Barrabás, de lo que no cabe duda es de que los evangelistas se empeñaron en resaltar la figura de este personaje, enfatizar la exaltación de los judíos que, según ellos, ardían en deseos de crucificar a Jesús y, al mismo tiempo, presentar a la autoridad romana como la parte bondadosa, casi defensora de un reo inocente poniendo en boca de Pilato frases clementes como: «Me habéis presentado a este como un hombre que perturba al pueblo; pero habiéndole interrogado yo delante de vosotros, no he hallado en este hombre delito alguno de aquellos de que le acusáis. (...) y he aquí, nada digno de muerte ha hecho este hombre. (...) Él les dijo por tercera vez: ¿Pues qué mal ha hecho este? Ningún delito digno de muerte he hallado en él (...). Y las voces de ellos y de los principales sacerdotes prevalecieron (...) y entregó a Jesús a la voluntad de ellos». (Lc 23, 13-25).

Sea Barrabás un personaje ficticio, un corredor de cuadrigas, un miembro del grupo de Jesús, un homicida o un ladrón, lo que resulta incontestable es que la detención, el proceso, la condena por sedición y la crucifixión de Jesús de Nazaret fue exclusiva responsabilidad de Roma y hubo un empeño deliberado en cambiar la versión de los hechos y señalar al paisanaje judío, al que pertenecía Jesús, como responsable de su humillante muerte.

¿Son fiables las fuentes no cristianas?

Para demostrar la existencia de Jesucristo, los autores cristianos recurren habitualmente a referencias de varias fuentes no cristianas, tales como Flavio Josefo, Plinio el Joven, Tácito, Suetonio y la carta de Mara Bar Serapion. Sin embargo, ninguno de estos autores fue testigo directo de los hechos y sus testimonios han sido puestos en duda por diversas razones que expondré a continuación.

EL TESTIMONIO FLAVIANO

Comenzaremos por la más antigua. Tito Flavio Josefo (37-100 d. C.) fue un historiador judeo romano del siglo I. En el año 93 o 94, es decir, medio siglo después de la muerte de Jesús, escribió *Antigüedades judías.* En el capítulo 18, donde narra una sublevación de judíos que reprime Poncio Pilato, encontramos el famoso párrafo que habla de Jesús, conocido a la sazón como testimonio flaviano, que tanta controversia ha suscitado:

> «Por aquel tiempo existió un hombre sabio, llamado Jesús, si es lícito llamarlo hombre, porque realizó grandes milagros y fue maestro de aquellos hombres que aceptan con placer la verdad. Atrajo a muchos judíos y muchos gentiles. Era el Cristo. Delatado por los principales de los judíos, Pilato lo condenó a la crucifixión. Aquellos que antes lo habían amado no dejaron de hacerlo, porque se les apareció al tercer día resucitado; los profetas habían anunciado este y mil otros hechos maravillosos acerca de él. Desde entonces hasta la actualidad existe la agrupación de los cristianos». (*Antigüedades judías*, 18, 3:3)

Los apologetas cristianos se han aferrado a ese párrafo para demostrar que Jesús era citado por cronistas e historiadores ajenos a la literatura evangélica. Sin embargo, la autenticidad del fragmento ha sido cuestionada tanto historiográfica como filológicamente por la mayoría de los expertos, entre otros, Arthur Drews (1988), Schreckenberg, Heinz; Schubert, Kurt (1992), Robert M. Price (2000), Craig Evans (2001), James Dunn (2003), Henry Wansbrough (2004), Kostenberger, Andreas J.; Kellum, L. Scott; Quarles, Charles L. (2009), Antonio Piñero (2010) o El Housin Helal Ouriachen (2011).

Flavio Josefo. Grabado incluido en la edición de las obras de Josefo de 1893 traducida de William Whiston.

Tras intensos estudios filológicos, estos y otros historiadores aseguran que el párrafo en cuestión es una interpolación o añadido literario posterior que no existía antes del siglo IV y, desde luego, nunca estuvo en el texto original. Debió ser intercalado por algún cristiano molesto ante el manifiesto desconocimiento de Josefo sobre la vida y la muerte de Jesús, posiblemente por Eusebio de Cesarea, ya que él fue el primer autor que se refiere a la cita en el capitulo 11 del primer libro de su *Historia eclesiástica.*

Recordemos que ninguna documentación sobre Jesús, ni siquiera ninguno de los libros que componen la Biblia, son textos originales, sino copias de copias. En el caso de Josefo, el citado párrafo interrumpe bruscamente la línea argumental para retomarla tras ese texto. Resulta sospechoso su repentino énfasis hagiográfico influenciado por los evangelios y, por tanto, posterior, por cuanto habla de milagros, algo que no pudo escribir este autor que nunca fue cristiano. Además, hace recaer la responsabilidad de la muerte de Jesús en los mismos compatriotas de Josefo, los judíos, no en los romanos, lo que contradice la propia denuncia de Josefo de los crímenes de Pilato contra los semitas. De repente, solo en ese párrafo, Josefo se pone del lado de los cristianos y admite que la culpa de la crucifixión de Jesús, el mesías, recae sobre los judíos, algo absolutamente inconcebible en la línea narrativa de este cronista.

En 1971, Schlomo Pines, historiador de ciencia y filosofía judía e islámica y profesor de la Universidad Hebrea en Jerusalén, descubrió una traducción al árabe de la obra de Josefo, realizada en el siglo X por Agapio, obispo de Heriópolis (Siria). La traducción del citado párrafo es la siguiente:

> «En este tiempo existió un hombre de nombre Jesús. Su conducta era buena y era considerado virtuoso. Muchos judíos y gente de otras naciones se convirtieron en discípulos suyos. Los convertidos en sus discípulos no lo abandonaron. Relataron que se les había aparecido tres días después de su crucifixión y que estaba vivo. Según esto fue quizá el mesías de quien los profetas habían contado maravillas».

Según el profesor James Charlesworth (1988), este texto, que es anterior a la copia manuscrita más antigua que se conserva del texto de Josefo, podría ofrecer la versión original sin las interpolaciones cristianas posteriores y refuerza el testimonio flaviano como documento que demuestra la existencia del Jesús histórico. Pero los escépticos consideran que esa traducción de Agapio no es fiel reflejo del texto original de Josefo, sino que es otra interpolación cristiana distinta pues, aunque no refiere los milagros, sí habla del mesías, impropio de Josefo. Tengamos en cuenta que habían transcurrido casi mil años y se habían realizado multitud de copias, todas ellas en periodo cristiano.

Según Paul Hopper (2014), profesor de la Universidad Carnegie Mellon, en Pensilvania, tanto narrativa como gramaticalmente, el testimonio flaviano corresponde a una producción enteramente cristiana. Su estilo narrativo poco característico, su extraña brevedad e ingenua simplicidad, su ilógica posición en el texto con comentarios ridículos y aduladores que solo haría un cristiano, le llevan a concluir que no fue escrito por Josefo, que además era judío. Existe un claro consenso en admitir que, si se eliminan las frases estrictamente cristianas, queda un texto muy del estilo de Josefo, perfectamente asumible por él.

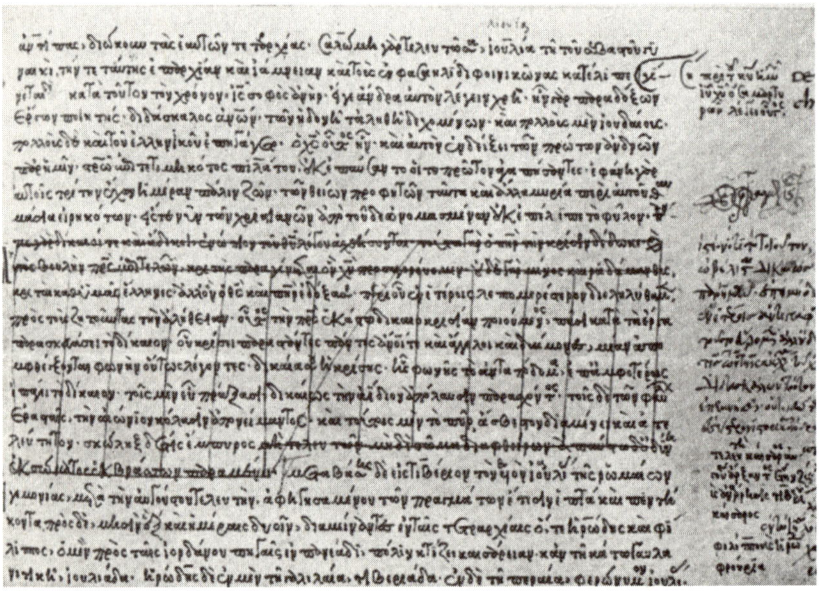

Testimonio Flaviano insertado en el libro Antigüedades judías de Flavio Josefo (Imagen: Codex Vossianus, s. xv. Grecia).

Algunos aseguran que en el capítulo 20 de la misma obra también se alude a Jesús en la muerte de su hermano Jacobo en el año 62, que sería conocido como Santiago por la contracción de los términos latinos *Sancti Iacob*.

> «Ananías era un saduceo sin alma. Convocó astutamente al sanedrín en el momento propicio. El procurador Festo había fallecido. El sucesor, Albino, todavía no había tomado posesión. Hizo que el sanedrín juzgase a Santiago, el hermano de Jesús [llamado Cristo] y a algunos otros. Los acusó de haber transgredido la ley y los entregó para que fueran apedreados» (*Antigüedades judías*, 20, 9:1)

Josefo enumera en su obra una veintena de personajes distintos llamados Jesús, al menos diez de ellos son contemporáneos de Jesús de Nazaret, pero al referirlo en este párrafo se le añadió la aclaración «llamado Cristo». Aunque el texto coincide con el estilo de Josefo, existen fundadas sospechas de que la aclaración entre corchetes sea una interpolación cristiana introducida en las copias sucesivas, pues la palabra Cristo procede del latín *Christus*, y este del griego antiguo Χριστός, Christós, traducción del término hebreo mesías (מָשִׁיחַ, Māšîaḥ).

PLINIO EL JOVEN

Otro texto extracanónico aportado como prueba de la existencia de Jesús fue la carta que envió Plinio el Joven, gobernador de la provincia de Bitinia, al emperador Trajano, datada entre el 111 y 112 d. C. Hasta entonces, los cristianos habían sido perseguidos y reprimidos por las autoridades del Imperio romano como judíos sediciosos o rebeldes políticos, y lo serían hasta el 313, año en que fue publicado el Edicto de Milán que estableció la libertad religiosa en el Imperio romano.

Plinio había ejecutado a varios cristianos por su *exitiabilis superstitio* (culto mortal), pero tenía dudas sobre qué hacer con los que se retractaban y juraban a los dioses romanos y al césar, por lo que consultó al emperador. En el punto 5 de su enumeración epistolar puede leerse:

> «Se hizo público un libro anónimo que contenía los nombres de muchas personas. Quienes negaban que eran cristianos o que lo hubieran sido, una vez que por medio de una fórmula mía imploraron a los dioses y suplicaron con incienso y vino a una imagen tuya [del emperador] que había ordenado colocar para este cometido, junto a unas figuras de los dioses, y una vez que, además, blasfemaron contra Cristo, cosas que dicen que no pueden ser obligados a hacer quienes en verdad son cristianos, consideré que podía dejarlos libres» (Plin. Ep. X 96).

Era costumbre erigir estatuas de los emperadores romanos a los que había que adorar como dioses, pero los cristianos se negaban al considerar a Jesús el único hijo del Dios verdadero; fueron vistos como una amenaza para el orden social del Imperio romano, que ocupaba territorios plenos de insurgentes que luchaban por su emancipación geográfica, cultural y religiosa, por lo que eran perseguidos y reprimidos.

En la nota nº 5 describe cómo algunos cristianos, sin duda obligados por la presión del imperio, renegaron de su confesión y «blasfemaron contra Cristo». En los puntos 7 y 8, Plinio informa sobre las declaraciones de los acusados, que reconocían haber hecho ritos donde se alababa a Cristo, con el detalle del tormento aplicado a dos 'ministras', tras el cual llegó a la conclusión de que se trataba de prácticas inocuas (*innocuus),* una superstición excesiva; sin embargo, le preocupaba su rápida propagación, temiendo futuras sediciones. Relevante es el papel de la mujer como ministras o sacerdotisas en los orígenes del cristianismo, una función que, conforme la confesión adquirió relevancia social, sería reservada exclusivamente a los hombres:

> «7. Aseguraban, así mismo, que toda su culpa o su error no había sido más, según ellos, que haber tenido por costumbre reunirse un día señalado antes del amanecer, cantar entre ellos, de manera alterna, en alabanza a Cristo como si fuera un dios, y comprometerse mediante juramento no a delinquir, a no robar, ni cometer pillajes ni adulterios, a no faltar a su palabra ni negarse a devolver un depósito cuando se les reclamara. También decían que, una vez realizados estos ritos, tenían por costumbre separarse y reunirse de nuevo para tomar el alimento, totalmente corriente e inocuo, pero que dejaron de hacerlo tras mi edicto, por el cual, según tus mandatos, había prohibido que hubiera asociaciones.

8. Así pues, creí aún más necesario inquirir también, mediante el tormento de dos esclavas que eran llamadas 'ministras', qué había de verdad. No encontré ninguna otra cosa más que una superstición depravada y desmesurada».

Trajano, a diferencia de emperadores anteriores como Nerón (64-68 d. C.) o Domiciano (81-96 d. C.), no les concedió excesiva importancia, desconociendo que, con el tiempo, el cristianismo terminaría siendo la religión oficial del imperio. El emperador no estableció nuevas normas, consideraba que las acusaciones anónimas contra ellos debían ser rechazadas y, si se retractaban, debían ser liberados, castigando solo a los persistentes.

La carta de Plinio está considerada como el primer testimonio de un autor pagano sobre los nuevos cultos cristianos, que ya comenzaban a distinguirse de la religión judía. Sería precisamente la represión uno de los acicates para la expansión del cristianismo, pues

Plinio el Joven (Ilustración del Lombardo Veneto, Milán 1859).

provocaba la compasión hacia los represaliados, convertidos en mártires, frente a la tiranía imperial. Alegatos cristianos como el amor al prójimo, la hermandad universal («todos somos hermanos»), la igualdad («todos somos hijos de Dios»), los ataques a la riqueza y su reparto común en la colectividad (considerados por algunos como los primeros comunistas), constituían una amenaza para una sociedad clasista y esclavista, siendo duramente reprimidos por las clases dominantes. Autores cristianos sostienen que el hecho de ser una religión dirigida a humildes y esclavos, precisamente el grupo social más numeroso, ayudó a su expansión, pero la razón determinante para su vertiginosa expansión fue el hecho de la conversión al cristianismo del emperador Constantino y la represión ejercida contra el paganismo en años posteriores.

Durante los tres primeros siglos, los primeros cristianos se reunían de forma clandestina y utilizaban símbolos crípticos para pasar desapercibidos, como el famoso pez o *Ichthys,* en griego ΙΧΘΥΣ, acrónimo de *Iēsoûs CHristós THeoû hYiós Sōtér,* esto es, Jesucristo, hijo de Dios, salvador.

Sin embargo, de la carta de Plinio el Joven no se puede deducir que el 'Cristo' que refiere haya sido una figura histórica y no una figura mitológica.

TÁCITO

La tercera referencia no cristiana sobre Jesús fue hecha por el historiador y senador romano Tácito sobre el año 116. En ella se refiere a la ejecución de Cristo por Poncio Pilato y la existencia de los primeros cristianos en Roma, al final de su obra *Anales,* cuya traducción del latín es de este tenor:

> «En consecuencia, para deshacerse de los rumores [de que él inició el incendio], Nerón culpó e infligió las torturas más exquisitas a una clase odiada por sus abominaciones, quienes eran llamados cristianos por el populacho. Cristo, de quien el nombre tuvo su origen, sufrió la pena máxima durante el reinado de Tiberio a manos de uno de nuestros procuradores, Poncio Pilato, y la superstición muy

maliciosa, de este modo sofocada por el momento, de nuevo estalló no solamente en Judea, la primera fuente del mal, sino incluso en Roma, donde todas las cosas espantosas y vergonzosas de todas partes del mundo confluyen y se popularizan. En consecuencia, el arresto se hizo en primer lugar a quienes se declararon culpables; a continuación, por su información, una inmensa multitud fue condenada, no tanto por el delito de incendiar la ciudad como por su odio contra la humanidad» (*Anales*, 15, 44).

La importancia de esta cita del siglo I consiste en la referencia a la crucifixión que relaciona con un tal Cristo, la presencia de cristianos en Roma en torno al año 60, el hecho de distinguirlos por entonces de los judíos en Roma y su conexión con Judea. Se desconocen las fuentes de información de Tácito, pudiendo ser Plinio el Joven o las mismas declaraciones de los cristianos perseguidos.

Sobre esta cita, autores como Craig A. Evans (2001) o Helen K. Bond (2004) creen que el texto de Tácito tiene auténtico valor

Cornelio Tácito, político e historiador romano. En su obra Anales, refiere la ejecución de Cristo por Poncio Pilato y la existencia de los primeros cristianos en Roma. Su cita ha sido puesta en duda por algunos historiadores.

histórico como fuente romana independiente. Otros, como Richar Carrier (2014) o Antonio Piñero (2020) sostienen que se trata de una interpolación cristiana. Tengamos en cuenta que casi medio siglo antes, entre 80 y 90 d. C., en el libro Hechos de los Apóstoles, ya se narra la expansión del cristianismo en el Imperio romano. Es, por tanto, anterior a la obra de Tácito y ya refería que «a los discípulos se les llamó cristianos por primera vez en Antioquía» (Hch 11, 26). Posiblemente el término cristiano ya se utilizaría durante el reinado del rey Agripa II, pues este gobernante de Judea coincidió con Pablo y estuvo a punto de convertirse, de no ser por presiones políticas: «Por poco me convences de hacerme cristiano» (Hch 26, 28).

La cita se ha puesto en duda, además, porque contiene varios errores. En primer lugar, Poncio Pilato no fue procurador, sino prefecto de Judea. Y en segundo término, el nombre del fundador del movimiento no era Cristo, sino Jesús. El término Cristo no es un nombre, sino un título, que en griego significa ungido (Χριστός), traducción de la palabra mesías en hebreo (מָשִׁיחַ *māšîaḥ*).

CAYO SEUTONIO

La cuarta referencia no cristiana procede del historiador romano Cayo Seutonio, que estuvo al servicio de los emperadores Trajano y Adriano. Sobre el 120 d. C. escribió que «[el emperador Claudio] a los judíos, instigados por Chrestus (o Crestos), los expulsó de Roma por sus contínuas revueltas» (*Vida de los doce césares*, 25). Algunos dan por hecho que Chrestus es Cristo, pero Chrestus era un nombre común en la Roma imperial, según aparecen en numerosas lápidas e inscripciones, además dice que el emperador expulsó a los judíos, no a los cristianos. Tampoco cuadran las fechas, pues el Chrestus de Seutonio era un revoltoso en Roma en la época del reinado de Claudio (41 al 54 d. C.), mientras que a Cristo se le ubicaría en Israel y habría muerto como veinte años antes. No se trataría, pues, de la misma persona.

En otro apartado de la misma obra, Seutonio referirá los castigos de Nerón (del 54 al 68 d. C.) contra el colectivo cristiano: «Nerón infligió suplicios a los cristianos, un género de hombres de una superstición nueva y maligna» (Ob. Cit., 16, 2).

MARA BAR SERAPION

La quinta referencia sería la carta que Mara Bar Serapion, filósofo estoico de la provincia de Siria, escribe a su hijo desde la cárcel. No hay unanimidad sobre su antigüedad, pues los expertos manejan un amplio rango de datación entre el último cuarto del siglo I y el siglo III. En la misiva, el padre exhorta a su hijo a buscar la sabiduría y aprender de los efectos del maltrato recibido por tres hombres sabios: Sócrates, Pitágoras y el rey sabio de los judíos, que algunos asocian a Jesús de Nazaret. En la referencia, algunos creen que se alude a su muerte por crucifixión:

> «¿Qué ventaja obtuvieron los atenienses cuando mataron a Sócrates? Carestía y destrucción les cayeron encima como un juicio por su crimen. ¿Qué ventaja obtuvieron los hombres de Samo cuando quemaron vivo a Pitágoras? En un instante su tierra fue cubierta por la arena. ¿Qué ventaja obtuvieron los judíos cuando condenaron a muerte a su rey sabio? Después de aquel hecho su reino fue abolido. Justamente Dios vengó a aquellos tres hombres sabios: los atenienses murieron de hambre; los habitantes de Samo fueron arrollados por el mar; los judíos, destruidos y expulsados de su país, viven en la dispersión total. Pero Sócrates no murió definitivamente: continuó viviendo en la enseñanza de Platón. Pitágoras no murió: continuó viviendo en la estatua de Hera. Ni tampoco el rey sabio murió verdaderamente: continuó viviendo en la enseñanza que había dado».

Algunos católicos sostienen, no sin razón, que de muchos personajes de la historia no hay constatación histórica y se conocen solo por referencias de otros, tal es el caso de Sócrates, al que conocemos por Platón y otros discípulos, y no por eso negamos su existencia. El problema está en que Jesús fue un personaje divinizado, no divino, y Sócrates no, por eso a Sócrates no se le pone en duda y a Jesús sí.

Teólogos como Bruce Chilton (1998) y Robert Van Voorst (2000) interpretan que la mencionada abolición del reino de los judíos debía ser la destrucción del segundo templo de Jerusalén en el 70 d. C., y el rey sabio sería Jesús de Nazaret. Otros, como el profesor Craig A. Evans (2001), otorgan al documento muy poca credibilidad por su fecha incierta, la ambigüedad del documento, las inexactitudes sobre Sócrates y Pitágoras y la falta de pruebas para determinar que el rey sabio fuese Jesús de Nazaret.

Además, en la carta de Mara se alude a que Dios vengó la muerte del rey sabio de los judíos, destruyéndolos, expulsándolos de su país a vivir en la dispersión total. De tratarse de una alusión a Jesús, recoge la versión mítica paulina consistente en culpar a los judíos de la muerte del mesías, cuando en realidad fueron los romanos los culpables, por lo que la carta sería posterior a los evangelios y recogería su versión.

Salvo las exiguas y poco concluyentes citas paganas comentadas, no existen más referencias históricas no cristianas sobre la presencia de Jesús en los primeros cien años del cristianismo, salvo, lógicamente, lo recogido en los evangelios. Lo cual no deja de ser contradictorio pues hay suficiente documentación sobre personajes mucho más antiguos como emperadores, escritores, faraones, políticos, filósofos, en cambio, pese a la relevancia que los evangelios otorgaron a Jesús, con sus grandes prodigios, junto a la velocidad de expansión del cristianismo, no ha sido referido por ninguno de los historiadores que documentaron aquella época, tales como Séneca, Plutarco, Filón de Alejandría, Aulo Gelio, Valerio Flaco, etc. Esto demostraría la falta de impacto del personaje histórico durante el primer siglo en contraposición con la exaltación de su figura en los textos cristianos. Ello invita a deducir que estamos ante una creación meramente religiosa y mítica elaborada por algunas sectas judías, muy posiblemente inspirada en la tradición oral sobre la figura de un líder político ya fallecido, conocido por su carisma y al que posteriormente adjudicaron milagros y prodigios para convertirlo en el mesías esperado.

El enigma del padre de Jesús

Sobre la familia de Jesús, los evangelios coinciden en que su madre era María y su padre José. Sin embargo, Mateo y Lucas contienen relatos diferentes entre sí sobre una concepción milagrosa por obra del Espíritu Santo. Según esto, José no habría sido su padre natural sino adoptivo (padre putativo) por ser esposo de María. Pero la mayoría de los investigadores consideran que estos relatos más tardíos fueron utilizados con el fin de establecer su divinidad. Sin embargo, no se menciona en el Evangelio de Marcos, que es el más antiguo, ni tampoco en el Juan. Se cree que era conocido como 'Jesús, hijo de José' y, por tanto, José era el padre natural del Jesús histórico.

Pero en el siglo II, Celso señaló una paternidad distinta. Celso fue un filósofo griego y, en su *Discurso sobre la verdad,* hizo una serie de críticas al cristianismo con planteamientos que irritaban profundamente a los cristianos. Por ejemplo, se preguntaba por qué existía un lapso tan grande entre la creación de la humanidad y la llegada de Jesús.

> «¿Por qué esperar tanto para permitir que se salven? ¿Ahora, después de tantos siglos, se ha acordado Dios de juzgar la vida humana? ¿No le había importado antes? ¿Por qué no mandar a Jesús a un sitio más poblado y no a un páramo deshabitado? ¿Por qué un dios omnisciente y omnipotente necesitaría enviar a alguien? ¿Acaso Dios baja para enterarse de lo que pasa entre los hombres? ¿Pero acaso no lo sabe todo?».

Pese a que toda su obra se perdió por las iras cristianas, conocemos su discurso gracias a las amplias referencias del teólogo cristiano Orígenes (185-254 d. C.), que las reprodujo literalmente para replicarlas en su obra *Contra Celso,* setenta u ochenta años después. Celso refutó la nueva filosofía y reprochó a los cristianos haber abandonado las leyes de sus padres, criticaba la 'fe ciega' con sus principios de 'no preguntes, solo cree' o 'tu fe te salvará' y señaló el hecho de ser un fenómeno dirigido a las clases bajas sin formación, siendo sus principios inasumibles en las clases altas con acceso a la cultura. Sostenía que la figura de Satanás no era sino un invento para conseguir las conversiones de los ignorantes a través del miedo, siendo además la prueba de que Dios no era tan poderoso sino un dios menor. Calificaba a los primeros cristianos como gente inculta: «Hay una raza nueva de hombres, nacidos ayer, sin patria ni tradiciones, unidos contra todas las instituciones religiosas y civiles, perseguidos por la justicia, universalmente marcados de infamia, pero que se glorían de la execración común».

En *Discurso sobre la verdad,* Celso afirmaba que el nacimiento de Jesús fue fruto del amancebamiento entre una judía y un soldado romano llamado Pantera (en otros textos aparece como Patero, Pandera o Pandira) y que, por ser adúltera, María fue repudiada por su marido, José el carpintero. Según Celso, que debió apoyarse en algunas fuentes o testimonios judíos que no cita, Jesús es un hijo bastardo. Orígenes, por contra, acusaría al filósofo griego de difamar al cristianismo para frenar su avance, lo acusó de inventarse la historia de Pantera o, en todo caso, sería el patronímico de José, esposo de María, debido a que su padre, Jacob, había sido llamado Pantera.

Ya referí que en el siglo VI circuló entre la comunidad judía el texto *Toledot Yeshu (El libro de las generaciones, historia, vida de Jesús)* de autores anónimos y de origen incierto. En él se recogen leyendas judías que fueron compiladas en la Edad Media y que tuvieron gran difusión por Europa. En ellas se ofrece una biografía alternativa de Jesús donde se desmitifica su figura y se insiste en su origen bastardo atribuyendo la paternidad a un soldado romano llamado Joseph Pandera (o Pantera). A partir del siglo XV, el *Toledot Yeshu* fue prohibido y perseguido por la Iglesia.

También en el Talmud, libros redactados hacia el siglo V que contienen la tradición, doctrinas y preceptos de la religión judía, aparecen varios personajes que los historiadores asocian con Jesús de Nazaret, por lo que no niegan su existencia histórica, si bien restan relevancia al personaje y lo ridiculizan.

Existen varias referencias, todas ellas tendenciosas, en las que aparece como Yeshu ben Pantera (Jesús hijo de Pantera), Yeshu el Notzri (Jesús el nazareno) y Yeshu ben Sthada (raíz del hebreo-arameo *satah-sete*: desviarse del camino correcto por infiel, es decir, Jesús hijo de la desviada). En una de estas referencias del Talmud se le cita como un practicante de magia negra, hijo de Miriam (María), que era peluquera y cuyo esposo era Pappos Ben Yehuda. María tuvo un romance con Pandira (o Pantera) del que nació Yeshu Ben Pandira, también llamado Ben Sthada (Talmud Shabat 104b, Sanhedrín 67a). En otro pasaje distinto puede leerse: «Ocurrió una vez que R. Elazar ben Damah fue mordido por una serpiente y Ya'aqov un varón del pueblo Sejania, vino a curarlo en nombre de Yeshu Ben Pandira, pero R. Ishmael no se lo permitió» (Tosefta Julím 2:23). Se deduce, pues, que Jesús era recordado como el 'hijo de Pantera' en Galilea a principios del siglo II. Algunos historiadores sostienen que Ben Sthada o Ben Pandira era Jesús, si bien algunos críticos sostienen que Pandira o Pantera era un cognomen frecuente en los siglos I y II (L. Patterson, 1917), lo que induce a creer que se refiere a otro Jesús

Inscripción en latín de la tumba de Tiberius Iulius Abdes Pantera: «de Sidon, de 62 años, sirvió 40 años, portaestandarte oficial de la primera cohorte de arqueros. Yace aquí».

distinto, además de no coincidir el nombre del padre putativo José junto al hecho de que no se tiene constancia de que la Virgen María hubiera sido peluquera.

En otra referencia se dice que Yeshu el Notzri, practicó la magia, adoptó una religión pagana y creó su propia secta del judaísmo, llevando a muchos judíos por el mal camino (Talmud Sanhedrín 107b, 47a Sotá). Algunos historiadores señalan similitudes entre Jesús y Yeshu, que en algún momento es llamado Yeshu el Notzri, que podría traducirse como Jesús nazareno. Sin embargo, los apologistas cristianos rechazan la asociación con esta tradición judía pues a Yeshu se le ubica un siglo antes que a Jesús de Nazaret. Añaden lo común del nombre Yeshu (Jesús) y el hecho de que Notzri no ha de significar necesariamente nazareno. No obstante, el término *notzri* o *notzrim* era una de las primeras denominaciones hebreas de los cristianos. De la misma fuente procede la palabra nazoreo o nazareno que utilizaban los cristianos primitivos y que nada tiene que ver con el gentilicio que atribuyen a Jesús ya que no consta que Nazaret existiera por entonces.

En otra cita, el Talmud refiere el juicio hecho a un acusado de idolatría, delito que el Deuteronomio castigaba con la muerte por lapidación (Dt 13). Se especifica que ese fue el método utilizado para capturar al famoso Ben Sthada, que algunos asocian con Jesús: «Y así hicieron a Ben Shtada en Lud y lo colgaron en la víspera de la Pascua» (Talmud Sanhedrín 67a). Si bien a Jesús no lo crucificaron en Lud, ciudad palestina también llamada Lod, en el Evangelio de Juan se dice que Jesús fue ejecutado en víspera de Pascua (Jn 19, 14). El proceso contra Yeshu fue diferente a otros. Antes de ejecutarlo, el tribunal trató de encontrar a algún testigo que testificase a su favor y debido a las conexiones de Yeshu con el gobierno, el tribunal buscó razones para no ejecutarlo, pero no las encontró y terminó condenado a muerte:

> «En la víspera de la Pascua colgaron a Yeshu y el pregonero salió por cuarenta días para proclamando de antemano: '[Yeshu] va a ser lapidado por practicar la brujería, por atraer y conducir a Israel por mal camino. Cualquiera que sepa algo que lo aclare. Debe presentarse y exonerarlo'. Pero nadie tenía nada para exonerarlo y lo colgaron en la víspera de la Pascua. Ulla dijo: ¿Alguno piensa que debemos buscar

> la prueba de descargo para él? Era un incitador y Dios dijo 'no le muestres piedad ni compasión, y no lo protejas'. Yeshu era diferente porque era cercano al gobierno» (Talmud Sanhedrín 43a).

Contra esta similitud se alega que a Jesús lo condenó un tribunal romano, no judío, y que nada refiere el Nuevo Testamento sobre que el condenado tuviera amigos en el gobierno. Durante este proceso contra Yeshu fueron llevados ante el tribunal cinco de sus discípulos: Matái, Nakái, Nétzer, Buni y Todá. Los cinco serían ejecutados por delitos de idolatría y contra Dios (Talmud Sanedrín 43a). El llamado Matái equivale a Mateo, uno de los discípulos de Jesús, si bien, según el obispo de Chipre, Epifanio de Salamis, Mateo murió en Hierápolis (Partia).

En otro texto del Talmud se dice que Jesús, además de bastardo, había sido concebido durante el ciclo menstrual (hijo de la menstruación) por lo que era un ser impuro según la ley mosaica (b. Kallah 51ª), lo que añade más infamia al personaje. Ni que decir tiene que la Iglesia católica, sobre todo en la Edad Media, negó que estas referencias judías representasen a Jesús de Nazaret. Incluso en el siglo IV el apologista cristiano Epifanio trató de encontrar una salida airosa para 'Jesús, hijo de Pantera' reconociendo como cierto el nombre de Pantera pero alegando que se trataba de un apodo de José, esposo de María. *Yeshua ben Panthera* (Jesús hijo de Pantera) es el nombre más antiguo atribuido a Jesús en la literatura rabínica y se encuentra en la Tosefta (c. 300 EC).

Como vemos, las referencias talmúdicas sobre Jesús son vagas e imprecisas, como si hablara de personas distintas. Encontramos a un Yeshu Ben Pandira, de la primera mitad del siglo I a. C., que comenzó su propia secta con un grupo de seguidores a los que enseñaba doctrinas que el judaísmo consideraba heréticas e idólatras. Por otro lado, a Yeshu Ben Sthada, del siglo II d. C., procedente de familia ilustre que sería capturado y condenado también por idólatra. El hecho de que el Talmud recogiera tradiciones judías, historias y leyendas con varios siglos de retraso y con cierto desdén hacia los cristianos, puede ser el motivo de estas incongruencias.

Si tenemos en cuenta testimonios anteriores como el de Celso y, pese a las imprecisiones de los rabinos que recogieron la tradición oral, es posible que Pandira y Sthada sean la misma persona, pues los dos coinciden en los nombres de sus padres, ambos pasaron un tiempo en Egipto y fueron ejecutados en la víspera de la Pascua, pero no existe consenso académico. Las opiniones de los historiadores están divididas ante la falta de coincidencia en el tiempo. Así, autores como Johann Maier (1978), John P. Meier (1998) o Joseph Klausner (2006) descartan la relación con Jesús de Nazaret. Otros, en cambio, opinan que la cronología era una ciencia que no dominaban los rabinos que escribieron el Talmud varios siglos después, los cuales tenían vagos recuerdos de Jesús y lo incorporaron como una figura miserable:

> «Las inconsistencias entre las distintas historias no llegarían a tener ninguna consecuencia, porque a los rabinos no les importaba. Por lo tanto, Jesús es Yeshu, es Ben Sthada, es Ben Pandira. María Magdalena es identificada como la madre de Jesús debido a alguna vaga familiaridad con la historia del evangelio. La ejecución de Jesús fue mencionada, pero solo algunos detalles, los que recordaban» (R.T. Herford, 2003).

Recordemos que el Talmud de Jerusalén es más antiguo que el Toledot Yeshu, pues su compilación se realizó entre el 200 d. C. y 500 d. C. Debe señalarse, no obstante, que tanto Celso como los rabinos talmúdicos y los autores del Toledot Yeshu tenían motivos para atacar al cristianismo, por lo que sus versiones pudieran estar condicionadas y no ser por tanto fuentes independientes.

Pero, ¿quién era el polémico romano Joseph Pantera? Parece ser que este soldado vivió entre el 22 a. C. y el 40 d. C. Su relación con María difiere en cada versión y va desde la aventura pasajera al romance clandestino, pasando por la violación y un embarazo no deseado. Algunas versiones del Toledot Yeshu refieren que vivía en Nazaret cerca de Miriam (María), que estaba casada con Yohanan. Cierto día, aprovechando la ausencia de su esposo, Pantera se presentó en su casa, la forzó y la empreñó. Sin testigos para castigar a Pandera, Yohanan se marchó a Babilonia y Miriam dio a luz a Yeshu.

En 1859, la arqueología bíblica deparó una sorpresa. Aquel año, durante las obras del ferrocarril a su paso por la ciudad alemana de Bingen, aparecieron varios enterramientos romanos. Una de las estelas funerarias correspondía a Tiberio Julio Abdes Pantera, arquero del ejército romano, portaestandarte de la Primera Cohorte Auxiliar de Arqueros, nacido en la Sidón fenicia (actual Líbano). Falleció a los 62 años y fue enterrado a las afueras de Bingerbrück (Alemania). Arqueros y honderos eran cuerpos auxiliares de apoyo a las legiones romanas de infantería. La inscripción en su tumba dice así:

Tib (erius) Iul (ius) ABDES Pantera
Sidonia ann (orum) LXII
stipen (diorum) XXXX millas exs (ignifer?)
coh (orte) I sagittariorum
h (Ic) s (ITUs) e (st)

Traducción: *Tiberio Julio Abdes Pantera, de Sidón, de 62 años, sirvió 40 años, portaestandarte oficial de la primera cohorte de arqueros. Yace aquí.* Sidón, ciudad de la actual Líbano, dista unos 95 kilómetros de Nazaret.

El estadounidense James Tabor, experto bíblico y profesor de la Universidad de Carolina del Norte, rescató de nuevo la figura de Pantera en su obra *La dinastía de Jesús* (Planeta, 2007). Estudió aquella estela que incluía, además, parte de la estatua que, en honor a aquel soldado, se conserva en el museo Römerhalle de la ciudad alemana de Bad Kreuznach. Tabor estableció una conexión entre el Pantera soldado y el Pantera citado por Celso, el Toledot y el Talmud llegando a la conclusión de que aquel arquero pudo haber sido el padre de Jesús pues, siendo joven y por aquel tiempo, estuvo destacado en Judea.

Tabor sostiene que se desconoce a ciencia cierta quién fue el padre biológico de Jesús «pero es poco probable que fuera José, esposo de María». Los mismos cristianos rechazan la paternidad de José al que convierten en padre adoptivo, de ahí que a los José se les llame también Pepe, apelativo derivado de la abreviatura de padre putativo (PP).

Según esta hipótesis, los nombres Tiberius Iulius son adoptados por alguien que ha adquirido la ciudadanía gracias, por ejemplo, al servicio militar, probablemente por su reenganche tras los 25 años de servicio obligatorio. El nombre Abdes significa 'servidor de Dios' y da pistas acerca de un origen judaico, religión paradigma del monoteísmo en la época. La 1ª Cohorte de Arqueros estuvo destacada en Judea en tiempos de Tiberio y más tarde en la ciudad alemana de

Bingen. Los cálculos sitúan a un joven Panthera en Judea sobre las fechas en que debería haber sido concebido Jesús, entre el 10 y el 3 a. C, época en la que se desarrollaron operaciones militares para sofocar las revueltas en los alrededores de Séforis, próxima a Nazaret.

Más allá de estas especulaciones, la figura de Pantera y la supuesta relación con María sigue siendo un enigma.

¿Fue este el padre biológico de Jesús de Nazaret? Estatua con estela funeraria de Tiberius Abdes Pantera, arquero romano destinado en Judea y muerto en Bingerbrück, Alemania (Museo Römerhalle, Bad Kreuznach, Alemania).

La coartada de las profecías

El tiempo entre los últimos escritos del Antiguo Testamento en la época de Malaquías (sobre el 400 a. C.) y el relato de Cristo, se conoce como el período intertestamentario. Algunos se refieren a este periodo como los 400 años de silencio en los que se aguarda a un mesías que no termina de llegar.

Durante ese tiempo los judíos sufrieron lo indecible. Los persas ocuparon Israel del 532 al 332 a. C., año en que serían derrotados por Alejandro Magno, que impuso la cultura griega, viéndose el judaísmo influenciado por la filosofía helenística. Hacia el 167 a. C. la familia de los Macabeos se rebelaron contra el rey Antíoco IV Epífanes, que prohibió ritos y tradiciones judías que no serían restituidas hasta el 135 a. C. Después llegó la invasión romana y los judíos fueron otra vez sometidos con dureza. En el 37 a. C., Roma nombró rey de Israel a Herodes el Grande, con jurisdicción en Judea, Galilea, Samaria e Idumea. Este rey títere sometió a los judíos y los cosió a impuestos. En el año 6, Judea se convertiría en una provincia del imperio, con un procurador al frente a quien los judíos debían pagar más impuestos, exigiéndoseles que el Sumo Sacerdote fuese nombrado por Roma. En el año 66, los judíos se rebelaron espoleados por los zelotes. La represalia fue implacable y en el 70, las legiones romanas arrasaron Jerusalén y destruyeron el templo, demolieron fortalezas, crucificaron a miles de judíos y esclavizaron a gran parte de la población.

Los judíos se preguntaban dónde estaba su mesías liberador si prometió aparecer con un ejército celestial para vencer a los tiranos e instaurar el reino de Dios. Ese era el ambiente bélico y represivo que había cuando se escriben los primeros textos cristianos. Pablo de Tarso promovió una relajación en el cumplimiento en la ley mosaica, con polémicas aperturas para hacerla accesible a los gentiles, es decir, a los no judíos. Tras la destrucción del templo, Pablo se propuso granjearse las simpatías de Roma y, convirtiendo a un líder ejecutado en la cruz en el mesías esperado, estableció las bases para una nueva religión desgajada del judaísmo, esto es, el cristianismo; la religión de los que creían en Cristo como el Hijo de Dios. En ese proceso, desvió la atención sobre el implacable Dios del AT y se centró en la vida y obra de aquel mesías, presentándolo como un personaje divinizado, manso y apolítico, único mesianismo que Roma estaba dispuesta a aceptar. Los evangelistas continuaron la senda de Pablo y ofrecieron un mesías respetuoso con el poder, que invitaba a poner la otra mejilla y dar al césar lo que es del césar, lo cual gustaba a los romanos pues no suponía ninguna amenaza desestabilizadora, a diferencia de los judíos con su permanente deseo de emancipación y a quienes el cristianismo terminó señalando como los verdaderos culpables de la muerte de Jesús.

Siguiendo la línea de Pablo, y en su pretensión por dotar a Jesús de credibilidad como mesías, los evangelistas recrean en sus textos ciertos episodios inspirados en todo o en parte en determinados pasajes del AT, con el fin de hacerlos coincidir con las profecías mesiánicas. Necesitaban que 'su mesías' cumpliera las profecías más relevantes, tales como que fuese parido por una virgen, que naciera en la ciudad de Belén y que fuera descendiente del rey David. Además, Jesús no podía contradecirles porque llevaba muerto entre 40 y 70 años. Nos ocuparemos de estas tres importantes coincidencias en el siguiente capítulo. Veamos ahora otros vaticinios.

La mayoría de las profecías no eran más que el fruto de la ilusión de los cristianos, que veían coincidencias en versos del AT sacados de contexto y las convertían en el mensaje interesado. Con un poco de imaginación se podía encontrar toda la vida de Cristo en los versículos de los libros del canon del Antiguo Testamento. Algunos aún creen encontrar en ellos más de trescientas profecías que señalan a Jesús como el mesías esperado, lo que les induce a confirmar que la Biblia está inspirada por el Espíritu Santo. Se niegan a barajar la posibilidad de que los autores del NT pudieran haberse trazado esa intención para conseguir un marchamo de autenticidad para su mesías. Porque incluso los escribas llegaron a poner en boca de Jesús que él mismo sabía que las profecías mesiánicas se referían a él: «Hoy se está cumpliendo ante vosotros esta escritura» (Lc. 4,

21). A los fariseos que rehusaban creer en él, les dijo: «Escudriñad las Escrituras; porque a vosotros os parece que en ellas tenéis la vida eterna; y ellas son las que dan testimonio de mí» (Jn 5, 39).

Resulta completamente inverosímil que Jesús, siendo un fiel defensor de la ley mosaica, que fue condenado a muerte por sedición, es decir, por defender al pueblo judío y oponerse a su invasión, tuviera intención de crear una religión distinta a la que él creía con fervor. Jamás hubiera permitido que se divinizara a un hombre, ni siquiera a él. De hecho, Jesús nunca se declaró así mismo mesías y, tras su muerte, le sucedió su hermano Santiago, con el que Pablo mantuvo grandes disputas, precisamente porque Santiago quería continuar la línea dogmática de Jesús y se negaba a desviarse del estricto cumplimiento de la ley de Moisés. Una cosa está clara, y no es baladí: Jesús nunca fue un cristiano, fue puramente judío. Es probable que Jesús fundara un grupo de doce apóstoles u hombres de confianza, como símbolo de las doce tribus del Israel, para el futuro inmediato cuando se implantara el reino de Dios, pero la mayoría de los expertos consideran que en ningún momento se propuso crear una Iglesia cristiana, mucho menos tal y como la entendemos hoy.

«Así habla el Señor: ¡Escuchen! En Ramá se oyen lamentos, llantos de amargura: es Raquel que llora a sus hijos; ella no quiere ser consolada, porque ya no existen» (Jer 31. 15). En estos versículos del libro de Jeremías escritos seis siglos antes, veían los cristianos la profecía de la matanza de los inocentes por Herodes recogida en los evangelios. Sin embargo, los expertos consideran que aquel supuesto exterminio de niños nunca existió porque Jesús nació cuando a Herodes el Grande le faltaba muy poco para morir y conocemos maravillosamente, como casi de ningún personaje de la antigüedad, los últimos años de este rey gracias al libro 18 de las *Antigüedades* del historiador Flavio Josefo. Ni en esta obra, ni en otras fuentes como Nicolás de Damasco, se menciona este hecho tan grave, nada menos que una matanza de todos los hijos varones de una ciudad situada a siete u ocho kilómetros de Jerusalén. El impacto social de aquella tragedia hubiera producido grandes problemas en Israel y hubiera sido recogido por algún cronista.

No fue la única profecía del AT que encajaron en la historia de Jesús. También escribieron la huida a Egipto huyendo de aquella inverosímil matanza de inocentes inspirándose en el libro de Oseas:

«Cuando Israel era muchacho, yo lo amé, y de Egipto llamé a mi hijo» (Os. 11, 1). La traición de Judas siguió los pasos del Salmo 41: «Hasta mi amigo más íntimo, en quien yo confiaba, el que comió mi pan, se puso contra mí» (Sal 41, 10). Y su venta por treinta monedas de plata en Zacarías: «Yo les dije: 'Si les parece bien, páguenme mi salario; y si no, déjenlo'. Ellos pesaron mi salario: treinta siclos de plata» (Zac. 11, 12). Vistas estas citas fuera de su contexto podrían sorprender, pero son versículos extraídos sueltos de libros distintos en situaciones que nada tienen que ver una con la otra.

Pero hay más. La entrada triunfal de Jesús en Jerusalén el Domingo de Ramos es muy posible que los evangelistas se inspirasen en el primer oráculo del libro de Zacarías escrito sobre el 520 a. C. cuando dice: «¡Alégrate mucho, hija de Sión! ¡Grita de júbilo, hija de Jerusalén! Mira que tu rey viene hacia ti; él es justo y victorioso, es humilde y está montado sobre un asno, sobre un pollino hijo de asna» (Zac. 9:9). Pese a la dificultosa interpretación de este libro, los expertos consideran que este pasaje hace referencia a la victoria de Alejandro Magno en la batalla de Issos y la conquista de Tiro y Gaza, con su llegada triunfante a lomos de un asno, animal asociado a la paz, frente al caballo, animal de guerra.

Estos y otros versículos del AT, adjudicados como proféticos en la figura de Jesucristo, son negados como profecías por el judaísmo, porque en ningún momento se refieren a Jesús de Nazaret. Añaden, además, que otras profecías del AT decían que el mesías debía construir el tercer templo, reunir a todos los judíos en Israel, traer una era de paz mundial, acabar con el odio, la opresión, el sufrimiento y la enfermedad y unir toda la raza humana como una. Y nada de esto ocurrió. Y ciertamente hay profecías que jamás se cumplieron, por ejemplo la destrucción de Egipto, en los capítulos 29 y 30 del libro de Ezequiel:

> «Y la tierra de Egipto será asolada y desierta; y sabrá que yo soy Jehová, porque dijo: Mío es el río, y yo mismo lo hice. Por tanto, he aquí, yo estoy contra ti y contra tus ríos; y convertiré la tierra de Egipto en ruinas, una desolación, desde Migdol hasta Sevena y hasta la frontera con Etiopía» (Ez 29, 9-10).

Egipto no solo no se empobreció, sino que alcanzó aún más poder y riqueza bajo el gobierno de los Tolomeos. De hecho, Alejandría se convirtió en la más grandiosa ciudad comercial e intelectual del mundo helenístico y su fabulosa biblioteca fue el faro intelectual de la humanidad durante siglos. Otros creen que podría aludir precisamente a la destrucción de Alejandría en el siglo III. Lo cierto es que nueve siglos de diferencia entre el libro de las visiones de Ezequiel y la destrucción de Alejandría, es un tiempo demasiado amplio en que cualquier profecía, buena o mala, podría acertar pues la historia de las naciones tiene periodos de grandeza y decadencia.

En el AT, Dios dice que el reino de David durará por siempre, y se equivocó:

> «La familia de David reinó sobre Israel por más de cuatro siglos, pero fue finalmente removida debido a maldad añadida sobre maldad. Sin embargo, de la 'simiente' de Isaí, Dios levantó una nueva rama que reinará por siempre» (Isaías 11, 1-2).

El reino de David fue destruido por completo después de la muerte de Salomón (587-586 a. C.). Babilonia conquistó Judá y el pueblo de David no duró siempre, sino que fue destruido (Samuel 7, 13-16). Tampoco el río Nilo se secó (Isaías 19, 5), ni el pueblo judío fue el espanto de Egipto, ni lo invadió nunca (Isaías 19, 17).

La mayoría de las profecías incumplidas del AT no son explícitas, como acabamos de ver, solían ser ambiguas y generalizadas. El profeta realizaba pronósticos sobre sucesos futuros o interpretaba los pasados, de forma similar a los videntes, tarotistas o médiums actuales quienes, al igual que los profetas, engañan a los más crédulos o desesperados haciéndoles ver que poseen ciertos poderes concedidos por Dios.

Visionarios y profetas han estado presentes en todas las religiones. Rabinos y sacerdotes interpretaban las Sagradas Escrituras a su conveniencia, unas veces literal, otras de forma simbólica. Las claves del éxito del pronosticador eran la ignorancia, la superstición, el miedo y el sesgo de reforzar lo que confirman nuestras creencias.

A través de engaños, sembraban el temor al castigo de Dios y se aprovechaban de la incertidumbre de un poder invisible que escapaba al control humano, además de las posibles consecuencias en la otra vida. Una de las coacciones más utilizadas era la inoculación del sentimiento de culpa. Las víctimas de esa manipulación no solo eran las personas menos instruidas, también gobernantes, líderes políticos y hasta emperadores, convencidos de que aquellos charlatanes eran intermediarios de Dios. Estos hábiles visionarios interpretaban sucesos ya ocurridos como terremotos, catástrofes naturales, guerras, pobreza y hambruna, presentes en todas las épocas, por lo que las profecías terminaban cumpliéndose tarde o temprano, sobre todo si se mira al pasado desde la perspectiva del paso de los siglos. Aquellas desgracias, aducían, eran castigos divinos, por lo que aquellos profetas ofrecían la salvación si se seguían sus dictados y se asumía su doctrina.

Las profecías sobre el futuro solían ser generalizadas y ambiguas y, si no se cumplían de manera literal, siempre quedaba su interpretación simbólica pues cada creyente tenía un concepto personal de la interpretación.

El fin del mundo ha sido pronosticado por muchos profetas basándose en determinadas 'evidencias' con las que convencían a la masa crédula. Los cambios de milenio como 999 o 1999 fueron muy rentables para estos visionarios. En aquellos momentos se multiplicó la cristianización en vísperas del año nuevo y la feligresía se disparaba en los meses de las vísperas. Los Testigos de Jehová pronosticaron la llegada de Cristo y la derrota de los gobiernos de entonces para 1914. En 1918 vaticinaron que los patriarcas Abraham, Isaac y Jacob resucitarían de sus tumbas en 1925. En 1968 volvieron a anunciar el fin del mundo para 1975. Todos sus pronósticos fallaron, pero su afiliación aumentó por miedo al final. Todo indica que esa era su pretensión.

La Biblia contiene un gran número de profecías generalizadoras de carácter catastrófico y apocalíptico, aunque deja siempre una ventana abierta a la 'salvación' a través del sometimiento religioso y la fe en Dios y en Cristo. No pocos profetas hacían sus vaticinios sobre hechos pasados, para condicionar el presente. Veamos un ejemplo paradigmático. En el Evangelio de Mateo, el autor pone en boca de Jesús, como profeta, el pronóstico de la destrucción del templo de Jerusalén:

> «Cuando Jesús salió del templo y se iba, se acercaron sus discípulos para mostrarle los edificios del templo. Respondiendo él, les dijo: ¿Veis todo esto? De cierto os digo, que no quedará aquí piedra sobre piedra, que no sea derribada» (Mt 24, 1-2).

La profecía hubiera sido válida si el autor de Mateo la hubiera escrito en vida de Jesús, justo cuando lo dijo, y no años después de la destrucción del templo por los romanos en el 70 d. C., pues ese evangelio se escribió entre el 75 y el 80 d. C. Y aun así, ni siquiera se cumplió el «no quedará aquí piedra sobre piedra», porque aún queda en pie el muro de las lamentaciones.

Para muchos autores, la mitificación del Jesús histórico, el hecho de exaltarlo y divinizarlo décadas después de su muerte, se debe al deseo de la llegada del mesías salvador para la fundación de una nueva religión, falseando su biografía para hacerlas coincidir con las profecías del AT.

Navidad: mito, errores y estrategias

Entre las múltiples profecías que los primeros cristianos creyeron ver en el AT para hacerlas coincidir con Jesús de Nazaret, y tal vez la más evidente, es la afirmación de que el mesías esperado nacería en Belén, que fue recogida de Miqueas: «Pero tú, Belén Efrata, pequeña para estar entre las familias de Judá, de ti me saldrá el que será Señor en Israel» (Miq 5, 1). En Isaías se añade que nacería de una mujer virgen: «Por tanto, el Señor mismo os dará señal: He aquí que la virgen concebirá, y dará a luz un hijo, y llevará por nombre Emanuel» (Is 7, 14).

Desde el siglo IV se nos hizo creer que Jesús nació de la Virgen María en Belén el 25 de diciembre. Ahora sabemos que ninguna de las tres afirmaciones, virginidad, fecha y lugar, tienen validez histórica. La fecha exacta del nacimiento del Jesús histórico es desconocida. Sería cuatro siglos después, en el año 379, cuando la Natividad comenzó a conmemorarse en Constantinopla.

Los evangelios, lejos de aclarar el importante dato sobre el nacimiento de Jesús, nos confunden aún más. Mateo dice que nació «en los días del rey Herodes». Por Josefo sabemos que el rey Herodes el Grande, murió poco después de un eclipse, en la noche del 12 al 13 de marzo, un mes antes de la Pascua. Según el calendario romano, esto ocurrió en el 750 AUC, es decir el 4 a. C., en el que, efectivamente, hubo un eclipse por aquellas fechas.

En Mateo se dice que Herodes mandó matar a los niños menores de dos años (Mt 2, 16), por lo tanto, el nacimiento de Jesús habría que ubicarlo dos años antes de la muerte del monarca, es decir, sobre el 7-6 a. C., lo que coincidiría con el Evangelio de Lucas cuando afirma que Jesús tenía unos treinta años en el año 15 del reinado de Tiberio César. Lucas, por su parte, refiere que Herodes era rey cuando Isabel, prima de María, concibió a Juan el Bautista, que se separaba cinco meses del nacimiento de Jesús, lo cual confirma la tesis de que debió nacer durante los últimos años del reinado de Herodes el Grande. ¿Qué opinan los expertos? El profesor Antonio Piñero sugiere el nacimiento en torno al 6-4 a. C. (Piñero, A. 2006). John Meier lo sitúa entre 7-4 a. C. (Meier, J.P., 1998).

En definitiva, que Cristo nació 'antes de Cristo', con lo cual, todas las referencias históricas posteriores, datadas a partir del nacimiento de Jesús, son incorrectas. Por ejemplo, Colón no habría descubierto América en 1492, sino en 1486. Sin embargo, el apóstol Lucas sostiene que, mientras María estaba embarazada salió un decreto de Augusto que decía que todo el mundo debería pagar impuestos. El único decreto conocido en la región fue ordenado por Publio Sulpicio Quirinio, gobernador romano de Siria, emitido en el año 6 d. C. Como vemos, entre las versiones de los evangelistas existen diferencias de hasta diez o doce años para ubicar el nacimiento de Cristo.

Dionisio, un monje apodado el Exiguo por ser menudo, que había recibido del papa el encargo de calcular una tabla de Pascuas, se preguntaba por qué los cristianos tenían que contar sus años según el reinado de emperadores paganos como el calendario juliano o el diocleciano. Por entonces se usaba el calendario romano, que se databa mediante *ad urbe* cóndita (AUC), expresión latina que significa 'desde la fundación de la ciudad', en referencia a la fundación de Roma en el 753 a. C. Dionisio se propuso enumerar los años desde el nacimiento de Jesús y creó el *Anno Domini* (año del Señor), en sustitución de la era diocleciana. Determinó que Jesús nació durante el reinado de Herodes I el Grande, concretamente 25 de diciembre del año 753 AUC, convirtiendo el año 754 AUC, como el año 1 de la nueva era. Al principio el sistema no cuajó, pero poco a poco se fue utilizado en varias ciudades hasta adoptarse *de facto* en Europa en el siglo VIII y en oriente en el XVI.

Pero los cálculos del Exiguo no fueron precisos, porque desconocía la fecha exacta del nacimiento de Jesús y del reinado de Herodes el Grande y la estableció en los últimos días del año romano 753, siendo el 1 de enero del 754 el primer año de la era cristiana. Fue calculando hacia atrás los reinados de los emperadores de Roma, pero cometió el error de olvidar el año cero, es decir, su calendario saltaba directamente desde el año 1 a. C. al 1 d. C. sin nada en medio. Recordemos que la numeración aditiva romana carecía de cero, símbolo que fue incorporado más tarde en la numeración arábiga. Cometió otro error en el cómputo de años pues César Augusto, emperador durante la Natividad, recibió el título de augusto el 27 a. C., pero gobernó 4 años bajo su nombre propio de Octavio y el Exiguo no lo tuvo en cuenta. Herodes murió en el 750 AUC, por tanto, Jesús debió nacer en el 748 o 749 AUC, es decir uno o dos años antes de la muerte del monarca. En definitiva, una diferencia en los cálculos de 5 o 6 años, error que nunca se corrigió y que alcanza nuestros días. El propio Vaticano, reconoce el desconocimiento de la fecha del nacimiento de su mesías:

Dionisio el Exiguo, monje y matemático que creó el Anno Domini, calendario cristiano contando desde el nacimiento de Cristo, pero cometió varios errores.

> «Históricamente, la verdadera fecha del nacimiento de Jesús permanece bajo un velo de incertidumbre que no han podido levantar ni la historia romana, ni el censo imperial de aquella época, ni la investigación de siglos posteriores...» (L'Osseervatore Romano, 2004).

Los expertos consideran como fecha más aproximada del nacimiento de Jesús de Nazaret, entre marzo y abril del año 5 a. C. o el 6 a. C., y no en diciembre del año 0. La primera referencia sobre el nacimiento de Jesús, el 25 de diciembre, la hizo el obispo Hipólito de Roma hacia principios del siglo III. Sumó nueve meses a la concepción de María, que ubicó en el equinoccio de primavera, el 25 de marzo, obteniendo el 25 de diciembre de la fiesta (Watson E. Mills y otros, 2001). También el *Cronógrafo* o *Calendario de Filócalo* romano del año 354 incluye una referencia a la celebración de la Navidad (George, M., 2009).

Así pues, Dionisio el Exiguo estableció el nacimiento de Jesús el 25 de diciembre, siguiendo la antigua fiesta romana de *sol invictus* (sol victorioso), importante culto romano al dios sol que, en el solsticio de invierno, empieza a vencer a las tinieblas haciendo los días más largos (*dies natalis solis invicti).* Esta festividad pagana se celebraba entre el 22 y el 25 de diciembre y fue adoptada por la Iglesia, que terminó haciéndola suya a partir del año 386. Juan Crisóstomo y Gregorio Nacianceno, en Antioquía, unieron la celebración del nacimiento de Cristo a los festejos del 25 de diciembre, consolidándose a partir del siglo V, con la paradójica finalidad de ensombrecer al *sol invictus.* Se debe, por tanto, a una estrategia cristiana para acabar progresivamente con las antiguas celebraciones paganas de la Roma tardía. Es en el arte paleocristiano y bizantino cuando se empieza a reflejar la Natividad en obras pictóricas durante los siglos V y VI, para alcanzar su auge en la Edad Media.

Pero además, los propios evangelios ofrecen pistas estacionales. En Lucas podemos leer:

> «Y dio a luz a su hijo primogénito, y lo envolvió en pañales, y lo acostó en un pesebre, porque no había lugar para ellos en el mesón. Había pastores en la misma región, que velaban y guardaban las vigilias de la noche sobre su rebaño» (Lc 2, 7).

Es imposible que los pastores acamparan al raso en puro invierno en la fría Judea de diciembre. Los ganaderos no dejaban los rebaños a la intemperie de octubre a marzo.

Hemos visto que Jesús no nació el 25 de diciembre, ni en el año 0 de la nueva era, pero ¿nació en Belén? Me temo que tampoco. La Iglesia popularizó una versión falsa sobre el lugar donde nació, y lo hizo deliberadamente para hacerlo coincidir con las profecías del Antiguo Testamento y que todos creyeran que se trataba del mesías esperado.

No se sabe con certeza, pero todo parece indicar que el Jesús histórico nació en Nazaret, pese a que hay voces que arguyen que Nazaret fue un invento cristiano tardío, pues no se cita como ciudad en las fuentes antiguas, ni la refiere Flavio Josefo en su relación de 54 aldeas de Galilea, ni aparece en las 63 ciudades de aquella región que refiere el Talmut. En el NT, Nazaret se cita una docena de veces, dos de ellas como Nazarā (Mateo 4, 13 y Lucas 4, 16). De haber nacido allí, sería un poblado minúsculo y marginal de la baja Galilea donde subsistían a duras penas de la agricultura. Aunque Lucas la llama «ciudad» (Lc 1, 26), en realidad sería un pobre poblado en las montañas de Galilea, a unos ciento cuarenta kilómetros al norte de Jerusalén, que debió su importancia posterior al hecho cristiano. En la actualidad se sabe que Nazaret fue un asentamiento neolítico y es plausible que estuviera habitado en la época de Jesús. Recientes excavaciones han documentado una suerte de modestos silos, molinos y lavaderos, pero debió de ser una población tan poco importante que su huella en los textos escritos fue nula:

> «Las casas debieron de ser de materias perecederas (paredes de tapial y tejado de ramajes) y, de cualquier forma, nada queda de su estructura, salvo la parte subterránea, excavada en la roca caliza, dedicada a silos para recoger grano, bodegas donde se guardaba el vino y el aceite, pozos, y áreas dedicadas a moler el cereal. Se han hallado también algunas prensas de aceite ya en la superficie. Las huellas de los fundamentos de los muros desaparecidos nos permiten afirmar que las casas eran pequeñas y de estructuras elementales, donde Nazaret había lugar prácticamente a ningún tipo de mobiliario, salvo lo imprescindible para la vida cotidiana» (González Echegaray, J., 2000, p. 122).

No era conveniente para la póstuma exaltación que se pretendía, que el mesías procediera de un lugar tan poco digno. De hecho, en el Evangelio de Juan se reconoce que su origen galileo podía ser perjudicial para ser identificado como el mesías (Jn 1, 45; Jn 7, 52). Significativa es la anécdota del encuentro entre Felipe y Natanael, que ilustra no solo la procedencia nazarena de Jesús, sino la mala fama de aquel pequeño poblado: «Felipe halló a Natanael, y le dijo: Hemos hallado a aquel de quien escribió Moisés en la ley, así como los profetas: a Jesús el hijo de José, de Nazaret. Natanael le dijo: ¿De Nazaret puede salir algo de bueno? Le dijo Felipe: Ven y ve» (Jn 1. 45-46). Nueva desconfianza muestran los judíos cuando Nicodemo habla Jesús: «Le respondieron: ¿Tú también eres galileo? Examina las Escrituras y verás que de Galilea no surge ningún profeta» (Juan 7, 52). Lo cierto es que en la Biblia existen abundantes referencias a la procedencia de Jesús, al que todo el mundo llamaba Jesús de Nazaret y no Jesús de Belén.

Marcos y Juan presentan a Jesús como si hubiera nacido en Nazaret. Por entonces era costumbre añadir al nombre el de la ciudad de procedencia tras la preposición 'de', como José de Arimatea, María de Magdala, Pablo de Tarso, etc. En todos los textos aparece como Jesús de Nazaret. Marcos dice claramente que Jesús «vino de Nazaret de Galilea» y, cuando regresa, dice que «se fue a su patria». El mismo Jesús, ante las críticas de sus enseñanzas en Nazaret se lamenta: «Un profeta solo en su patria, entre sus parientes y en su casa, es despreciado» (Mc 6, 4). Solo Mateo y Lucas refieren su nacimiento en Belén. Según Mateo «Jesús nació en Belén de Judea en días del rey Herodes» (Mt 2, 1). La mayoría de los hermeneutas y biblistas sostienen que este hecho no es cierto y que se trata de una fantasía o una especulación religiosa «para dar plena justificación a sus pretensiones mesiánicas, de acuerdo con las Escrituras», como sostiene el catedrático Antonio Piñero en su *Guía para entender el Nuevo Testamento*. De esta opinión son otros conocidos autores como Theissen y Merz, en su obra *El Jesús histórico* o Geza Vermes, en *El nacimiento de Jesús*, entre otros.

La profecía de Miqueas que anunciaba el nacimiento del mesías en Belén tuvo un gran predicamento y la mayoría de los judíos esperaban que el mesías naciera en aquella ciudad: «Y tú, Belén, de la tierra de Judá, no eres la más pequeña entre los príncipes de Judá; porque de ti saldrá un guiador, que apacentará a mi pueblo Israel» (Miq 5, 2). Así pues, Mateo y Lucas optan por cambiar el relato y lo presentan como nacido en Belén, con el fin de hacerlo coincidir con la profecía. Encajar al personaje en una profecía suponía un marchamo de credibilidad, de ahí el empeño de los evangelistas en modelar el mito. Más tarde, los apócrifos se sumaron a la historización teológica con leyendas en las que incorporaron grutas, pesebres, reyes magos, el asno, el buey, etcétera.

Que naciera en la humilde Belén y no en la ampulosa Jerusalén, era, en sí mismo, una equivalencia de mostrar la voluntad de Dios, alejada de la corrupción del centro político y optar por la debilidad de los oprimidos y su mansedumbre. En definitiva, un mesías humilde pero capaz de quebrar el poder de los poderosos de este mundo. ¿Entonces, por qué no se aceptó su verdadera naturaleza nazarena, que era aun más humilde que Belén? Porque Belén fue cuna y coronación del rey David (1040-966 a. C.), el más grande de los reyes judíos, que unificó y expandió el reino, y porque había que cumplir con otra profecía del AT, la de Natan, interpretada como que el mesías debía proceder de la estirpe de David:

> «(...) Y, cuando hayas llegado al final de tus días y descanses con tus padres, estableceré una descendencia tuya, nacida de tus entrañas, y consolidaré tu reino. *Él*, tu descendiente, edificará un templo en mi honor y yo consolidaré su trono real para siempre. Yo seré para él padre y él será para mí hijo. Tu casa y tu reino durarán por siempre en mi presencia» (2 Samuel 7, 12-16).

El Génesis también predice que el mesías pertenecerá a la poderosa tribu de Judá, de la que procedían reyes como David y Salomón: «El cetro no se apartará de Judá ni el bastón de mando de entre sus piernas, hasta que llegue aquel a quien le pertenece y a quien los pueblos deben obediencia» (Gen. 49, 10).

Y pese a los mil años que separaban al rey David y a Jesús, Mateo y Lucas se empeñan en demostrar el linaje davídico y conectan a ambos personajes en unos sorprendentes árboles genealógicos. Lucas va más allá y, en su árbol genealógico, entronca a Jesús incluso con Adán y Eva y el mismo Dios. Hábil estratagema si no fuera porque las dos genealogías son completamente distintas y con nombres diferentes. En un intento de justificar este sinsentido, los apologistas cristianos Sexto Julio Africano y Eusebio de Cesárea arguyeron que las genealogías eran tan diferentes porque la de Mateo seguía el linaje de José, mientras que la de Lucas seguía el de María, aunque ambos siguen la línea de José, no la de María. Para los críticos modernos son simplemente invenciones para adaptarse a las profecías (Borg, M.J y Crossan, J.D, 2009).

El caso es que ni los dos únicos belenistas se ponían de acuerdo. Mateo dice que Jesús nació en Belén porque sus padres vivían allí. Lucas lo refuerza con una coartada inverosímil: aunque reconoce que Jesús se crió en Nazaret: «Vino a Nazaret, donde se había criado» (Lc 4, 16), se inventa un viaje relámpago de sus padres a Belén para registrarse en el censo de impuestos y, con esa rebuscada casualidad, María se puso de parto en Belén: «Y José subió de Galilea, de la ciudad de Nazaret, a Judea, a la ciudad de David, que se llama Belén, por cuanto era de la casa y familia de David; para ser empadronado con María su mujer, desposada con él, la cual estaba encinta. Y aconteció que estando ellos allí, se cumplieron los días de su alumbramiento» (Lc 2, 4-6). Es decir, José, con su mujer a punto de parir, la monta en un burro y hace con ella un viaje de 145 kilómetros de varios días de duración, para inscribirse en un censo y regresar inmediatamente «después de haber cumplido con lo prescrito en la ley del Señor» (Lc 2, 39). Pero los impuestos se pagaban donde se residía, carecía de fundamento tan arriesgado viaje y no hay ninguna constancia histórica de este extraño requisito. Todo parece indicar que la versión de Lucas no es más que un montaje para forzar un nacimiento en Belén, aunque sea por accidente, para que encaje con la profecía de la ley judía y convencer a ingenuos.

Pese a la estratagema literaria, se levantó en torno a Belén un gigantesco mito reforzado con episodios como el portal de Belén, la matanza de niños por Herodes o la adoración de los Reyes Magos. En el siglo IV se construyó en Belén un templo por orden de emperador Constantino I, con el tiempo se convirtió en la basílica de la Natividad. En ella hay un altar con una estrella que señala al turista el 'punto exacto' del establo donde nació Cristo. En aquel espacio, los creyentes se estremecen, pues lo consideran el punto de partida del mayor acontecimiento de la historia, por lo que muchos visitantes se postran de rodillas y confirman emocionados su fe.

Magos de Oriente: ni tres, ni reyes

En el NT hay un episodio que solo es citado en el Evangelio de Mateo: el de los magos de oriente que viajaron a Belén para adorar al niño Jesús. En ningún otro texto canónico se refiere este suceso, sin embargo, no especifica cuántos fueron, ni cómo se llamaban, ni dijo que fueran reyes, ni que uno de ellos fuera de raza negra.

> «Cuando Jesús nació en Belén de Judea en días del rey Herodes, vinieron del oriente a Jerusalén unos magos, diciendo: ¿Dónde está el rey de los judíos que ha nacido? Porque su estrella hemos visto en el oriente, y venimos a adorarle» (Mt 2, 1-2).

Después, las Iglesias cristianas establecieron el número de magos a su antojo. En el Románico fue solo un mago; la Iglesia armenia dice que fueron doce, en consonancia con las tribus de Israel y los doce apóstoles; la copta asegura que fueron sesenta los magos. En las catacumbas romanas de los santos Pedro y Marcelino se representan solo dos y en las de santa Domitila cuatro (Fábrega, O., 2017).

Para remediar la parquedad en detalles de este episodio en el único relato evangélico, en sucesivos textos apócrifos se fue adornando la leyenda. Tertuliano, en el siglo III, los elevó a la categoría de reyes para dotarles de mayor alcurnia y evitar la asociación herética de los magos con los charlatanes. El Rey de Reyes debía ser adorado por reyes para exaltar el sometimiento humano a la divinidad de Cristo. En las representaciones artísticas se empezó a sustituir el gorro frigio de los magos por coronas monárquicas. Orígenes, por su parte, consideró que los magos debían ser tres, guarismo mágico para el cristianismo.

Con el andar de los años, el relato se fue enriqueciendo y en textos apócrifos como el Protoevangelio de Santiago, el Evangelio de pseudo Mateo, el Evangelio árabe de la infancia, el Evangelio armenio de la infancia y el Evangelio de la infancia de Tomás, se añaden imaginativos detalles al episodio. En el de la infancia de Tomás, del siglo II y, por tanto, de los más antiguos entre los apócrifos, se magnificó el evento hasta convertirlo en un fastuoso acontecimiento que no dejaría indiferente a nadie. En el referido texto, los tres Reyes Magos acudieron a Belén escoltados por un ejército de 12.000 soldados a caballo divididos en tres legiones: «Y los jefes de su ejército, investidos del mando general, eran en número de doce. Las tropas de caballería que los acompañaban, sumaban doce mil hombres, cuatro mil de cada reino» (cap. XI, 1). El autor de este apócrifo, inspirándose en la cita de Mateo de los tres regalos, oro, incienso y mirra, añadió

En las catacumbas romanas de Pedro y Marcelino, del siglo IV, se representa la adoración por solo dos magos, no reyes. En sus cabezas el popular gorro frigio.

costosos presentes para agasajar al Niño Dios, los que, de ser ciertos, hubieran sacado de la pobreza a la familia de Jesús y a su círculo próximo. De paso, les puso nombres:

> «El primer rey, Melkon, aportaba, como presentes, mirra, áloe, muselina, púrpura, cintas de lino, y también los libros escritos y sellados por el dedo de Dios. El segundo rey, Gaspar, aportaba, en honor del niño, nardos, cinamomo, canela e incienso. Y el tercer rey, Baltasar, traía consigo oro, plata, piedras preciosas, perlas finas y zafiros de gran precio» (cap. IX, 2).

Para engrandecer la figura de Jesús se llegó a niveles delirantes y los Reyes Magos se hicieron muy populares en Europa. En el Evangelio armenio de la infancia, códice apócrifo conservado en la Biblioteca Ambrosiana de Milán y escrito sobre el siglo VI, se expone un relato que, de puro fantástico, resulta ingenuo. Se dice que los reyes de los tres continentes, soberanos del mundo conocido y, por ende, los reyes más poderosos, eran hermanos y se postraron ante el Niño:

> «Y José y María continuaron con el niño en la caverna, a escondidas y sin mostrarse en público, para que nadie supiese nada. Pero al cabo de tres días, es decir el 23 de tébeth, que es el 9 de enero, he aquí que los magos de oriente, que habían salido de su país hacía nueve meses, y que llevaban consigo un ejército numeroso, llegaron a la ciudad de Jerusalén. Y los reyes de los magos eran tres hermanos: el primero, Melkon, que imperaba sobre los persas; el segundo, Baltasar, que prevalecía sobre los indios; y el tercero, Gaspar, que poseía el país de los árabes. Habiéndose reunido por obediencia al mandato de Dios, se presentaron en Judea en el instante en que María había dado a luz. Y, habiendo apresurado su marcha, se encontraron allí en el tiempo preciso del nacimiento de Jesús» (cap. XI.1).

Los tres reyes de los tres continentes del mundo representan a Europa, Asia y África. ¿Por qué no asistieron a la Adoración los reyes de Oceanía y América, si todos los monarcas fueron guiados por un fenómeno celeste? Porque entonces se desconocía la existencia de esos continentes. Llama la atención que, siendo hermanos los tres reyes de los tres continentes, uno de ellos terminara siendo negro.

Nada de esto se recoge en los evangelios canónicos, sin embargo, la Iglesia católica aceptó leyendas extracanónicas procedentes de apócrifos incorporando a su imaginario personajes que no están en los evangelios, tales como la Verónica, que enjugó el rostro de Cristo, los tres Reyes Magos, el centurión Longinos que alanceó el costado de Jesús en la cruz, Leucio y Carino y la visita de Jesús al infierno, o Dimas y Gestas, crucificados junto a Cristo en el monte Calvario, entre otros.

Que fueran tres los reyes, a propuesta de Orígenes, fue asumido por el papa san León Magno en el siglo V y en el VI ya aparecen los tres nombres de Melchor, Gaspar y Baltasar en el mosaico de San Apollinaire Nuovo de Rávena. Será el benedictino Beda el Venerable (672-735) quien describa a los magos de oriente más o menos como los conocemos hoy. En el siglo XII, la Iglesia católica decidió que definitivamente fueran tres los reyes magos, por aquello de la trinidad, los tres continentes conocidos, las tres edades del hombre (joven, maduro y anciano). Marco Polo se sumó a la trilogía pues en la obra

Tradiciones legendarias hicieron de la adoración de los Reyes Magos un evento multitudinario en Belén que nada tiene que ver con la realidad histórica. (Obra de Pedro Pablo Rubens en 1628, Museo del Prado).

Los viajes de Marco Polo (1298) se dice que el famoso explorador del siglo XIII llegó a presenciar la tumba de los tres reyes en la ciudad persa de Saba. A partir del siglo XV, la iconografía se encargará de asociar a Melchor con los europeos, a Gaspar con los asiáticos y a Baltasar con los africanos, de ahí su raza negra.

En el Evangelio Árabe de la Infancia se dice que los Reyes Magos se llevaron como reliquia el pañal del Niño Jesús, lo arrojaron a una hoguera y vieron que era ignífugo.

Choca que primero lo adoren y después lo arrojen al fuego, porque si hubiera ardido lo habrían perdido para siempre, pero se obró el milagro. Este episodio es otro más de los múltiples prodigios difundidos para forjar el mito del mesías y captar la atención de los ingenuos fieles, ávidos por saber más sobre la fascinante vida del Jesús. En su campaña proselitista, la Iglesia exhibía públicamente la tela del pañal de un niño en la catedral de Spoleto (Italia), que ya consideraban 'auténtico' en 1175 pero que encontraron por casualidad en las obras de restauración del templo en 1996. El problema es que el 'santo pañal' también se encuentra en Lérida. En realidad solo 'tres santos hilos' que ahora se conservan en Barcelona y en Escalona del Prado (Segovia), porque el pañal fue destruido durante la guerra civil española. Menos mal que hay más pañales del niño Jesús y hasta de la ropa de su cuna, en Roma (Italia), Dubrovnik (Croacia), Marienshrein (Aquisgrán) y Alemania.

La Iglesia católica conserva incluso los cadáveres de los tres Reyes Magos. Según una tradición, durante la segunda cruzada, san Eustorgio, arzobispo de Milán entre el 343 y 349, viajó a Constantinopla para que el emperador le permitiera aceptar su reciente nombramiento. Constantino I le obsequió con las veneradas reliquias de los tres Reyes Magos rescatadas en el año 300 en Saba por su madre Helena. Pero fue una invención de Eustorgio para elevar la fama de Milán y atraer peregrinos, pues ninguna crónica de oriente ni de occidente recoge aquella historia. En la ciudad milanesa permanecieron esos supuestos restos hasta 1162, año en que la ciudad fue devastada por el emperador germánico Federico Barbarroja, que se llevó las reliquias a la catedral de Colonia donde, en un suntuoso sarcófago de oro y piedras preciosas, se custodian los cadáveres momificados de tres hombres, que vaya usted a saber quiénes fueron. En 1903 se devolvió a Milán una parte de las reliquias.

El término magos fue interpretado como sabios en sentido astrológico, es decir hombres de ciencia, conocedores del firmamento. En el Evangelio armenio de la infancia, apócrifo probablemente del siglo VI, ellos mismos aclaran: «Venimos de Persia, del oriente. Por razón de nuestra nacionalidad, se nos llama magos» (cap. IX, 9).

En el *Auto de los Reyes Magos,* el texto teatral más antiguo conservado en castellano (siglo XII) no son definidos como reyes sino como *steleros*, es decir, astrólogos. En 1304 el pintor italiano Giotto di Bondone en su *Adoración de los Reyes Magos,* fresco de la capilla de la Arena, en Padua, Italia, incorporó sobre el techo del pesebre una estrella con estela, es decir, un cometa. La idea se extendió a otras muchas obras renacentistas. Probablemente Giotto se inspiró en el cometa Halley, visible en Italia tres años antes. ¿Fue ese el cometa que vieron los Reyes Magos? Además de estar asociado históricamente a la mala suerte, la ausencia de coincidencia

En la adoración de los Reyes Magos, obra de Giotto di Bondone del año 1303, se representa un cometa en el cielo como el astro que siguieron los magos de oriente (Capilla de la Arena, Padua, Italia).

cronológica hace improbable que pudieran verlo, ya que el cometa se hizo visible en el 12 a. C., mientras que los expertos sitúan el nacimiento de Jesús sobre el 5 o el 6 a. C. La ciencia también ha descartado que fuera el cometa Hale-Bopp. Igualmente carece de sentido que fuera un meteoro o un bólido, pues su visualización es muy breve.

Algunos astrónomos, como Aleks Scholz, creen que se trata de una conjunción planetaria. El papa Benedicto XVI también se inclinó por esta tesis en su obra *La infancia de Jesús.* Por cierto que en esa misma obra Joseph Ratzinger sostiene que aquellos magos no eran de oriente sino andaluces, probablemente de Tartessos, cultura ubicada en Andalucía occidental, en el eje del río Tartessos (Guadalquivir). Los Reyes Magos pudieron ser sacerdotes del zoroastrismo que quedaron fascinados por una alineación en Aries del Sol, Júpiter, la Luna y Saturno y, en Piscis, Venus y Mercurio.

Muchos estudiosos han buscado alguna explicación al fenómeno de la estrella. El astrónomo Johannes Kepler sugirió en 1604 que pudo tratarse del encuentro en el cielo de Júpiter y Saturno, es decir, una triple conjunción planetaria ocurrida en el año 7 a. C. Hoy se sabe que tal coincidencia no pudo ser visible como una única estrella brillante, lo que invitaba a pensar que se trataba de una supernova, fenómeno que genera un gran destello debido a la explosión en las etapas finales de una estrella y su brillo puede perdurar día o meses.

¿Existe alguna crónica histórica extra bíblica que recogiera aquel prodigio hace 2 000 años? Dos fuentes, una china y otra coreana, dejaron breves referencias de un cometa o similar en el año 4 o 5 a. C. En el Libro de Han, también llamado *Ch'ien-Han-Shu*, un clásico concluido en el 111 d. C. que aborda la historia de la dinastía Han desde el año 206 a. C. hasta el 25 d. C., se puede leer: «Segundo año del reinado de *Ch'hien-p'ing*, segundo mes, un *hui-hsing* apareció en *Ch'ien-niu* durante más de 70 días». Aunque *hui-hsing* se refiere a un cometa con cola, también lo encontramos definiendo la supernova descrita en 1572, hoy conocida como Tycho, por lo que el término era empleado para cualquier fenómeno muy brillante en el cielo. Es posible que solo se pudiera observar durante 70 días a causa del monzón chino. Con *Ch'ien-niu* lo posicionan al norte de Alfa y Beta Capricornio en marzo de 5 a. C.

La crónica coreana *Historia de tres reinos-La crónica de Silla (Samguk Sagi)*, del siglo XII, refiere: «Año 54 de *Hyokkose Wang*, segundo mes, *Chi-yu*, un *po-hsing* apareció en *Ho-Ku*». El día *Chi-yu* no existe en el segundo mes del año, es como decir el 30 de febrero, por lo que se cree que es *I-yu*, que corresponde a finales de marzo. Con *po-hsing* se refiere a una estrella brillante y la posición *Ho-Ku* es el sur de la estrella Theta Aquilae, muy próxima al *hui-hsing* de la crónica china. La versión coreana lo sitúa en el año 54 de su calendario, es decir, el 4 a. C. Algunos astrónomos creen que las dos crónicas se refieren al mismo fenómeno pese al error cronológico coreano y fue visible probablemente en marzo o abril del 5 a. C. Si el objeto no se desplazó, se trataba de una nova o supernova y no de un cometa (Stephenson, F.R. y Clark, D., 1978).

Que las crónicas china y coreana mencionen un objeto brillante en el cielo en el año 5 a. C., ya sea un cometa o una supernova, no avala como hecho histórico el episodio de la estrella que guio a los magos de oriente hasta el portal de Belén. Recordemos que el Evangelio de Mateo, único canónico que cita el episodio de los magos, fue escrito entre el año 70 y el 100 d. C., es decir, casi un siglo después del nacimiento de Jesús. Se desconoce de dónde tomó esa información pues ni en el Evangelio de Marcos ni en las cartas paulinas, que son anteriores, se menciona a los magos de oriente. O bien lo tomó de la desconocida Fuente Q que recogía tradiciones judías, o bien sencillamente se lo inventó. Más plausible es esto último pues, como veremos más adelante, fue una estrategia común de los evangelistas divulgar hechos fantásticos de Jesús que no se recogen en fuentes históricas extrabíblicas, con el fin de hacerlas coincidir con las profecías del Antiguo Testamento y convertir a su líder en el mesías anunciado. De hecho, en el pasaje de Mateo, ya se refiere que el nacimiento del mesías en Belén respondía a una profecía del AT. Los magos preguntaron dónde estaba el rey de los judíos y el rey Herodes y los sacerdotes, extrañados, les preguntan dónde debía nacer el niño. Los magos contestan con la profecía anunciada en el libro de Miqueas del AT:

> «Ellos [los magos] le dijeron: En Belén de Judea; porque así está escrito por el profeta: Y tú, Belén, de la tierra de Judá, No eres la más pequeña entre los príncipes de Judá; Porque de ti saldrá un guiador, que apacentará a mi pueblo Israel» (Miq 5, 2).

Por lo tanto, en el AT ya se apuntaba que el mesías necesariamente debía nacer en Belén y, tal y como se recogía en los Salmos de David del AT, tenía que ser adorado por reyes que debían entregarles regalos:

> «Los reyes de Tarsis y de las islas traigan presentes,
> los reyes de Sabá y de Seba ofrezcan tributo,
> y póstrense ante él todos los reyes de la tierra,
> sírvanle todas las naciones» (Sal 72, 10-11).

Todo parece indicar que el relato de los magos de oriente no es sino un episodio más del plan trazado para hacer cumplir las profecías mesiánicas a título póstumo en el la figura de Jesús. La famosa estrella de Belén bien pudo ser la supernova de las crónicas orientales que sirvió de inspiración a los imaginativos y desconocidos autores del Evangelio de Mateo. A partir de ahí, cada comunidad cristiana va añadiendo información complementaria: magos, reyes, ejércitos, legiones, joyas, pañales santos, reliquias, etc. Los Reyes Magos simplemente no existieron.

Algún lector añadiría con sorna 'y son los padres'.

María Magdalena: ¿por qué falsearon su biografía?

Durante casi dos mil años, la Iglesia católica ha ultrajado, o al menos permitido, una falsedad ignominiosa sobre la figura de un personaje relevante en la vida de Jesús, como fue María Magdalena. Su verdadero nombre era María de Magdala, se cree que por ser natural de la ciudad árabe de Al-Majdal, también llamada Migdal, ubicada a orillas del mar de Galilea. Esta ciudad se identifica con la ciudad de Tariquea para el mundo grecolatino y con la ciudad pesquera de Migdal Nunnaya, referida en el Talmud, que tuvo su periodo de esplendor entre el II a. C. al IV d. C. Sin embargo, el Éxodo refiere otra ciudad en Egipto llamada Migdol o Migdal (Éx 14, 2), además no eran infrecuentes en Palestina y Siria existían apellidos como Majdal y Majdalani. En árabe, magdal significa torre y podría hacer alusión a alguna torre defensiva de alguna de estas ciudades.

María Magdalena es, para muchos, una de las personas más cercanas a Jesús y, para otros, su propia compañera o esposa. En ningún pasaje de la Biblia se refiere que la de Magdala fuese una prostituta, luego entonces ¿por qué se difundió esa idea? Para algunos, procede de una asociación de ideas sobre la referencia de la destrucción de la ciudad de Migdal como castigo divino por su paganismo y fornicación (posiblemente un terremoto), junto a la interpretación del Evangelio de Lucas donde se dice que Jesús liberó a Magdalena de siete demonios:

> «Aconteció después, que Jesús iba por todas las ciudades y aldeas, predicando y anunciando el evangelio del reino de Dios, y los doce con él, y algunas mujeres que habían sido sanadas de espíritus

> malos y de enfermedades: María, que se llamaba Magdalena, de la que habían salido siete demonios, Juana, mujer de Chuza intendente de Herodes, y Susana, y otras muchas que le servían de sus bienes» (Lc 8, 1-3).

Debemos deducir por la cita de Lucas que Jesús practicó un exorcismo a María Magdalena. Por entonces, consideraban posesiones demoníacas enfermedades inexplicables como el autismo, la mudez, la sordera o la epilepsia, con sus sobrecogedoras crisis convulsivas. Los evangelios atribuyen la sanación de varios 'poseídos', sin embargo, el episodio de los siete demonios de Magdalena solo lo cuenta Lucas, pero no Marcos, que es el evangelio más antiguo en el que se basan los demás sinópticos. Para ser más precisos, sí aparece al final del texto de Marcos, pero en su 'final largo', el añadido que se incorporó siglos más tarde recogiendo la versión inventada por Lucas. A María Magdalena se la relacionó con la unción de Jesús, uno de los pocos episodios coincidentes en los cuatro evangelios, en el que una mujer lava los pies de Jesús y vierte perfume sobre ellos. Pero no se menciona el nombre de aquella mujer, solo dice que era una pecadora. Solo Juan dice que aquella mujer era María de Betania, hermana de Lázaro (Jn 11, 1-2). También se relacionó a Magdalena con la mujer adúltera a la que Jesús salvó de una lapidación: «El que esté libre de pecado que tire la primera piedra» (Juan 8, 3-11), pero tampoco se dice el nombre. Luego entonces, ¿por qué esa fama de María Magdalena?

Los evangelistas minimizaron su protagonismo, tal vez por el hecho de ser mujer o por otros motivos relacionados con su posible liderazgo, pese a estar presente en los episodios capitales de la vida de Jesús sobre los que se funda la Iglesia católica como religión. Desecharon cualquier referencia a un vínculo sentimental o marital con el Jesús histórico. Necesitaban un mesías célibe. A continuación, la Iglesia la denigró convirtiéndola en una perdida que tuvo que ser salvada por Jesús. Estigmatizar su pasado como adúltera o prostituta era la forma más eficaz de dilapidar su influencia y su memoria. Con ello se aseguraban moldear a un mesías a su gusto para hacerlo coincidir con las profecías mesiánicas del AT: hijo de Dios parido de una virgen concebida por el Espíritu Santo, célibe y sin descendencia, sacrificado para redimir a la humanidad y resucitarlo al tercer día.

Desde los tiempos de Eva, la mujer era la mala semilla, la responsable de todos los males de la humanidad, y su papel se limitará a la procreación y al servilismo del hombre, que la consideraba de su propiedad. Pero Magdalena era una mujer sorprendentemente libre, con recursos económicos, fue una de las personas que financió las campañas de Jesús y no dependía de ningún hombre, ni de su padre, ni de un hermano mayor, ni un marido. De hecho, a diferencia de otras mujeres que llevan implícito en el nombre la pertenencia a un marido (María de Cleofás, María de Santiago, etc.), ella lleva el apellido de su procedencia geográfica. Esta insólita libertad, unida al especial trato con Jesús, hizo que discípulos como Pedro, a la sazón fundador de la Iglesia, decidiera derrocar a su homóloga femenina en la pugna por el liderato.

Pero su papel como informadora de los discípulos varones y su presencia en la resurrección, le otorgan un papel principal que hizo que algunos de sus compañeros rivalizaran con ella. Existe un texto apócrifo gnóstico conocido como *Evangelio de María Magdalena* por las referencias a este personaje, que está datado entre el 30 y 180 d. C., si bien, el profesor Hollins, de la Escuela de Teología de Harvard, opina que pudo haber sido escrito en vida de Jesús (Karen King, 2003). Solo se conservan tres fragmentos, dos en griego y uno en copto. Este último fue adquirido en 1896 en El Cairo por el investigador alemán Carl Schmidt y los fragmentos en griego, que son del siglo III, fueron hallados en Oxyrhynchus, junto a los del Evangelio de Tomás.

En este evangelio, Pedro se enfrenta abiertamente a Magdalena. En los demás textos gnósticos se muestra que ella tenía miedo a que Pedro la agrediera por oponerse a que una mujer liderase a los apóstoles. El fragmento en copto es el más extenso y en él se recoge un episodio donde, de nuevo, se observa la gran complicidad que hubo entre María Magdalena (Mariam, en el texto) y Jesús (el Salvador).

Tras la muerte de Jesús de Nazaret, los apóstoles se encontraban desorientados y tristes, pero Magdalena los serena. Pedro le dice: «María, hermana, nosotros sabemos que el Salvador te apreciaba más que a las demás mujeres. Danos cuenta de las palabras del Salvador que recuerdes, que tú conoces y nosotros no, que nosotros no hemos escuchado. María respondió diciendo: Lo que está escondido para vosotros os lo anunciaré». Estas palabras revelan un trato preferente de Magdalena con Jesús y un mayor nivel de conocimiento, ¿tal vez por ser su esposa? Ella les relata la visión que tuvo de Jesús y la ascensión del alma, pero Andrés y Pedro no creen que Jesús eligiese a una mujer para tan altas enseñanzas. Pedro se enfrenta a ella y dice: «¿Ha hablado con una mujer sin que lo sepamos, y no manifiestamente, de modo que todos debamos volvernos y escucharla? ¿Es que la ha preferido a nosotros?». Ella llora y pregunta a Pedro por qué cree que les estaba mintiendo. Entonces Leví (Mateo), sale en defensa de Magdalena:

> «Pedro, siempre fuiste impulsivo. Ahora te veo discutiendo contra una mujer como si fuera un adversario. Sin embargo, si el Salvador la hizo digna, ¿quién eres tú para rechazarla? Bien cierto es que el

Fragmento del evangelio apócrifo de María Magdalena descubierto en 1896 y escrito entre el 30 y el 180 d.C. (Museo Ashmolean, Oxford).

> Salvador la conoce perfectamente; por esto la amó más que a nosotros. Más bien, pues, avergoncémonos y revistámonos del hombre perfecto, partamos tal como nos lo ordenó y prediquemos el evangelio, sin establecer otro precepto ni otra ley fuera de lo que dijo el Salvador».

Se desprende del citado texto gnóstico que Mariam era depositaria de importantes revelaciones de Jesús de Nazaret por haber gozado de una estrecha relación con él. Sin embargo, autores como el profesor Antonio Piñero consideran que el verbo «la amó», carece de connotación erótica y se refiere a que Jesús la amó porque sabía de su devoción hacia lo divino, es decir, ella 'conoce', acepta su revelación o gnosis.

Según esta fuente, tras la muerte de Jesús, María Magdalena empezaba a configurarse como líder de los discípulos, por atesorar las mayores enseñanzas de Jesús, pero esto era algo que el machismo de la incipiente Iglesia no estaría dispuesto a permitir.

Aunque en las primitivas comunidades cristianas y judías las mujeres desempeñaron roles relevantes que incluía funciones incluso de sacerdotisas y profetas, a partir del siglo II y III esto irá cambiando. Recordemos el oficio de 'ministras' de la Iglesia que algunas mujeres ostentaban en algunas comunidades cristianas, y que el gobernador Plinio el Joven refirió en 112 d. C. en su carta al emperador Trajano (Plin. Ep. X 96 nº 8). Sin embargo, a medida que la Iglesia se fue institucionalizando y adquiriendo poder, prescindirían de la figura femenina copando los hombres el control de la cúpula eclesial, hasta el punto de que, a partir de los siglos IV y V, se considera una herejía que una mujer se ocupara de los oficios y ostentara cargos eclesiales, más allá del servilismo a los clérigos. Se apoyaban, no solo en las costumbres misóginas regladas en múltiples episodios del AT donde se denigra a la mujer sin titubeos, también en versículos del NT. Pablo de Tarso, en las cartas a los corintios ya manda a la mujer callar en las congregaciones y asambleas y les prohibía intervenir y preguntar (I Cor 14, 34). En la carta a Timoteo, insiste en el obligado silencio de las mujeres a las que le prohíbe enseñar ni ponerse por encima del hombre, haciendo hincapié en su carácter de pecadoras desde la creación al engañar a Adán con la manzana (Tim 2:11-15).

María Magdalena es uno de los personajes más misteriosos de los evangelios, sobre el que la Iglesia católica ha vertido un manto de inmerecidas injurias. Según, Jennifer Ristine, directora del Instituto Magdalena en Magdala, María Magdalena fue una mujer decisiva en la vida de Jesucristo. «Fue influyente tanto en lo económico como en lo social; en lo económico porque era una mujer acomodada y, en lo social, porque, a pesar de crecer y vivir en una sociedad religiosa estricta, decide romper esquemas y seguir a Jesús». Ristine cree que era «un modelo de liderazgo para las mujeres», lo que terminó pasándole factura. Su tesis se basa en las pistas que aportan los textos bíblicos pues María Magdalena, junto a Juana y Susana, servían a Jesús «con sus bienes» (Jennifer Ristine, 2018), lo que determina su buena posición económica, pero también por los recientes hallazgos arqueológicos en las ruinas de la antigua Magdala a partir del 2009. Por entonces, Magdala era un pueblo rico con una floreciente industria del pescado. En él se han encontrado restos de una sinagoga del siglo I, una representación del templo de Jerusalén en piedra (la famosa piedra de Magdala), baños de purificación ritual, casas domésticas y un puerto, pese a que solo se ha excavado el 15% de la ciudad.

Pues bien, a la creciente Iglesia romana, la figura de María Magdalena le resultaba incómoda pues validaba un perturbador liderazgo femenino, por lo que se puso en marcha una deliberada campaña contra su imagen. El papa Gregorio I, en una homilía del 21 de septiembre del año 591, sin ninguna prueba histórica y por su cuenta y riesgo, decidió que las tres mujeres referidas, era la misma: María Magdalena: «Ella, la cual Lucas llama la mujer pecadora, la cual Juan llama María, nosotros creemos que es María, de quien siete demonios fueron expulsados, según Marcos. ¿Y qué si no todos los vicios significan esos siete demonios?» (Esther de Boer, 2004). Este papa consideraba que los siete demonios eran en realidad los siete pecados capitales, es decir, que Magdalena los tenía todos y fue considerada como *beata peccatrix* y *castísima meretrix* (bendita pecadora y casta ramera). Y como lo que dice el papa va a misa, se convirtió a la de Magdala en una prostituta pecadora para escarnio de su memoria pasando la ignominia al arte iconográfico por lo que su fama perduró por los siglos de los siglos.

En 1969, el Vaticano, reconociendo el trato injusto durante siglos, retiró del calendario litúrgico el apelativo 'penitente' que se le había adjudicado en el santoral (22 de julio), pero fue una medida tibia, como si costara reconocer dos milenios de oprobio. En 1988, Juan Pablo II, en su *Mulieris Dignitatem,* calificó a María Magdalena como *Apostola apostolorum* (apóstol de los apóstoles), tal y como se recoge en los apócrifos y, en 2016, por deseo del papa Francisco, la Congregación para el Culto Divino y la Disciplina de los Sacramentos elevó la memoria de María Magdalena al grado de fiesta en el Calendario Romano General, equiparándola al resto de los apóstoles. Pero la leve retractación de la Iglesia llegaba demasiado tarde. Tras dos milenios de inmerecidas injurias, la imagen de mujer pecadora ya estaba firmemente anclada en el imaginario popular cristiano, mucho más en el católico donde existen cientos de representaciones artísticas con la imagen de prostituta y mujer perdida.

La historia siempre la escriben los vencedores y, en este caso venció la ortodoxia patriarcal, empeñada en echar por tierra el verdadero rol de esta líder, una visionaria adelantada a su tiempo que pudo haber sustituido a Jesús y haber cambiado los derroteros de un cristianismo más igualitario y una Iglesia menos misógina.

¿Se casó Jesús de Nazaret?

¿Estuvo casado Jesús de Nazaret? No existen pruebas documentales de que lo estuviera, si bien esto no es un dato concluyente, pues hemos visto cómo en la Biblia existen multitud de modificaciones e interpolaciones en la que se ha modificado o sustituido información que no interesaba. Resulta, cuando menos, insólito que no estuviera emparentado puesto que la costumbre de los varones judíos era casarse antes de los veinte años, sobre todo si eran rabinos. Se concedía una gran importancia al matrimonio, siendo una alianza concertada por los padres, un pacto social de conveniencia para que el hombre pudiera tener descendencia y la mujer estuviera protegida y mantenida.

Jesús defendía el matrimonio tradicional y monogámico. Cuando los fariseos le preguntaron: «¿puede uno separarse de su mujer por cualquier motivo?», Jesús respondió: «¿No habéis leído que el Creador, desde el principio, los hizo varón y hembra, y que dijo: por eso dejará el hombre a su padre y a su madre, se unirá a su mujer y serán los dos uno solo? De manera que ya no son dos, sino uno solo. Por tanto, lo que Dios ha unido, que no lo separe el hombre» (Mt 19, 3-6).

Según los evangelios, Jesús criticó la poligamia y se mostró contrario al divorcio en varias ocasiones: «Habéis oído que se dijo: No cometerás adulterio. Pero yo os digo que todo el que mira con malos deseos a una mujer, ya ha cometido adulterio con ella en su corazón» (Mt 5, 27-28). «Moisés os permitió separaros de vuestras mujeres por vuestra incapacidad para entender, pero al principio no era así. Ahora yo os digo: el que se separa de su mujer, excepto en caso de fornicación, y se casa con otra, comete adulterio» (Mt 19, 8-9).

Por esta razón, resulta raro que no estuviese casado ni hubiera tenido hijos. Algunos piensan que se casó pero el dato se omitió de su biografía porque se daba por hecho. Sin embargo, esta tesis no se sostiene pues la esposa del hijo de Dios debía ser un personaje suficientemente relevante como para ser mencionada alguna vez en los miles de textos que sobre la vida de Jesús se escribieron, pero hay un silencio absoluto sobre esta cuestión. Se habla de los padres, de los hermanos, de los primos, pero ni una sola mención a esposa o hijos. Otros autores, pese a la ausencia de referencias explícitas a su matrimonio, que pudo silenciarse deliberadamente en los primeros evangelios, afirman que esa mujer pudo existir en la figura de María de Magdalena, que estuvo presente en los momentos claves de la historia de Jesús. Otra posibilidad es que hubiera optado por el celibato tal y como afirmaban cristianos antiguos como Tertuliano, Clemente de Alejandría u Orígenes.

El historiador Oscar Fábrega se pregunta qué motivos tuvo Jesús para renunciar a los placeres carnales:

> «No lo sabemos. Podría ser una cierta misoginia, como han propuesto algunos, en el sentido de que las mujeres le distraerían de sus faenas religiosas, lo que está en clara contradicción con el destacado papel de sus discípulas durante su ministerio público; o podría tratarse de un acto de entrega total y absoluto a Dios y a su ministerio, el mismo que le pedía a sus fieles, aunque más radical, como parece quedar claro en Mt 19, 12; o por el mismo motivo que los fanáticos esenios —por considerar que al mundo le quedaban tres días y la procreación ya no era necesaria—, algo que podemos entrever en varios episodios evangélicos» (Fábrega, O., 2017).

Tengamos en cuenta que algunos jóvenes cristianos, entregados por entero a Dios, no solo optaron por el celibato; obsesionados con la pureza y la castidad, algunos llegaron incluso a castrarse para evitar las tentaciones de la carne. Tal fue el caso del exégeta Orígenes, considerado uno de los padres de la Iglesia junto con san Agustín y santo Tomás de Aquino. Él mismo se castró a los dieciocho años de edad en un arrebato de ascetismo a pesar de que la castración es rechazada en el Levítico y el Deuteronomio: «El hombre que tenga los testículos aplastados o el pene mutilado no será admitido en la asamblea de Yahvé» (Dt 23, 2). Una de las más importantes figuras castradas fue Noé, el del diluvio, cuyos genitales fueron amputados por su propio hijo Cam.

A los castrados, bien por orden de la autoridad o por propia iniciativa, se les conocía por eunucos. Muchos son los que han visto en los eunucos el tercer sexo, habiendo cuarentaisiete referencias bíblicas sobre ellos. Mateo habla de tres tipos de eunucos, y en el primer grupo se refiere expresamente a los de nacimiento:

> «Porque hay algunos eunucos que nacen así del vientre de su madre, y algunos eunucos que son eunucos porque son eunuquizados por hombres, y algunos eunucos que se eunuquizan a sí mismos por causa del reino de los cielos. Que el que pueda recibirlo, reciba eso» (Mt 19, 12).

Pero los niños no nacen castrados del vientre de su madre, por lo que dicha alusión debe referirse necesariamente a los homosexuales, quienes, junto a los castrados, se categorizan bajo el término

Ilustración de Jan Luyken de 1700 que muestra a Orígenes enseñando a sus discípulos. Orígenes fue una de las figuras más influyentes de la teología cristiana.

eunuco, por cuanto ninguno es apto para el matrimonio al carecer de impulso sexual.

Dentro del abanico especulativo de hipótesis, hay quienes piensan que Jesús no se casó sencillamente porque era homosexual. De esta opinión es el reverendo Bob Shore-Goss, doctor en religión comparativa en Harvard, manifestada en su obra *Jesús acted up: A gay and lesbian manifesto* (*Jesús actuó: un manifiesto gay y lésbico*), entre otras obras del mismo cariz.

Pero centrémonos en la hipótesis más probable para un rabino de aquel tiempo: el matrimonio. La especial relación entre Jesús y María de Magdala nunca pasó desapercibida pese al filtro eclesial y el empeño de presentar un mesías célibe. Ya hemos referido el papel fundamental de María Magdalena en la vida de Jesucristo. A diferencia de otros discípulos, la encontramos en momentos trascendentales en los que solo cabe encontrar a familia muy directa, como la crucifixión, el velatorio, el entierro y la resurrección. Estuvo al pie de la cruz y fue la primera en visitar la tumba tras su muerte. ¿Quién sino una esposa o compañera habría asistido a un acto tan íntimo como velar el cuerpo del hombre al que acababan de crucificar?

La Iglesia siempre defendió la soltería de Jesús alegando que, si la Biblia no dice nada al respecto, hay que pensar que Jesús nunca se casó. Es cierto que en el NT no se menciona expresamente que Jesús se casara, pero tampoco se dice que se mantuvo soltero toda su vida. Surgen inevitablemente las dudas sobre las debilidades de Jesús como hombre, si por ser el hijo de Dios se impuso vocación virginal. El evangelio apócrifo de Tomás incluye una curiosa frase de Salomé que dice a Jesús «¿Quién eres tú, hombre, y de quién? Te has subido a mi lecho y has comido de mi mesa» (Evangelio de Tomás, 61). ¿Hemos de suponer que 'subirse a su lecho' se refiere a la unión espiritual o a la coyunda carnal?

Para defender el celibato de Jesús, los apologetas recurren a varias citas, como las palabras que Jesús pronunció justo antes de morir, cuando encarga al discípulo amado que cuide de su madre. Se entiende que, si se hubiera casado o hubiera tenido hijos, no hubiera necesitado solicitar esa ayuda.

> «Estaban junto a la cruz de Jesús su madre, y la hermana de su madre, María mujer de Cleofás y María Magdalena. Cuando vio Jesús a su

> madre y al discípulo a quien él amaba, que estaba presente, dijo a su madre: Mujer, he ahí tu hijo. Después dijo al discípulo: He ahí tu madre. Y desde aquella hora el discípulo la recibió en su casa» (Jn 19, 25-27).

De estar casado con María Magdalena, lo lógico es que se hubiera dirigido a ella. Sin embargo, le confía el cuidado de su madre a un discípulo amado varón cuya identidad se desconoce y del que hablaremos en el siguiente capítulo.

Los evangelios canónicos no detallan la relación que tenían Jesús y María Magdalena, es posible que se omitiera deliberadamente en los continuos procesos de edición que sufrieron los textos para ajustarse a las directrices de los responsables de la Iglesia. Sin embargo, los evangelios apócrifos, aquellos sobre la vida de Jesús descartados por la Iglesia, ofrecen información muy interesante aunque debe ponerse en cuarentena por ser muy posteriores a los sinópticos. Los trece códices encontrados en Nag Hammadi (Egipto) en 1945 debían pertenecer a una comunidad cristiana gnóstica y, aunque están datados entre los siglos I y IV, se cree que son copias en copto de textos griegos anteriores. Junto con los manuscritos del mar Muerto (o de Qumrán) encontrados pocos años después, constituyen el hallazgo de textos antiguos más importante en la Edad Contemporánea y en la actualidad se custodian en el Museo Copto de El Cairo.

El Evangelio de Felipe, uno de los textos de Nag Hammadi, considera a María Magdalena la persona más cercana a Jesús. Pese a su pésimo y fragmentado estado, puede leerse: «Una mujer que no ha dado luz a sus hijos puede volverse la madre de los ángeles. Tal era la compañera del Hijo, María Magdalena. Él la amaba…». El soporte está muy deteriorado, si bien, por el contenido del texto siguiente en el que los discípulos preguntan a Jesús por qué amaba a María Magdalena más que a ellos, los expertos creen que la frase interrumpida terminaba «… más que a los otros discípulos», es decir «Él la amaba más que a los otros discípulos». En otro pasaje insiste en el calificativo de compañera: «Tres [eran las que] caminaban todo el tiempo con el Señor: María, su madre, su hermana y María Magdalena, la que fue llamada su compañera» (Evangelio de Felipe, 32). Al referirse a las tres mujeres como madre, tía y compañera, podría estar atribuyendo a la de Magdala el rango de pareja sentimental o comprometida.

Otra frase cortada sugiere una íntima relación entre ellos: «y él la besó en la...». Teniendo en cuenta la gramática copta y la longitud del espacio del soporte que falta, se deduce que la besó 'en la boca'. Algunos historiadores sugieren que el beso en los labios debe entenderse como un rito gnóstico de transmisión divina de conocimiento, era lo que se conocía por ósculo sagrado. En el citado evangelio se puede leer: «Los perfectos son fecundados por un beso y engendran. Por eso nos besamos nosotros también unos a otros y recibimos la fecundación por la gracia que nos es común» (Evangelio de Felipe, 31). Así parece ser pues, en el Segundo Apocalipsis de Santiago, otro apócrifo de Nag Hammadi, Santiago reconoce que Jesús también le besó a él en la boca: «Y él me besó en la boca y me abrazó diciendo: ¡Mi querido! He aquí, yo te voy a revelar lo que ni los cielos sabían ni sus potencias».

Se acepta que Pedro, el padre de la Iglesia, estuviera casado (Mc 1, 29-31), pero se rechaza el Evangelio de Felipe en el que se dice que Jesús amaba a María Magdalena, que era 'su compañera' y que la 'besaba en la boca'. Como hemos referido, fue el obispo Ireneo de Lyon, férreo enemigo del gnosticismo, quien, en el siglo II, se esforzó en que solo fuesen considerados por la cristiandad los evangelios de Mateo, Marcos, Lucas y Juan, erradicando cualquier otro texto por considerarlos heréticos, aun siendo algunos de ellos más antiguos que los canónicos, como los evangelios coptos de Tomás o el de María Magdalena, del siglo I o II.

Hemos visto cómo en el evangelio apócrifo de María Magdalena, escrito por un autor desconocido poco tiempo después de la muerte de Jesús, queda patente la especial relación que tenía con María Magdalena, a la que el mismo Pedro reconocía que Jesús la amaba «más que a cualquier otra mujer». En el Evangelio de Tomás, encontrado en Nag Hammadi, de la segunda mitad del siglo I y, por tanto, coetáneo a los evangelios canónicos más antiguos, se divulga la animadversión de Pedro sobre las mujeres. En el dicho 114 de este apócrifo puede leerse:

> «Simón Pedro les dijo: ¡Que se aleje María [Magdalena] de nosotros! pues las mujeres no son dignas de la vida. Dijo Jesús: Mira, yo me encargaré de hacerla macho, de manera que también ella se convierta en un espíritu viviente, idéntico a vosotros los hombres: pues toda mujer que se haga varón, entrará en el reino del cielo».

Con lo de 'hacerla macho' se refiere a convertirla en un ser espiritual, función que le estaba vetada a las mujeres, pues el gnosticismo estaba reservado solo a los varones iniciados. Era una forma de alcanzar la salvación a través del conocimiento. Por tanto, para los gnósticos, María Magdalena encarna el conocimiento legado de Cristo, por lo que su figura era para ellos más importante que la de Pedro.

Algunos historiadores sugieren que la boda de Caná (Jn 2, 1-11) fue en realidad el propio enlace de Jesús con María Magdalena. Los defensores de esta tesis se basan en indicios como no citar el nombre de los novios, ni la causa por la que fue invitado Jesús y su familia, el protagonismo excesivo que se le da a Jesús con el problema del vino, que debía ser resuelto por los anfitriones, y lo extraño de que Jesús llame 'mujer' a su madre. ¿Era en realidad María Magdalena, a la que no se cita? ¿Se modificó el texto inicial sustituyendo los nombres para silenciar el enlace? ¿Se casó con otra distinta a la de Magdala? En el siglo IV, Agustín de Hipona propuso que el novio de la boda pudo ser Juan, el mismo autor de ese evangelio.

¿Era María Magdalena la esposa de Jesús de Nazaret? (La aparición de Jesús a Maria Magdalena, de Alexander Andreyevich Ivanov, 1835).

Para el reputado catedrático Antonio Piñero lo más probable es que Jesús, antes de la vida pública estuviera casado o viudo, a tenor de lo que pasaba en el Israel de su tiempo.

> «Según los evangelios, hasta los treinta años, si excluimos los capítulos especiales 1 y 2 de Lucas que narran algunas cosas maravillosas pero que ni siquiera los teólogos católicos creen que sean históricas, era una persona normal. Lo que es cierto, tras un análisis histórico crítico de los evangelios, es que durante su vida pública, uno o dos años, no iba acompañado de ninguna esposa» (Piñero, A., 2020),

En realidad, no se han encontrado referencias históricas serias sobre el presunto enlace de Jesús de Nazaret. ¿Se debe este silencio a la desaprobación del hecho por los discípulos al objeto de anular a Magdalena como elegida y, de paso, convertir la soltería en un modelo a seguir? ¿Se estaban forjando los cimientos para el celibato religioso?

En 2012, Karen King, catedrática de Teología en Harvard Divinity School, hizo público un fragmento de papiro del tamaño de una tarjeta de visita con un texto escrito en copto. La novedad es que incluía un calificativo más explícito pues, en lugar de 'compañera', se referían a María Magdalena directamente como 'esposa', por lo que se conoció como El evangelio de la esposa de Jesús. En él puede leerse: «Jesús les dijo, mi esposa… ella también será mi discípulo». La frase no continúa porque es solo un fragmento, pero sugiere que pudo estar casado. Las frases conservadas en este pequeño fragmento son las siguientes:

> «Mi madre me ha dado la vida…
> los discípulos preguntaron a Jesús…
> María es digna de eso…
> Jesús les dijo: mi esposa…
> Podrá ser mi discípula.
> Que los malvados revienten…
> en lo que me concierne, viviré con ella… una imagen».

Pese a que algunos expertos determinaron su autenticidad datándolo en el siglo IV, siendo una copia traducida de un evangelio griego del siglo II, en 2014 la prueba del radiocarbono estableció la antigüedad del papiro entre los años 650 y 870. Al conocer este dato, los apologetas católicos se apresuraron a considerarlo un fraude y el Vaticano, a través de L'Osservatore Romano, señaló su falsedad: «Razones sustanciales nos llevan a concluir que el papiro es, de hecho, una torpe falsificación». Esto lo declaran al mismo tiempo que autorizan la veneración de la Sábana Santa de Turín, pese a que tres pruebas distintas de carbono 14 demostraron que se trataba de una falsificación al determinar su antigüedad entre los años 1260 y 1390.

Otros van más allá y, en un derroche imaginativo, asocian la polémica frase del papiro con una metáfora, esto es, que al decir 'mi esposa' se estaba refiriendo a la Iglesia. En realidad, lo único que prueba el texto es que los cristianos del siglo VII ya se planteaban la posibilidad de esa unión sentimental. Este curioso documento, cuyo debate de autenticidad sigue abierto, resucitó la polémica sobre el celibato en la Iglesia católica. A diferencia de los dogmas de fe, verdades absolutas e indiscutibles para la Iglesia como la resurrección de Cristo y la Santísima Trinidad, el celibato es fruto de una ley eclesiástica, porque la mayoría de los padres de la Iglesia estaban casados y tuvieron descendencia. Simón (Pedro) estaba casado y tenía hijos, residía en Cafarnaúm con su mujer y su suegra (Mc 1, 29-31), tal y como sostiene Clemente de Alejandría (siglo II) y el texto apócrifo Hechos de Pedro. La ley canónica que impone el celibato podría ser cambiada en cualquier momento, pero ningún pontífice se ha atrevido, pese a las negativas consecuencias aparejadas frecuentemente a relaciones secretas e hijos ilegítimos.

La supuesta soltería de Jesús fue la excusa para, con el tiempo, implantar el celibato en la Iglesia pues, durante los primeros mil años de cristianismo, en el clero se permitió que los religiosos se casaran, pero se prohibió en los mil años siguientes. El celibato eclesiástico se fue reconociendo como un valor, entendido más como castidad que como soltería. Ya en los siglos III y IV hubo movimientos católicos que lo promovieron. El Concilio de Elvira del año 306, aunque permitía los matrimonios de religiosos, decretó que los clérigos debían «abstenerse de sus mujeres y de engendrar hijos», amenazando con expulsarlos (canon 33). La preocupación se centró más en el hecho de tener hijos que en el matrimonio en sí.

En el Concilio de Nicea del 325 se prohibió el matrimonio para los sacerdotes que ya hubiesen recibido sus órdenes mayores. Se insistió en el Concilio de Cartago del 390 y en el Quinisexto de Constantinopla del 692, además de las insistentes disposiciones de pontífices como Siricio (384–399) o León Magno (440–461). Pero las repetidas advertencias caían en saco roto y los juramentos de castidad en la ordenación quedaban en evidencia cuando esposas y concubinas se empreñaban y parían. Incluso los papas se saltaban las normas. Tal fue el caso de Juan XII, el papa Fornicario. Conocidos fueron sus escándalos sexuales con numerosas mujeres y convirtió el palacio papal en «una casa de meretrices» (Liutprando de Cremona, *Antapodosis).* Murió en el año 964, asesinado de un martillazo en la cabeza por un marido que le sorprendió fornicando con su mujer.

El interés de la Iglesia en el celibato se basa en la dedicación por entero a la obra de Dios, inspirándose en Pablo de Tarso, que defendería la soltería, como soltero que era, en su primera carta a los Corintios:

> «Quisiera más bien que todos los hombres fuesen como yo; pero cada uno tiene su propio don de Dios, uno a la verdad de un modo, y otro de otro. Digo, pues, a los solteros y a las viudas, que bueno les fuera quedarse como yo; pero si no tienen don de continencia, cásense, pues mejor es casarse que estarse quemando» (I Cor 7, 7-9).

Esta carta fue escrita entre el 54 y el 57 d. C., por lo tanto es anterior a los evangelios sinópticos. En otra cita de la Epístola a los Efesios, también atribuida a Pablo, sugiere la soltería de Cristo: «Maridos, amad a vuestras mujeres, así como Cristo amó a la Iglesia y se entregó a sí mismo por ella» (Ef 5, 25). Se deduce que, si hubiera estado casado, hubiera dicho «así como Cristo amó a su esposa», ¿o fue realmente eso lo que se escribió en el texto original antes de ser modificado? Si para el judaísmo bíblico no procrear era una maldición y se repudiaba a las mujeres que no engendraban, en el cristianismo se las empieza a justificar si se da en el colectivo religioso. Pablo sentenciaba: «El no casado se preocupa de las cosas del Señor, de cómo agradar al Señor. El casado se preocupa de las cosas del mundo; está por tanto dividido» (1 Cor 7, 32). Ya lo advirtió el obispo Ambrosio de Milán (373-397): «La vida conyugal es incompatible con una carrera en la Iglesia. Incluso un buen matrimonio es la esclavitud».

Pese a que hubo numerosos papas casados y con hijos, se apostó por la soltería para llevar a cabo un mejor servicio a Dios, por disfrutar de una mayor disponibilidad para la dedicación y predicación pues consideraban que, cuando un hombre se casa, se dispersa con obligaciones inherentes del matrimonio y los hijos. Se empezó a considerar el celibato como un estadio superior frente al matrimonio. El sexo, a ojos de la Iglesia, era visto como una acción pecaminosa reservada únicamente a perpetuar la especie: «Y los bendijo Dios y les dijo: sed fecundos y multiplicaos» (Gn 1, 28).

José María Escrivá de Balaguer, fundador del Opus Dei y santo desde 2002, sostenía:

> «El matrimonio es para la clase de tropa y no para el estado mayor de Cristo. Así, mientras comer es una exigencia para cada individuo, engendrar es exigencia solo para la especie, pudiendo desentenderse las personas singulares. ¿Ansia de hijos? Hijos, muchos hijos, y un rastro imborrable de luz dejaremos si sacrificamos el egoísmo de la carne» (Máxima 28 de *Camino*).

En realidad, una mayor dedicación a Dios fue el pretexto, porque la tendencia de preferir solteros escondía un motivo más ambicioso: evitar que el poder económico de la Iglesia se diluyera en herencias y particiones a descendientes porque los bienes de los religiosos fallecidos pasaban a ser propiedad de la Iglesia. En el Sínodo de Pavía de 1018, se prohibió a los clérigos legar propiedades de la Iglesia a sus familias. El papa Nicolás II (1059-1061) dio otra vuelta de tuerca excomulgando a los sacerdotes casados que no repudiasen a sus esposas. Concebido como un elemento estratégico y estructural de una institución fuertemente centralizada, el celibato eclesiástico tomó fuerza en el siglo XI con papas como León IX y Gregorio VII y terminó siendo instituido en el concilio ecuménico de Letrán (1122 al 1315), que declaró nulos los matrimonios de los clérigos, ratificado en el de Trento (1545-1563). Durante la Edad Media, la Iglesia acopió una fortuna incalculable en bienes patrimoniales, muebles e inmuebles, procedentes de la herencia de los propios clérigos, además de lo arrimado con diezmos, venta de indulgencias, simonías sacramentales, favores y dádivas, hasta el punto que podía financiar ejércitos.

Este acopio material entra en contradicción con las múltiples referencias bíblicas sobre la humildad y la pobreza de Jesús y las reticencias sobre los ricos: «Cuán difícilmente entrarán en el reino de Dios los que tienen riquezas» (Mc 10, 23). Con el voto de pobreza, el religioso no es dueño ni del hábito que viste, no dispone ni del dominio sobre su propio cuerpo y asume la vida que, según los evangelios, tuvo Jesús; sin embargo, la orden a la que pertenece acumulará latifundios, obras de arte, joyas, tierras y todo tipo de propiedades. Esta es una de las muchas paradojas del catolicismo, pues la jerarquía eclesial, siempre atenta al interés crematístico, hizo frente a movimientos que tenían una interpretación distinta del concepto cristiano de pobreza, tales como cátaros, valdenses, fraticelli, dulcinistas, etc., a los que combatió incluso con la Inquisición y las armas. Creó, no obstante, órdenes mendicantes como dominicos y franciscanos, en los que tenían cabida frailes, sores y terciarios con empeños de pobreza.

En definitiva, se desconoce si Jesús de Nazaret se casó o no. No existe ninguna referencia historiográfica de esta unión ni de la descendencia. Sobre su vida se ciernen grandes intrigas, más aún cuando no se sabe nada sobre la mayor parte de ella, pues no existen referencias biográficas creíbles desde los doce años de edad hasta los treinta. Este periodo se conoce como los 'años oscuros de Jesús', un silencio que para muchos es la prueba evidente del interés por fabricar una leyenda, pues la literatura evangélica solo se centró en los dos puntos imprescindibles para la construcción de un mito: sus orígenes y su muerte épica como mártir.

¿Tuvo Jesús un hijo?

Obviando el empeño de una Iglesia interesada en el celibato, surge la lógica curiosidad por saber si el Jesús histórico se casó, si formó una familia y tuvo descendencia. El tema es tan sugerente que muchos autores divulgaron esta posibilidad en la literatura de ficción, sobre todo tras el descubrimiento de los evangelios apócrifos de Nag Hammadi en 1945.

El escritor griego Nikos Kazantzakis publicó en 1953 su novela *La última tentación de Cristo*, que fue llevada al cine por Scorsese en 1988. Otros autores como Lynn Picknett y Clive Princey (*La revelación de los templarios,* 1997), abordaron un hipotético linaje, si bien la obra más conocida fue, sin duda, *El código Da Vinci* (2003) de Dan Brown, un *bestseller* traducido a 44 idiomas con más de 80 millones de ejemplares vendidos en todo el mundo. Esta novela desató la polémica por cuanto implicaba al Opus Dei como la organización que encubría esa información, al tiempo que acusaba al cristianismo de divulgar la mentira de la supuesta soltería de Jesús. Para su obra, Brown se había inspirado en *La Santa Sangre y el Santo Grial* de Jonathan Cape, traducido al español como *El enigma sagrado* de Michael Baigent, Richard Leigh y Henry Lincoln.

En este ensayo esotérico, los autores sostienen que Magdalena estaba embarazada de tres meses cuando Jesús murió, tras lo cual huyó a Francia para proteger a su hijo. Acompañada por otros discípulos como Marta, Lázaro, María de Betania, Salomé y José de Arimatea, que portaba el Santo Grial, atravesaron el Mediterráneo en una barca milagrosa desprovista de remos ni velas. En Marsella, María Magdalena dio a luz a su hija Sara (apodada Sara la Negra, por la oscuridad de su piel) que, con el tiempo, se casó con un rico príncipe formando la dinastía merovingia. Para estos autores, el Santo

Grial no era el cáliz de Cristo utilizado en la última cena, sino su descendencia, donde realmente se conservaría la sangre de Cristo. Sugieren, pues, que el reino franco merovingio se formó con la estirpe de Jesús, de ahí que se les atribuya la adoración a santa Sara. Finalmente los merovingios serían despojados del trono en el siglo VIII, pero el secreto merovingio fue transmitido a los templarios de la primera cruzada empeñados en recuperar el cáliz de Cristo y los restos de María Magdalena, pero la Iglesia católica los acusó de herejía y los exterminó en el siglo XIII. El relevo pasó a la sociedad secreta del Priorato de Sion a la que, según dicen, han pertenecido miembros tan relevantes como Famel, Botticelli, Leonardo da Vinci, Newton o Víctor Hugo. Todo fue fruto de una especulación imaginativa, si bien abrió un debate que posteriormente relanzaría Brown en su *bestseller.*

Otras versiones de la leyenda dicen que la niña Sara ya venía con ellos en la barca y, en otras, que Sara era una joven que ya residía en Marsella. En la ciudad francesa de Notre Dame de la Mer (Nuestra Señora del Mar), conocida a partir de 1838 como Saintes Maries de la Mer (Santas Marías del Mar). La tradición asegura que María Magdalena, junto a María de Cleofás y María Salomé (de ahí lo de las Marías del Mar) alcanzaron la costa de aquella ciudad y que una joven gitana llamada Sara, les auxilió cuando la embarcación estaba a punto de zozobrar. Razón por la cual en esta ciudad se celebra la romería en la que los gitanos sacan la imagen de Sara la Negra y la llevan al mar. Sin embargo, la figura de Sara no aparece citada en Francia hasta 1521 en la *Légende des Saintes-Maries*, de Vincent Philippon, asociada a la mendicidad, por lo que el pueblo gitano la adoptó como su patrona. Pero no existen cultos anteriores a 1800, por lo que se trata de una tradición reciente.

En *El evangelio perdido*, de Barrie Wilson y Simcha Jacobovici, se dice que Jesús y María Magdalena tuvieron dos hijos. Se basan en un manuscrito del siglo VI hallado en la Biblioteca Británica de Londres, *La historia eclesiástica de Zacarías Retórico (de Mitilene),* escrito en siríaco, un dialecto del arameo medio. Se trata de una antología que incluye la historia de Joseph y Aseneth, escrita durante la diáspora judeo-alejandrina del siglo I a. C. al I d. C. Pese a que el manuscrito ha estado archivado 170 años, no se había traducido. Wilson y Jacobvici establecen conexiones entre Jesús y el emperador Tiberio y sus autores aseguran que se planeó un intento de asesinato sobre la familia de Jesús, además de afirmar que la Virgen María, era en realidad la esposa de Cristo y no su madre. El colectivo católico consideró descabellada esta hipótesis. En realidad, esta obra es continuación del libro *La tumba de Jesús y su familia,* que el propio Jacobovici escribió en unión de Charles Pellegrino, sobre el descubrimiento de la tumba de Talpiot, que creen fue utilizada para dar sepultura a Jesucristo y a su familia. Abordaremos esta cuestión más adelante.

Sobre el misterioso 'discípulo amado' se ha especulado mucho. Algunos opinan que se trata del mismo autor desconocido del evangelio atribuido a Juan. Unos dicen que fue el apóstol Juan, otros que Lázaro de Betania. Otros creen que es Juan Marcos (Enrique, A., 2000), otros, que se trata de María Magdalena (Ramón K. Jusino, 1998) y, algunos, que es su pareja masculina por su condición homosexual, por sus referencias al 'discípulo al que Jesús amaba'.

Por algún motivo desconocido, el 'discípulo amado' es el favorito de Jesús, al que se menciona varias veces en los evangelios, pero cuyo nombre incomprensiblemente nunca se dice. Tal vez fuera aquel joven que seguía a Jesús a todas partes, aquel que estaba presente en la redada en la que apresaron a Jesús en Getsemaní y que consiguió zafarse de los romanos: «Pero cierto joven le seguía, cubierto el cuerpo con una sábana; y le prendieron; mas él, dejando la sábana, huyó desnudo» (Mc 14, 51). Tal vez sea el mismo que se recostó sobre el pecho de Jesús durante la última cena (Jn 13, 25), el mismo que lloró a los pies de la cruz junto a la virgen María y Magdalena cuando Jesús dijo «Mujer, he ahí a tu hijo» (Jn 19, 26). El mismo discípulo 'que Jesús amaba' que corrió junto a Pedro hacia el sepulcro vacío tras la resurrección (Jn 20, 1). No tiene sentido que, siendo el discípulo más amado de Jesús y, por tanto, sobradamente conocido en el grupo, en ningún momento se diga su nombre. ¿Por qué? La intencionalidad de innominarlo resulta más que sospechosa. Hay autores que sostienen que ese joven se llamaba Judá y era hijo de Jesús y de María Magdalena, tal y como se deduce de los diez osarios de la tumba del barrio de Talpiot de Jerusalén (Jacobovici y Pellegrino, 2007).

En los evangelios hay tres personajes muy próximos a Jesús en los que, por alguna razón, deliberadamente se les resta importancia pese a tratarse de personajes clave de extraordinaria relevancia y muy próximos a Jesús, cuales son, su hermano Santiago, María Magdalena y el misterioso 'discípulo amado'. Pablo y los evangelistas

En esta obra de Andre di Bartolo de 1390 se representa, junto a Jesús, a la virgen María y al «discípulo amado», cuyo nombre se desconoce (Museo Nacional de Varsovia).

no se atrevieron a eliminarlos del todo en los textos, dada su enorme trascendencia, pero minimizaron su protagonismo. A Santiago porque se cree que sustituyó a Jesús en la jefatura la Iglesia primitiva y lideró una facción de judíos celosos de la ley mosaica, hostil al clero saduceo y rival de Pablo por negarse a sus aperturismos hacia los gentiles. Pablo aprovechó la ejecución de Santiago para llevar a cabo su empeño, ya sin oposición. Otro tanto hicieron con María Magdalena sobre la que omitieron cualquier vínculo sentimental y a quien llegaron a humillar estigmatizándola con un falso pasado de prostituta. Y del 'discípulo amado' se omite directamente el nombre, pese a estar presente en los momentos claves de la pasión de Jesús, como uno de sus más directos allegados.

Jesús pudo perfectamente haberse casado y tener hijos. Era lo común en la sociedad judía del siglo I. De hecho, el modelo de familia de los evangelios tendría mucho más sentido si el mismo mesías hubiera formado una. No sería sino tras muchos lustros, incluso siglos después, cuando la Iglesia se cerró a dicha posibilidad. Todo apunta a que la Iglesia reescribió la historia del Jesús histórico a título póstumo adaptando su biografía a sus intereses. Al convertirlo en el mesías y en el hijo de Dios, no había lugar para una esposa en tiempos donde se detestaba a las mujeres. Tanto el judaísmo como sus versiones cristiana e islámica, lastran con una larga tradición machista y homófoba. Tras siglos sosteniendo que Jesús es Dios, ¿cómo reconocer que Dios se hubiera casado con una humana y tuviera con ella descendencia? Imposible, Dios no se casa. Siglos atrás ya se encargaron de eliminar del imaginario popular a Asherah, considerada la esposa de Yahvé. Si se quitaron de en medio a una diosa, no les iba a temblar la mano con una mortal. Bastante tenían con el estigma de que el padre de la Iglesia y primer papa, san Pedro, estuviera casado y con hijos. La mujer era el pecado por antonomasia y el celibato era un estadio superior de salvar las tentaciones del género inferior, optando por la castidad como modelo de perfección. Ni que decir tiene que una cosa fue la teoría y otra la práctica.

Ni María Magdalena ni su probable descendencia encajaban en su modelo mesiánico. Reconocer un matrimonio o un amancebamiento suponía dinamitar el fundamento cristológico del celibato canónico, perdiendo sentido la dedicación de una vida consagrada solo a Dios, al tiempo que se desmontaría la visión pecadora sobre la sexualidad.

Las tumbas de Talpiot

En 1980 se perforaban unos cimientos para la construcción de un complejo urbanístico en el barrio de Talpiot de Jerusalén, cuando los obreros se toparon con un sepulcro excavado en la roca. Contenía diez osarios del siglo I. Paradas las obras, el descubrimiento fue supervisado por los arqueólogos israelitas Amos Kloner y Eliot Braun, así como por el inspector de antigüedades Yosef Gat. En su informe, Kloner describió el espacio mortuorio como dos cámaras en las que había dos nichos arcosolios con fragmentos de huesos, tres calaveras y vértebras en el suelo de la cámara principal y diez osarios

El investigador Simcha Jacobovici dentro de la tumba Talpiot examinando un nicho funerario.

(seis sin sus tapas), la mitad de ellos decorados con rosetas y guardas, la otra mitad lisos. Probablemente habían sido utilizados por varias generaciones.

Seis de los diez osarios tenía inscripciones en sus laterales con los nombres de las personas cuyos restos fueron en su tiempo depositados allí. Aquí es donde aparece la sorpresa: Jesús, hijo de José, María la Señora, Judá hijo de Jesús, José, María y Mateo. Las inscripciones debieron hacerse con un punzón arañando la piedra, por lo que no todos los nombres se leen con claridad. Hubo un décimo osario que se dijo que había sido robado y que tenía la inscripción: Santiago, hijo de José, hermano de Jesús. Cuatro de los osarios presentaban marcas cruciformes asociadas con el símbolo de la cruz.

La noticia alcanzó repercusión internacional con la emisión del documental de la BBC *La tumba perdida de Jesús*, producido en 2007 por James Cameron, en el que participó Simcha Jacobovici, coautor de *El Evangelio perdido*. En él se propone que esta tumba contuvo los restos mortales de Jesús de Nazaret y de varios miembros de su familia: su madre y María Magdalena, lo cual explicaría su enterramiento junto al de Jesús porque estaban casados. Pero además aparece el osario de Judá, 'hijo de Jesús'.

Osario con la inscripción en arameo Yeshúah B Yoshef (Jesús hijo de José) en el barrio de Talpiot, a las afueras de Jerusalén (Museo Arqueológico de Jerusalén).

Analicemos cada una de estas inscripciones:

YESHÚAH B YOSHEF: Está escrito en arameo y la opinión mayoritaria es que la B es la abreviatura de la palabra Bar, que significa 'hijo de'. Por tanto, su traducción es 'Jesús hijo de José'. Los reticentes apologistas cristianos alegan lo común de esos dos nombres, de hecho, sería la segunda tumba con este nombre por los alrededores, pues en 1926 el arqueólogo Eleazar Sukenik, profesor de la Universidad Hebrea de Jerusalén, encontró otro osario del siglo I con la inscripción «Jesús hijo de José» (James D. Tabor, 2005). Otros autores opinan que cuesta leer la palabra 'Jesús' y alguno propone que lo escrito no es Jesús sino 'Hanun' o 'Yadun' (Stephen J. Pfann, 2007).

MARIAMÊNOU HE MARA: única escrita en griego, podría significar 'María la Señora', indicativo de autoridad. Mariamne es la versión de *Mariam* o *María*. En griego koiné María aparece como Mariam, otro tanto ocurre en el apócrifo de Felipe para referirse a María Magdalena. Sin embargo, algunos apuntan a que la traducción podría ser «Mariamene, quien es [también llamada] Mara». Otros, como Stephen Pfann, ven tras la palabra Mariemne la letra griega kappa seguida por una alfa y una iota ligadas, formando la conjunción griega kai, equivalente a 'y', por lo que sugiere Mariame

Inscripción aramea de Yeshúa bar Yehosef (Jesús hijo de José) encontrada en un osario del siglo I en el barrio de Talpiot, a las afueras de Jerusalén.

kai Mara (Mariame y Mara), que indicaría que allí yacían dos personas, bien dos hermanas, madre e hija o incluso un matrimonio, pues se conocen casos de Mara como nombre de varón.

Los apologistas cristianos aducen que el nombre de María era muy habitual en Palestina, tanto que una de cada cuatro o cinco mujeres de aquel tiempo se llamaban María. Seis de ellas aparecen en el Nuevo Testamento (María la madre de Jesús, María de Cleofás, María de Betania, María Magdalena, María de Roma y María, la madre de Juan Marcos). En dos ocasiones se cita a María de Betania como Mariam, y en otras dos a María Magdalena. Jacobovici y Pellegrino asocian el nombre con la Mariamne citada en el apócrifo de Felipe, fuente tardía.

YEHUDAH BAR YEHSHÚAH: escrita en arameo, su traducción sería «Judas hijo de Jesús». Los descubridores se apoyan en esta inscripción para creer que Jesús de Nazaret tuvo descendencia y que dicho osario albergó los restos de un hijo llamado Judas, o Judá.

YOSH [e]: Escrito en hebreo, sería una contracción de *Yoshef* (José). Uno de los cuatro hermanos de Jesús era José, aunque la Iglesia, tal vez para defender la virginidad de María y no atribuirle más hijos que el propio Jesús, alega que el término 'hermano' podría tratarse de hermanastros (posibles hijos de José de un matrimonio anterior) o de primos, figura esta que en muchas culturas se considera tan próxima como los hermanos.

MRH: Escrita en hebreo. Se cree que corresponde a Maríah o Marah.

MATITHYAHU: escrito en hebreo, que significa Mateo o la variante Matatías. En el Nuevo Testamento no hay referencias de que Jesús tuviera un familiar llamado Mateo, pero sí Matatías (véase su genealogía en Lc 3, 23-38).

YA'AKOV BAR YOSHEF DI YEHSHÚAH: traducido como «Jacobo hijo de José, hermano de Jesús», inscripción que se encuentra en el polémico décimo osario, que dijeron que fue robado y posteriormente recuperado. Recordemos que Jacobo era más conocido por Santiago, apóstol de Jesús, palabra compuesta procedente de Sant

Yacob. Se popularizó en la Edad Media durante la Reconquista al convertirse en grito de guerra para los cristianos. El osario de Santiago fue localizado en un mercado de antigüedades de Israel e intervenido a Oded Golan, que fue procesado por fraude. Aunque varios expertos determinaron que el osario es auténtico, se cree que la última parte de su inscripción (hermano de Jesús) fue un añadido del propio Golan, si bien no pudo demostrarse y finalmente sería absuelto y el osario volvió a sus manos.

El geólogo Aryeh Shimron analizó las muestras químicas tomadas del osario de Santiago comparándolas con los del resto de la tumba y con otros osarios de aquel tiempo tomados al azar, llegando a la conclusión de que pertenecía a Talpiot por la coincidencia de elementos químicos. Bob Genna, investigador neoyorkino, analizó la pátina de los osarios, es decir la película de material adherido, concluyendo que todos los osarios, incluido el de Santiago, tenían la misma procedencia geográfica. Un primer estudio estadístico realizado por Camille Fuchs, profesor de la Universidad de Tel Aviv, estimaba que no pudieron haber fallecido más de dos judíos en Jerusalén de nombre Yacob, que fueran hijo de José y que además fueran hermanos de Jesús (Stephen Pfann, 2012). Sin embargo, Amos Kloner, el arqueólogo que elevó el informe sobre el descubrimiento, aseguraba

Osario de Talpiot con la inscripción en arameo: Yehudah Bar Yehsúah «Judá hijo de Jesús», cerca del osario nominado «Jesús hijo de José» (Museo Arqueológico de Jerusalén).

que el décimo osario carecía de inscripción, y que Oded Golan, a quien le fue requisado el osario, lo tenía desde 1976, anterior al descubrimiento.

Sobre los osarios de Talpiot se hicieron varios estudios. Andrey Feuerverger, profesor de la Universidad de Toronto, realizó un nuevo estudio estadístico y, ante el número de nombres de la tumba, consideró que la probabilidad de que fuera la tumba de Jesús de Nazaret era de 600 a 1. Este estudio fue rebatido por Stephen Pfann, de la Universidad de Tierra Santa, que considera incorrecta la aplicación de Feuerverger, por cuanto no existe una base de datos en Judea o en Galilea para establecer la probabilidad de sus conclusiones (Stephen Pfann, 2012).

Aunque no pudo hacerse análisis de ADN nuclear, sí se analizó el ADN mitocondrial (el que se hereda por vía materna) de los restos aparecidos en dos de los osarios más significativos, los que poseen las inscripciones de 'Jesús, hijo de José' y de 'Maríanne, la Señora' llegándose a la conclusión de que los restos que habían estado en sendos osarios no estaban emparentados por línea materna, es decir que no era hermanos ni descendientes. Esto llevó a la conclusión de que, según las inscripciones, Jesús era el hijo de José y Judá era el hijo de Jesús y, al no compartir la misma madre con Marianne, pudiera tratarse de las tumbas de María Magdalena y de Jesús de Nazaret, si bien esta evidencia no prueba que fueran marido y mujer.

Aunque todos los nombres eran comunes en la Palestina del siglo I, la posibilidad de que coincidieran en un mismo sepulcro, teniendo en cuenta la población de entonces de Jerusalén, lo convierte en un hecho único, tal y como sostienen Pellegrino y Jacobovici en *La tumba de Jesús y su familia*. Los autores creen que Jesús tuvo un hijo llamado Judá, o Judas, y sospechan que pudo ser el misterioso 'discípulo amado' del Evangelio de Juan. Si es ese chico, tal vez justifique el hecho de que, tras el entierro de Jesús, cuando María Magdalena anunció a Pedro que se encontraba junto al 'discípulo amado', que la tumba de Jesús estaba vacía, ambos salieron corriendo a comprobarlo, pero aquel adelantó a Pedro en la carrera, seguramente por la agilidad propia de la juventud: «Entonces corrió, y fue a Simón Pedro y al otro discípulo, aquel al que amaba Jesús, y les dijo: Se han llevado del sepulcro al Señor, y no sabemos dónde le han puesto. Y salieron Pedro y el otro discípulo, y fueron al sepulcro» (Jn 20, 2-4).

Para algunos, este episodio no es más que la última asamblea de miembros judíos de la resistencia antiimperialista en Getsemaní (oración del Huerto) frustrada por una redada de soldados y sayones con orden de apresar al líder (Jesús) mientras los demás huyeron. Es curioso que se resalte la anécdota del joven que huyó. ¿Con qué finalidad? ¿Qué importancia tiene el episodio para que se le dedique ese comentario en el evangelio más breve y más antiguo? También sugieren que las palabras de Cristo en la cruz a su madre: «¡Mujer, he ahí tu hijo!», y al discípulo amado: «¡He ahí tu madre!» (Jn 19, 26) se referían en realidad, no a la Virgen María, sino a María Magdalena y a Judá, su hijo, ambos presentes. Consideran, pues, que tanto el padre (Jesús), como la madre (María Magdalena), el hijo (Judá), la abuela (María) y el tío (Santiago) terminarían con el tiempo enterrados en el mismo lugar: la tumba familiar de Talpiot.

Cinco años más tarde, en 2012, los autores del documental regresaron al lugar y exploraron una segunda tumba contigua utilizando una microcámara robótica, localizando otro osario con una imagen que parece a Jonás emergiendo del gran pez que se lo tragó, símbolo tradicional de la resurrección de Jesús. En la inscripción podía leerse «¡Divino Jehová, levántate! ¡Levántate!». El equipo de Jacobovici logró desenterrarla, llegando a la conclusión de que había sido empleada como depósito (*genizah*) de copias usadas de libros de la Biblia hebrea. Pero esto presenta un dilema: tendríamos una tumba con el osario de Jesús que demostraría que no resucitó, y otro osario en una tumba aledaña, del mismo periodo, con una alegoría gráfica sobre la resurrección. Algunos autores creen que los débiles trazos no representan a Jonás sino un patrón geométrico abstracto o la representación de un tarro.

Además, todos esos otros nombres inscritos en los osarios en la tumba de Talpiot, habrían sido de difuntos presuntamente enterrados allí años después de Jesús. En otras palabras, los primeros cristianos, bajo la creencia de que Jesús era el hijo de Dios resucitado, entraban a su tumba para depositar los restos de sus familiares.

En aquel tiempo la mayoría de las tumbas de Jerusalén eran cuevas talladas en la roca, a extramuros de la ciudad. Por entonces estaban prohibidos los enterramientos en el interior de la urbe, por lo que los cuerpos eran trasladados en tumbas horadadas en los arrabales, donde permanecían hasta que solo quedaban los huesos.

Transcurrido un año, eran recogidos y depositados en sarcófagos de piedra u osarios, donde quedaban preservados de las inclemencias del tiempo durante cientos de años. Estos osarios se introducían en unos nichos o cavidades llamadas en hebreo *kojim* que se cerraban con piedras. La tumba se utilizaba como un panteón familiar, albergando restos de varios miembros a lo largo de varias generaciones. Solo familias acomodadas podían permitirse este tipo de sepulcros familiares. Jesús no tenía medios económicos, pero sí personas que financiaron su causa. Según el NT, tras morir en la cruz, José de Arimatea solicitó a Poncio Pilato el cadáver de Jesús, lo envolvió en un sudario de lino y lo llevó a una tumba de su propiedad. Mateo, Lucas y Juan dicen que la tumba era nueva. Los dos primeros y Marcos especifican que estaba cavada en la roca. Recordemos que José de Arimatea era probablemente un fariseo mesiánico miembro del Sanedrín, que también esperaba en secreto el fin del mundo inminente y la implantación del reino de Dios.

Es difícil que la ciencia pueda confirmar que la tumba del Talpiot albergase los restos del Jesús histórico y de su familia, debido al tiempo transcurrido, a la ausencia de muestras biológicas con las que ser comparadas y de referencias históricas ajenas a la literatura religiosa. Solo se puede especular con hipótesis. De probarse algún día que Jesús se casó y que tuvo descendencia, estaríamos ante un descubrimiento de proporciones colosales, pues, el hecho de ser enterrado y conservados sus huesos en un receptáculo de piedra con su nombre, echaría por tierra el mito de la resurrección, base doctrinal del cristianismo. Al mismo tiempo se confirmaría el Jesús histórico como un hombre normal y corriente, frente al mito bíblico divinizado, un mesías con poderes sobrenaturales por ser el hijo de Dios.

Algunos autores, entre ellos el catedrático español Antonio Piñero, opinan que el documental de James Cameron es totalmente fantasioso y está realizado con pretensiones económicas. «Hay que tener en cuenta —sostiene Piñero—, que los cristianos primitivos tenían una tradición antiveneración de la tumba de los profetas. Probablemente Jesús no quería que se venerase su tumba. Eso viene después» (Piñero, A. 2020). De hecho, este catedrático opina que lo más probable es que Jesús hubiera sido enterrado en una fosa común donde fueron arrojados los bandoleros/sediciosos crucificados, según se deduce del capítulo 13 de Hechos de los Apóstoles. Versión, a su juicio, más verosímil que la de los evangelios, que embellecen el asunto con un sarcófago propiedad de un rico sanedrita como José de Arimatea.

Como era de esperar, los apologetas católicos criticaron tanto el libro de Jacobovici y Pellegrino, como el documental de James Cameron, discrepando con cada una de las tesis que ponían en entredicho las Sagradas Escrituras. Criticaron las referencias gnósticas utilizadas, por tratarse de textos ajenos al canon y posteriores a los evangelios canónicos. Rechazaron la posibilidad de que Jesús fuese enterrado en Talpiot, alegando que, según el NT, fue enterrado próximo al Calvario, colina conocida como Gólgota, mientras que Talpiot dista tres kilómetros al sur.

Pero el error está en creer que el Gólgota estaba en el centro de la antigua ciudad. Una tradición del siglo IV lo sitúa, erróneamente, dentro de las murallas. Fue Helena de Constantinopla, la madre del emperador Constantino I, mitómana convertida al cristianismo, quien, en el año 325, creyó identificar el Calvario y, a pocos metros, la tumba de Jesús. En ese punto, su hijo construyó la iglesia del Santo Sepulcro. Pocos años después, en el 333, un peregrino anónimo escribió que la tumba del crucificado estaba a tiro de piedra del Gólgota, «Ahí, en la actualidad, por mandato del emperador Constantino, se ha construido una basílica; es decir, una iglesia de maravillosa belleza». (Itinerarium Burdigalense, p. 593-594). Su descripción no era más que la ubicación geográfica en la que Helena se empecinó. Por el obispo Eusebio de Cesárea (263-339 d. C.) conocemos la obstinación de la madre del emperador en la búsqueda de reliquias de Cristo.

Respecto a las marcas cruciformes en los osarios de Talpiot también hubo discrepancias. El profesor Sukenik cree que se trata de símbolos religiosos por la crucifixión de Jesús (Eleazar Sukenik, 1958). En cambio, los arqueólogos L.Y. Rahmani y Amos Kloner opinan que se trata de marcas de dirección hechas por los albañiles para alinear las tapas de los osarios (L.Y. Rahamani, 1994). Jacobovici propuso que era muy posible que el cuerpo de Jesús, una vez enterrado en una primera tumba o en una fosa común, fuese trasladado clandestinamente a la tumba de Talpiot. Esto justificaría que cuando llegaron las mujeres al sepulcro lo encontraran vacío. Nos ocuparemos de esta cuestión en el siguiente capítulo.

¿Resucitó o fue una farsa?

El ser humano no asume su finitud, le frustra el fin de la vida, desearía ser eterno y le aterra pensar que no haya nada tras el abismo de la muerte. Desprotegidos, nos aferramos a la idea de que seguiremos existiendo más allá de la vida, que habrá alguna salida tras una vida terrena demasiado breve y penosa. El problema es que, para saberlo, primero hay que morirse y nadie regresa para contarlo. Ante la falta de pruebas, la idea de que un hombre llamado Jesús resucitase siglos atrás, llenó de esperanza el corazón de muchos cristianos que se entregaron al mantra universal de la ceguera: creer sin ver. La resurrección es la creencia de que podemos seguir viviendo de alguna manera después de la muerte y, por tanto, ser eternos en lo ultraterreno.

No era una idea nueva. El origen de la creencia en una vida más allá de la muerte es casi tan antigüo como el ser humano. Hace 80.000 años el Homo Sapiens tomó conciencia de que estaba predestinado a morir y empezó a preguntarse si todo acababa con la descomposición del cuerpo. Fue ahí cuando empezó a diferenciarse del resto de animales. Se resistía a dejar a sus muertos a la intemperie para que se pudrieran y comenzó a enterrarlos. Se hacía preguntas, inició los ritos funerarios y, andando el tiempo, configuró las creencias relacionadas con divinidades que resucitaban como el dios fenicio Melkart o el egipcio Osiris. Rara es la religión que prescinde de la posibilidad de continuar la vida después de la muerte.

El judaísmo, el cristianismo y el islam tienen ideas similares respecto a lo que ocurre después de la muerte. En el judaísmo, el lugar donde van todos los muertos se llama *sheol*, del que nunca se vuelve. En el islamismo hay una suerte de inmortalidad, y en el cristianismo,

Pablo introduce el concepto de *apocatástasis*, que significa restablecimiento, el retorno al punto de partida, reunirse con Dios. En las culturas orientales, el hinduismo y el budismo creen en la reencarnación, volver a nacer en función de los actos de cada individuo, círculo del que se debe salir una vez alcanzada la perfección para el mundo metafísico de Brahma, deidad creadora que dio origen al universo, donde uno se diluye en el cosmos.

En el Antiguo Testamento ya aparece el concepto de resurrección física en el Libro de Daniel 12, 2-3: «Y muchos de los que duermen en el polvo de la tierra [los muertos] serán despertados [resucitarán] para la vida eterna, y otros para vergüenza y confusión perpetua. Los entendidos resplandecerán como el resplandor del firmamento; y los que enseñan la justicia a la multitud, como las estrellas a perpetua eternidad». El concepto de resurrección se repetirá en 2 Macabeos 7, en la historia de la madre y los siete hijos a los que el rey Antioco torturó y mató por negarse a comer alimentos impuros por la ley judía. «Acepto morir a manos de los hombres, esperando las promesas hechas por Dios de que él nos resucitará», dijo uno de los hijos.

Pero no todos los judíos pensaban igual. En el siglo I, según Josefo, las tres principales sectas hebreas tenían conceptos distintos de la resurrección: los saduceos sostenían que alma y cuerpo perecían al morir; los esenios, que el alma era inmortal pero no la carne; y los fariseos, que el alma era inmortal y que el cuerpo resucitaría para albergarlo. La resurrección de Jesús planteada, primero por Pablo y después por los evangelios, estaría más próxima a la de los fariseos (Van Voorst, R., 2000).

Dejando al margen la literatura legendaria y, partiendo de la premisa científica de que resucitar es científicamente imposible, surgen cuestiones como: ¿Robaron el cuerpo de Jesús? ¿Se equivocaron con el lugar donde estaba enterrado? ¿Por qué su tumba estaba vacía? ¿Estamos ante un fenómeno psicológico colectivo o un fraude?

Para el filósofo griego Celso (s.II), a Jesús le siguió un grupo de discípulos por practicar magia y tuvo una humillante muerte en la cruz, indigna de una divinidad. Criticó las fútiles pruebas que presentaban los cristianos sobre la divinidad de Jesús, a los que, en su *Discurso sobre la verdad*, recordaba que a otras figuras míticas del pasado griego también se les atribuyó el poder de la resurrección:

> «¿Qué razones os autorizaban a creer que él era Hijo de Dios? Y decís, porque él sufrió el suplicio para destruir la fuente del pecado. Pero ¿no hay millares de otros que fueron ejecutados y no con menos ignominia? (...) ¿Qué razón, a fin de cuentas, os persuade a creer en él? ¿Es porque predijo que después de muerto resucitaría? Pues bien, sea, admitamos que hubiera dicho eso. ¡Cuántos otros esparcen también maravillosas fanfarronadas para abusar y explotar la credulidad popular! Zamolxis de Citia, esclavo de Pitágoras, hizo otro tanto, según se dice, y el propio Pitágoras en Italia; y Rampsonit de Egipto, de quien se cuenta que jugó a los dados en el Hades con Deméter y que volvió a la tierra con un velo que la diosa le había dado. Y Orfeo entre los odrises, y Protesilao en Tesalia, y Hércules en el Ténero, y Teseo. Convendría previamente examinar si alguna vez alguien, realmente muerto, resucitó con el mismo cuerpo» (Celso, Discurso Verdadero, en el tratado apologético de Orígenes *Contra Celsum*).

Las religiones monoteístas abrahámicas creen en la resurrección. Para el cristianismo y, por ende, para el catolicismo, será, además, el símbolo de la trascendencia, el núcleo fundamental de su doctrina. «Si Cristo no resucitó, vacía es nuestra predicación, vacía es también nuestra fe» (I Cor 15, 14). La prodigiosa resurrección de Jesús, real para unos, inexistente para otros, se convirtió en una de las cuestiones más debatidas durante siglos. Y entre las posibilidades comentadas ya desde el día de autos, se encuentra la posibilidad de que el cuerpo de Jesús hubiera sido sacado de su tumba.

Según una tradición, el empeño de Helena de Constantinopla la llevó hasta el descubrimiento de la Vera Cruz, el madero donde Jesús murió. La historia, fantaseada en el siglo XIII por el fraile Jacobo de la Vorágine en su *Leyenda dorada,* no tiene desperdicio. Dice que la octogenaria e hiperactiva Helena llegó a Jerusalén e interrogó a los judíos más ancianos y sabios, que la condujeron hasta el monte de la Calavera, de ahí el nombre de Gólgota. Allí mandó demoler el templo romano erigido en honor a Venus dos siglos antes y excavar en el suelo, donde encontró intactas, después de más de tres siglos, las tres cruces: la de Jesús y las de los dos ladrones. ¿Cómo supo cuál era la verdadera? Con un procedimiento infalible: mandó traer a un hombre enfermo que, al tocar la cruz de Gestas empeoró súbitamente, al tocar la de Dimas quedó igual que al principio y al tocar la de Jesús (la Vera Cruz) quedó completamente sanado. Entonces se ordenó levantar la basílica del Santo Sepulcro, donde, se dice, se custodió la cruz hasta que, en el 614, el rey persa Cosroes II conquistó Jerusalén y la puso a sus pies en el trono para mofarse de los cristianos.

Otra leyenda dice que, en el 628, cuando Heraclio, vestido con gran lujo, intentó trasladar la Vera Cruz a Jerusalén, una fuerza sobrehumana se lo impidió hasta que el emperador no se despojó de sus galas como muestra de humildad. Pero lo cierto es que existen cientos de veracruces y reliquias del madero por todo el mundo, obviamente todas falsas, pero los fieles se postran ante ellas y oran piadosamente. En 1543, Juan Calvino, en su *Tratado de las reliquias*, decía que «Si quisiéramos recoger todo lo que se ha encontrado [de la cruz de Cristo], habría suficiente para cargar un gran barco». Pese a todo, Helena fue proclamada santa por las Iglesias católica, luterana y ortodoxa.

Sobre la ubicación del Gólgota existen distintas opiniones y todo parece indicar que Helena estaba en un error pues, si realmente la tumba estuviera muy próxima al Gólgota, ambas ubicaciones debían estar extramuros, porque los enterramientos estaban prohibidos dentro de la ciudad. En Hebreos 13, 12 se dice: «Por lo cual también Jesús, para santificar al pueblo mediante su propia sangre, padeció fuera de la puerta», es decir, fuera de las murallas de la ciudad. En 1842, el teólogo Otto Thenius, en su obra *Gólgota y santo sepulcro*, situó el Calvario en una loma a las afueras de la puerta de Damasco. Esa colina posee una roca con dos agujeros que recuerdan los ojos de un cráneo, por lo que asoció al nombre tradicional Gólgota, que significa calavera.

El Evangelio de Juan describe el lugar de la crucifixión (Gólgota) como «cercano a la ciudad», no dentro de la ciudad. Debía ser, además, un lugar visible y de paso para que fuese presenciado por el mayor número de personas sobre las que extender la noticia y el escarnio público:

> «Escribió también Pilato un título, que puso sobre la cruz, el cual decía: Jesús nazareno, rey de los judíos. Y muchos de los judíos leyeron este título; porque el lugar donde Jesús fue crucificado estaba cerca de la ciudad, y el título estaba escrito en hebreo, en griego y en latín» (Jn 19, 20).

Existen otras teorías que podrían explicar la supuesta resurrección de Jesús: que se llevaran el cuerpo a otra tumba, que el cuerpo fuera robado por sus discípulos, que el sepulcro hallado vacío no fuese la tumba de Jesús, que la resurrección fuese espiritual y no corporal, que no hubiera muerto (catalepsia), que hubiera sido fruto de la experiencia visionaria de algunos discípulos o una simple exaltación para mitigar la frustración de la muerte de su mesías.

El rumor de que el cuerpo de Jesús había sido robado de la tumba ya existía en tiempos del primer cristianismo pues el Evangelio de Mateo, escrito entre el 70 y el 100 d. C., aún como crítica para refutar la tesis, ya demuestra que se habló mucho sobre aquella cuestión que levantó el escepticismo sobre una resurrección que pocos creyeron.

Los sumos sacerdotes y los fariseos, tal vez adelantándose al plan de que se inventaran una resurrección al tercer día, como anunciaban las profecías, pidieron a Pilato vigilancia en la tumba, a donde envió una guardia. Sin embargo, el pueblo judío pensaba que fue un montaje para demostrar así la santidad de Jesús y glorificar su vilipendiado nombre (Richard Carrier, 2005). Los testimonios sobre la resurrección serían determinantes para extender el fervor en la difusión del cristianismo. Sin embargo, como sostiene el teólogo Geza Vermes en *La Resurrección* (2008), sería la destreza doctrinal y organizativa de Pablo de Tarso la que permitió que el naciente cristianismo se erigiera en una poderosa religión mundial centrada en la resurrección. La fe ciega de un creyente fundamentalista temeroso de un Dios que se había mostrado implacable en el AT, la posibilidad de seguir viviendo, el miedo a un castigo eterno en la otra vida y la decisión del emperador Teodosio de convertir el cristianismo en la religión del Imperio romano en el año 380, hicieron el resto para su vertiginosa expansión.

La versión de Mateo sobre la resurrección es muy cinematográfica: cuando María Magdalena llega a la tumba, hay un terremoto, la piedra se desplaza y aparece un ángel que ahuyenta a los guardias. La tumba aparece vacía. Los sumos sacerdotes sobornan a los guardias para que mientan y den otra versión distinta para ocultar la resurrección:

> «Mientras ellas iban, he aquí unos de la guardia fueron a la ciudad, y dieron aviso a los principales sacerdotes de todas las cosas que habían

> acontecido. Y reunidos con los ancianos, y habido consejo, dieron mucho dinero a los soldados, diciendo: Decid vosotros: Sus discípulos vinieron de noche, y lo hurtaron, estando nosotros dormidos. Y si esto lo oyere el gobernador, nosotros le persuadiremos, y os pondremos a salvo. Y ellos, tomando el dinero, hicieron como se les había instruido. Este dicho se ha divulgado entre los judíos hasta el día de hoy» (Mt 28, 11-15).

No parece lógico que los guardias fuesen a informar a los sumos sacerdotes en lugar de comunicar el incidente a sus superiores militares, a no ser que no fueran soldados romanos los custodios, sino sacerdotes judíos. Pero la cita refiere claramente que eran soldados, lo cual carece de lógica y confirma el persistente interés de los evangelios en culpar a los judíos en detrimento de los romanos, verdaderos culpables de la muerte de Jesús.

El historiador William Craig, en su obra *El guardián de la tumba* (1984), considera que el episodio de la guardia y los jefes de los sacerdotes no es más que una adición de Mateo con la intención de reforzar la idea de que el cuerpo resucitó. Se trataría de una leyenda apologética. Otros eruditos como Michael White, Helmut Koester y Ricard Carrier sostienen que la historia debió añadirse para contrarrestar las acusaciones de los judíos de que los discípulos robaron el cuerpo. Resulta sospechoso que en los demás evangelios se omita toda mención a esa supuesta guardia que vigilaba la tumba, tampoco se cita en Hechos, ni lo refiere Pablo, pese a que sus epístolas son más antiguas que los evangelios. Carrier refuerza la hipótesis de la ficción en Mateo añadiendo que su relato «implica informar sobre conversaciones privilegiadas entre los sacerdotes y Pilato, y las entonces secretas comunicaciones entre los sacerdotes y los guardias, sobre las cuales ningún cristiano podía haber sabido» (Carrier, 2006). Se trata pues de una invención para salir del paso de la desconfianza judía, pues la información que se refiere en Mateo no pudo haberla conocido el autor del evangelio.

Existe otro documento en el que se habla de la guardia romana: el evangelio apócrifo de Pedro, no reconocido por la Iglesia, donde se relata una inverosímil versión que añade más fantasía a la invención de Mateo. Escrito hacia el año 150 d. C., por tanto posterior a los sinópticos, fue encontrado en Egipto en 1887. Su autor, que ni mucho menos fue el apóstol Pedro, expone un relato sin crédito añadiendo detalles no referidos hasta entonces, con la intención de hacer imposible el robo del cuerpo y blindar la idea de la resurrección de Jesús. En él se lee que Pilato, a petición de los judíos, puso una guardia de soldados romanos bajo las órdenes del centurión Petronio, que custodiaron el sepulcro durante tres días junto a numerosos ancianos, escribas y fariseos. Entre todos arrastraron una enorme piedra y la aseguraron con siete sellos que estuvieron vigilando en todo momento. A partir de este punto, el relato de lo que sucede en la madrugada del domingo de Pascua no tiene desperdicio:

> «Una gran voz se hizo oír en las alturas y vieron los cielos abiertos, y dos hombres resplandecientes de luz se aproximaban al sepulcro. Y la enorme piedra se movió por sí misma y el sepulcro se abrió. Y los dos hombres penetraron en él. Y, no bien hubieron visto esto, los soldados despertaron al centurión y a los ancianos, porque ellos también hacían la guardia. Y, apenas los soldados refirieron lo que habían presenciado, de nuevo vieron salir de la tumba a tres hombres, y a dos de ellos sostener a uno, y a una cruz seguirlos. Y la cabeza de los sostenedores llegaba hasta el cielo, mas la cabeza de aquel que conducían pasaba más allá de todos los cielos. (...) Y en tanto que deliberaban todavía, otra vez aparecieron los cielos abiertos, y un hombre que de ellos descendió y que entró en el sepulcro. Visto lo cual, el centurión y sus compañeros de guardia se apresuraron a ir a visitar a Pilatos por la noche, abandonando el sepulcro que vigilaran. Y contaron todo lo que habían presenciado, vivamente inquietos y diciendo: Verdaderamente era el Hijo de Dios. (...) Y Pilatos ordenó al centurión y a los soldados que nada dijesen». (Evangelio de Pedro, fragmento griego de Akhmin, cap. IX al XI)

La versión de Mateo difiere de Marcos, el más antiguo, que no cita terremoto alguno, detalle que, de ser cierto, no hubiera pasado desapercibido para nadie, tampoco para los cronistas paganos. Marcos dice que José de Arimatea solicitó a Pilato el cadáver de Jesús para enterrarlo, que al día siguiente María Magdalena, María la madre de Jacobo y Salomé, fueron a la tumba para ungirlo con especias aromáticas, pero la encontraron abierta y allí había un hombre joven con una túnica que les informó de que el cuerpo no estaba allí, que había resucitado y les invitó a que informaran a los discípulos que Jesús se había marchado a Galilea, donde se verían (Mc 16, 1-8). Nada más. No dice nada de movimientos sísmicos, ni que la piedra se desplazase sola, ni que el informante fuese un ángel.

Lucas coincide con la versión de Marcos, aunque señala que los informantes fueron dos hombres (tampoco dice que fueran ángeles), modifica la lista de las mujeres, sustituye a Salomé por Juana, entre las que informarán a los discípulos. Juan, por su parte, dice que Nicodemo ayudó a José de Arimatea a enterrar a Jesús y lo sepultaron en un huerto en el que todavía no habían enterrado a nadie, junto al lugar donde había sido crucificado. De esta versión se deduce cierta provisionalidad de la tumba cuando dice: «Como el sepulcro estaba muy cerca y debían respetar el Día de la Preparación de los judíos, enterraron allí a Jesús» (Jn 19, 40-41). No sería descabellado, por tanto, especular con la posibilidad de que su cuerpo fuera trasladado o escondido en otro lugar por sus propios discípulos o por personas desconocidas. ¿Fue trasladado a Talpiot, distante unos tres kilómetros? ¿Fue esa la razón por la que las mujeres encontraron la tumba vacía? ¿Robaron el cuerpo los discípulos para protegerlo? ¿Fue obra de los saqueadores de tumbas o tal vez de sus enemigos para ensañarse con el cadáver fuera de la vista de las autoridades? ¿Fue la desaparición del cadáver un plan urdido para simular la resurrección al tercer día y hacerlo coincidir con las profecías mesiánicas de los viejos libros sagrados? ¿O fue enterrado en una fosa común como era habitual en los reos por sedición y el relato de la resurrección fue un invento de Pablo, treinta años después de su muerte, para crear el mito según las profecías del AT?

Recordemos que en el AT, en el libro del profeta Oseas, ya se anunciaba: «Nos dará vida después de dos días; en el tercer día nos resucitará, y viviremos delante de él» (Os, 6, 2), lo que fue interpretado como profecía. Otra cita de Salmos era interpretada como el anuncio de la resurrección de Jesús: «porque no dejarás mi alma en el seol, ni permitirás que tu santo vea corrupción» (Sal 16, 10). El Seol, o Sheol, era el lugar el lugar donde moraban las almas pecadoras, pero también la sepultura del cuerpo físico. El episodio de Jonás y la ballena, se considera otra profecía alusiva a aquel prodigio: «Como estuvo Jonás en el vientre del gran pez tres días y tres noches, así estará el Hijo del hombre en el corazón de la tierra tres días y tres noches» (Mt 12, 40). No solo en el AT, también en los sinópticos, Jesús anuncia hasta en seis ocasiones que va a resucitar. La última, dos días antes de morir: «Ya sabéis que dentro de dos días es la Pascua y el Hijo del Hombre va a ser entregado para ser crucificado» (Mt 26, 2). ¿Cómo es posible que los discípulos se mostrasen sorprendidos pese a tantas predicciones? Fue necesario incluso que dos supuestos ángeles refrescasen la memoria de las mujeres que acudieron a su tumba. ¿Cómo pudieron olvidarlo?

Las imprecisiones de los evangelios sobre la ascensión y la escasa credibilidad de las visiones de los informantes, el hecho de que Jesús solo se aparecía a sus fanáticos seguidores y no a personas independientes, despertaron la desconfianza sobre la credibilidad del prodigio. El teólogo David Friedrich Strauss, autor de *El cristo de la creencia y el Jesús de la historia*, opinaba sobre la resurrección que «rara vez un prodigio ha sido peor documentado y nunca ha resultado tan poco creíble». El historiador Geza Vermes, en su obra *La Resurrección,* opina que, desde un punto de vista existencial, la resurrección de Jesús fue una experiencia psicológica colectiva como la de los místicos de todos los tiempos y que la tarea de proclamar el mensaje de Jesús era la verdadera resurrección.

Justino Mártir, en su obra *Diálogo con Trifón,* escrita entre el 155 y 160 d. C., da cuenta de una carta que los judíos habían hecho circular sobre la tumba vacía de Cristo en la que se aseguraba que el cuerpo había sido robado por sus discípulos:

> «[Una] herejía atea y anárquica ha surgido de un tal Jesús, un engañador galileo que fue crucificado, pero sus discípulos robaron su cuerpo de noche de la tumba donde fue colocado después que fue suelto de la cruz y ahora engañan a los hombres declarando que él se levantó de los muertos y subió al cielo» (cap. CVIII).

En su tiempo, se barajaron varias hipótesis para explicar la desaparición del cadáver, la más aceptada es que fue robado por sus discípulos, quienes movieron la piedra del sepulcro, sacaron el cuerpo y lo escondieron ante la ausencia de vigilancia, pues la guardia debió ser solo un recurso literario para reforzar el relato del prodigio. Es posible que los parientes de Jesús quisieran también sacarlo en secreto por temor a ser acosados por las autoridades judías, o evitar ensañamientos y profanaciones de sus enemigos, que eran muchos.

Los apologetas cristianos rechazan la teoría del robo, señalando que fueron muchos los apóstoles martirizados, siendo improbable que se arriesgaran a morir por una teoría falsa, más aún cuando, en ese momento, no creían que Jesús fuera el mesías.

Otra posibilidad pudo ser el robo del cuerpo por ladrones, muy habitual en la Judea de aquellos años. Prueba de ello son los edictos y decretos de los emperadores romanos condenando a pena de muerte a saqueadores de tumbas. En este caso, el robo no tendría un interés crematístico, sino la consecución de órganos para ritos de nigromancia, disciplina de magia negra que pretende adivinar el futuro examinando las vísceras de los muertos e invocando su espíritu. Esta práctica estaba muy extendida en culturas como la egipcia, la mesopotámica o la persa, más aun cuando muchos consideraban santo a Jesús y, por tanto, poseedor de información privilegiada. Un caso famoso, coetáneo en la vida de Jesús, fue el posible envenenamiento del famoso general Germánico Julio César a manos de Cneo Calpurnio Pisón, gobernador de Siria. Su muerte en Antioquía el 19 d. C. la relacionó el historiador Tácito con la magia negra. En la casa de Germánico se encontraron restos humanos procedentes de cadáveres y objetos de hechicería (González, J., 2002).

Resulta interesante que, en el capítulo 37 de *El Libro de las reencarnaciones* del rabino Isaac Luria (1534-1572), dentro de la larga lista de judíos *tzandiks* (justos) refiere: «En el camino de Safed, hacia el norte hasta el pueblo de Ein al Zeitun, pasando un algarrobo, Yeshu Ha-Notzri [Jesús el nazareno] está enterrado allí». Si se refiere a Jesús de Nazaret, esta afirmación contradice la tradición cristiana del enterramiento en Jerusalén. ¿Fue trasladado el cuerpo más de doscientos kilómetros? Parece demasiada distancia para trasladar un cadáver con los medios de entonces y pasar desapercibido.

No era extraño el traslado de personajes importantes para proteger sus restos. Ya se hizo con el cadáver del famoso faraón egipcio Ramsés II en el siglo XIII a. C. Su cuerpo fue sacado del Valle de los Reyes y escondido en Deir el-Bahari para evitar que su sepultura fuera saqueada por los ladrones de tumbas. Allí permaneció hasta el siglo XIX, cuando fue descubierta. Ya entonces, y hasta la actualidad, se han conocido multitud de robos de tumbas por los más variados motivos, bien por intereses económicos, en el caso de celebridades, por tráfico de órganos para rituales de magia o industrias médicas, o simple bandalismo. Recordemos los célebres robos de restos del magnate Alexander Stewart en 1876, por cuyo rescate pagaron 250.000 dólares, o los de Evita Duarte, esposa del general Juan Domingo Perón en 1955, o los de Charles Chaplin, en 1978.

Retomando el posible robo del cuerpo de Jesús de Nazaret, algunos historiadores sostienen que pudieron ser los miembros del Sanedrín los que se hicieron con el cadáver para evitar que su tumba se convirtiera en un santuario. Se apoyan en la presencia de uno o varios hombres vestidos de blanco referidos en Mateo y Marcos, que informan sobre la tumba vacía, hábitos que podrían pertenecer a religiosos del templo de Jerusalén. Según el historiador Charles Freeman, esos sacerdotes, convertidos en ángeles en la literatura evangélica, conminaron a los discípulos a marcharse a Galilea y abandonar Jerusalén para evitar disturbios (Freeman, Ch., 2009).

En la versión de Wagenseil del *Toledot Yeshu*, compilación medieval de una biografía alternativa de Jesús y cuyos orígenes se remontan al siglo VI, se dice que los seguidores de Jesús dijeron a la reina que el cuerpo no estaba en su tumba porque había ascendido al cielo como había profetizado. En realidad, había sido un hortelano quien lo sacó de la tumba para evitar que sus seguidores robaran su cuerpo y anunciaran su resurrección. Sin embargo, el cadáver se recuperó y los líderes judíos lo ataron a la cola de un caballo y lo arrastraron por las calles de Jerusalén (Habermas, G.R., 2008), llevándoselo a la reina, que, convencida de que se trataba de un falso profeta, ridiculizó a sus seguidores y elogió a los sabios (Van Voorst, R., 2000). En dicha obra justifica la leyenda de los supuestos milagros a la práctica de la magia y la hechicería y, respecto a la resurrección, dice:

> «Se hizo una investigación diligente y él [Jesús] no fue encontrado en la tumba donde había sido sepultado. Un jardinero le había sacado de la tumba, le había traído a su jardín y le había enterrado en la arena sobre la cual las aguas fluían al jardín» (Toledot Yeshu).

La intervención de ese jardinero u hortelano ya fue referida siglos antes por Tertuliano (160-220 d. C.) en su obra *De Spectaculis*, donde, aún en tono de sorna para burlarse de los que dudaban de la resurrección, recogió los rumores públicos sobre la intervención de aquel hombre de campo:

> «¡Esto, debo decir, es el hijo de ese carpintero o asalariado, ese quebranta el sábado, ese samaritano y poseído por el demonio! ¡Este es el que le compraste a Judas! ¡Este es a quien golpeaste con caña y puño, a quien escupiste con desprecio, a quien le diste hiel y vinagre para beber! ¡Este es aquel a quien los discípulos se escabulleron en secreto, para que se pudiera decir que había resucitado, o el jardinero abstraído, que sus lechugas podrían no dañar a la multitud de visitantes!».

Tanto en el Evangelio de Juan (Jn 20, 14-16) como en el *Diatessaron* de Tacia no encontramos la misteriosa presencia de aquel hortelano. En esta última obra, compilación de los cuatro evangelios del 170 d. C., Taciano relata que María Magdalena, tras la resurrección, confundió a Jesús resucitado con aquel hortelano: «Y creyendo que era el hortelano, dijo: Señor, si tú lo has llevado, dime dónde lo has puesto, para que yo lo recoja» (173, 26). Choca que, de haberlo visto resucitado, precisamente Magdalena no reconociera a Jesús y lo confundiera con el hortelano, hasta el punto de que el mismo Jesús debió llamarle la atención exclamando «¡María!», a lo que ella se volvió diciendo «¡Rabboni!» (Maestro). En esta anécdota tomada de los mismos evangelios se está reconociendo implícitamente que aquel hortelano o jardinero pudo haber tenido algún motivo para mover el cuerpo. Según la obra Toledot Yeshu, basada en la tradición oral judía, el motivo del hortelano para exhumar el cuerpo fue venderlo a los líderes judíos, posiblemente por encargo de estos últimos. Justifica la leyenda de los supuestos milagros a la práctica de la magia y la hechicería.

Apologetas cristianos, en su empeño por reforzar el relato cristológico de la ascensión, señalan el detalle de que, según Lucas y Juan, las vendas y envoltorios del cuerpo de Jesús quedaron dentro de la tumba. De haber sido robado el cuerpo, los ladrones se habrían llevado el cuerpo con vendas incluidas. Por el contrario, que esos envoltorios estuvieran perfectamente colocados en el sepulcro, bien pudo ser un recurso literario concebido por los evangelistas para enriquecer la ficción del relato, o bien fueron dejados allí de forma deliberada para promover, precisamente, la idea de la resurrección de Jesús. Según la versión de Lucas y Juan, hemos de suponer pues, que Jesús ascendió completamente desnudo, libre de lo superfluo.

¿Se presentó posteriormente a sus discípulos como Dios lo trajo al mundo o se proveyó de nuevos ropajes? El escritor Richard Carrier, en *La plausibilidad del robo* (2001) considera que la mención de los vendajes no es sino «un adorno natural para la narrativa y por lo tanto no es un dato histórico fiable».

En este punto, es inevitable comentar una curiosidad. A muchos pensadores les asaltó la duda de si el prepucio de Cristo, anillo de piel de su anatomía viril conocido como *carne vera sacra,* de la que se prescindió siendo un niño en el rito de la circuncisión según las leyes de la Torá (Lc 2, 21), ascendió también al cielo. Esta cuestión, que parece baladí, dio pie a un encendido debate teológico durante siglos. En el siglo XVII, el teólogo católico y bibliotecario del Vaticano, León Alacio, dedicó a esta cuestión su obra *De Praeputio Domini Nostri Jesu Christi Diatriba* (*Discusión acerca del Prepucio de Nuestro Señor Jesucristo*), concluyendo que el Santo Prepucio ascendió al cielo a la par que su propietario y se habría convertido en el anillo de Saturno, que se había descubierto con los primeros telescopios.

Más recientemente, se ha llegado a explicar la resurrección desde la psicología social. Historiadores como Fernando Bermejo Rubio proponen el episodio de la resurrección como un efecto conforme a la teoría de la disonancia cognitiva, acuñada por el psicólogo Leon Festinger (Festinger, L. 1957). Según esta hipótesis, la inesperada crucifixión de su mesías habría chocado con las pretensiones de sus discípulos de ver establecido el reino de Dios en Israel. Para superar esta contradicción y la consiguiente frustración, reinterpretaron el suceso como si sus objetivos hubiesen sido satisfechos. De ahí que divinizasen a Jesús y divulgaran su resurrección para cohesionar el grupo, sumar seguidores y salvaguardar su autoestima. Por tanto, no es más que una exaltación de Jesús por sus seguidores tras su muerte (Bermejo Rubio, F. 2018).

El historiador estadounidense Bart Ehrman propone que estaríamos ante una experiencia visionaria de unos pocos que convencieron a la mayoría de los discípulos, aunque no a todos. Posteriormente la historia fue adornada con que todos los discípulos habían visto al resucitado, concluyendo, por la ausencia del cuerpo, que debió ser exaltado al cielo por Dios (Ehrman, B., 2014).

También se ha intentado explicar el fenómeno desde la neurobiología, subrayando la poca fiabilidad de los recuerdos con el paso del tiempo, que son reelaborados por personas según sus vivencias, expectativas y emociones y sus recuerdos están condicionados por las afirmaciones e influencia de los demás, sobre todo en grupos cerrados y proselitistas. Las apariciones de Jesús resucitado podrían deberse a una predisposición entusiasta junto a las creencias compartidas por miembros del mismo entorno sociocultural.

Para algunos, todas estas teorías carecen de sentido por cuanto el episodio de la resurrección no fue sino el reciclaje del antiguo mito sumerio adaptado por relatores religiosos. Pudiera ser que discípulos y posteriores cristianos estuvieran absolutamente convencidos de la resurrección de Jesús, pero eso no descarta que hubieran sido manipulados por un pequeño grupo que hizo desaparecer el cuerpo empeñados en sembrar aquella idea. Puede tratarse simplemente de un relato inventado por Pablo y posteriormente difundido por el grupo de Marcos para engrandecer la figura del personaje, recogido años después en las versiones del resto de evangelistas para divinizarlo y convertirlo en el mito que marcaría, con su reescrita biografía en la literatura religiosa, como el epicentro mítico que forjaría la nueva religión. Las reticencias de los historiadores que no otorgan fundamento histórico al relato religioso, tal vez pudieran resumirse en las palabras del erudito Bart Ehrman:

> «Jesús fue un predicador judío de clase baja en la Galilea rural, condenado por actividades ilegales y crucificado por crímenes contra el Estado. Con todo, no mucho después de su muerte, sus seguidores afirmaban que era un ser divino. Luego fueron incluso más lejos y declararon que era Dios mismo, el Señor del cielo y de la tierra. De ahí la pregunta: ¿cómo es que un campesino crucificado llegó a ser considerado como el Señor que creó todas las cosas? ¿Cómo se convirtió Jesús en Dios?» (Ehrman, 2012).

Para el profesor Antonio Piñero, la resurrección no pertenece al ámbito de la historia que estudia hechos repetibles y observables, sino exclusivamente al ámbito de la fe. En el siguiente capítulo veremos un tema sugerente, la hipótesis de que Jesús de Nazaret no hubiese muerto en la cruz.

¿Y si no fue cricificado?

Durante los últimos dos siglos proliferó la llamada hipótesis del desvanecimiento, es decir que, pese a las heridas infligidas a Jesús durante la crucifixión, sufriese un desmayo y lo dieran por muerto, siendo posteriormente curado, tras lo cual emprendió la huida a oriente buscando las tribus perdidas de Israel. Algunos autores piensan que murió de edad avanzada y su tumba se venera en Srinagar, capital de Cachemira. (Faber Kaiser, 1976).

Esta hipótesis se remonta al alemán Karl Friedrich Bahrdt quien, hacia 1780, sostenía que Jesús pudo fingir su muerte usando cierto tipo de drogas proporcionadas por Lucas, discípulo de Jesús que era médico. Después sería 'resucitado' por José de Arimatea. Hacia 1800, Karl Venturini propuso que un grupo de seguidores de Jesús escucharon gemidos en su tumba y lo rescataron. Una tercera hipótesis, del teólogo Heinrich Paulus, en 1802, decía que Jesús cayó en coma y se recuperó sin ayuda en la tumba, lo cual hizo creer a los discípulos que había resucitado. En el siglo XIX, el líder religioso indio Mirza Ghulam Ahmad, fundador del movimiento islamista Almadía, proclamó que, al bajarlo de la cruz, Jesús solo estaba desmayado. Se aferraba al Deuteronomio 21, 23 que dice «maldito por Dios es el colgado», deduciendo que Dios nunca permitiría que el verdadero profeta fuera brutalmente asesinado y degradado mediante la crucifixión. Su hipótesis es consecuencia de la duda ampliamente extendida sobre la humillante muerte del hijo de Dios, que contradecía toda lógica.

Aun como teoría marginal, la hipótesis del desvanecimiento se mantuvo durante el siglo XX en varias publicaciones pseudohistóricas (Baigent, M., Leigh, R. y Lincoln, H., 1982; Thiering, B., 1992; Baigent, M., 2006).

Gran defensor de esta teoría fue el predicador musulmán Ahmed Deedat, en cuyo libro *Crucifixión o Cruci-ficción*, critica los cuatro evangelios y resalta la versión islámica recogida en el versículo 4, 155 del Corán: «por su incredulidad por haber proferido contra María una enorme calumnia y por haber dicho: 'Hemos dado muerte al mesías, Jesús, hijo de María, el enviado de Alá', por lo que no le mataron ni le crucificaron, sino que les pareció así».

¿En qué se apoya la tesis del desvanecimiento? Uno de los indicios es el poco tiempo que Jesús estuvo en la cruz. Según Marcos fue crucificado a las nueve de la mañana y murió a las tres de la tarde. Pilato se sorprendió al saber que había muerto tan pronto (Mc 15, 44) pues el tiempo medio para que sobrevenga la muerte en la crucifixión estaba entre dos y cuatro días. Los hubo que sobrevivieron más de una semana. Seis horas era un tiempo sospechosamente corto, si bien dependería de la cantidad de sangre perdida en la flagelación y en la evolución del reo. Si para colmo se le alancea el costado, como indica el Evangelio de Juan (Jn 19, 3-37), el proceso de muerte se acelera. El problema es que la versión del soldado que clava la lanza en el costado de Jesús solo la propone Juan, que es un evangelio más tardío, y no aparece en los evangelios sinópticos más antiguos, por lo que se piensa que realmente no ocurrió, que se trata de un adorno literario para magnificar el suplicio.

También se arguye la falta de testigos presenciales del cadáver pues, según el evangelio, no fue visto por testigos, ni consta que se hayan realizado preparativos funerarios, ni la visualización pública del cadáver. Tras ser bajado de la cruz, Pilato entregó el cuerpo de Jesús a José de Arimatea, un hombre rico quien, junto a Nicodemo, envuelve el cuerpo en una tela de lino y lo trasladan rápidamente a una tumba extramuros, fuera de la vista pública. La ley judía prohibía el embalsamamiento, por lo que los entierros no se demoraban.

Algunos autores ponen en duda la tesis del desvanecimiento pues consideran poco probable que Jesús, en el caso de que hubiera sobrevivido a los suplicios de la crucifixión, estuviera en condiciones de inspirar fe en aquel estado. Así opinaba el teólogo David Strauss en el siglo XIX:

> «Es imposible que un ser que había sido robado medio muerto del sepulcro, que se deslizaba débil y enfermo, buscando tratamiento

> médico, pudiera haber dado a los discípulos la impresión de que él era un vencedor de la muerte y la tumba, el príncipe de la vida» (Strauss, D., 1879).

Si bien esta hipótesis sigue siendo objeto de debate, expertos en medicina consideran indiscutible que Jesús murió durante el proceso de crucifixión (William, E., 1986; Bergeron, J., 2012). Así opinaban en un artículo los doctores WD Edwards, WJ Gabel y FE Hosmer sobre la muerte de Jesús:

> «Jesús de Nazaret fue sometido a juicios judíos y romanos, fue azotado y sentenciado a muerte por crucifixión. La flagelación produjo laceraciones profundas en forma de rayas y una pérdida de sangre apreciable, y probablemente preparó el escenario para un shock hipovolémico, como lo demuestra el hecho de que Jesús estaba demasiado debilitado para llevar el travesaño (patíbulo) al Gólgota. En el lugar de la crucifixión, sus muñecas fueron clavadas al patíbulo y, después de que el patíbulo fue levantado sobre el poste vertical (*stipes*), sus pies fueron clavados a los estípites. El principal efecto fisiopatológico de la crucifixión fue una interferencia con la respiración normal. En consecuencia, la muerte se debió principalmente a un shock hipovolémico y asfixia por agotamiento. La muerte de Jesús fue asegurada por el empuje de la lanza de un soldado en su costado. La interpretación médica moderna de la evidencia histórica indica que Jesús estaba muerto cuando fue bajado de la cruz».

La deducción médica está hecha en base a lo que escribieron los autores anónimos de los evangelios décadas después de la muerte de Jesús. Habría que suponer que aquellos autores, que jamás conocieron personalmente a Jesús ni lo vieron nunca ni vivo ni muerto, hubieran sido en extremo meticulosos con la verdad histórica. Pero los evangelistas, inspirados fundamentalmente por Marcos, siguieron la teología paulina de la resurrección como fundamento preconcebido, descartando cualquier otra posibilidad, por lo que el rigor histórico queda en duda.

Jesús no murió con 33 años

Las fuentes coinciden en que la ejecución de Jesús tuvo lugar durante el mandato de Poncio Pilato, que se extendió entre los años 26 y 36 d. C. Según los evangelios, Jesús celebró con sus discípulos una última cena en la semana de Pascua, siendo crucificado el viernes, que era el día de preparación de la fiesta pascual (la *parasceve* de la Pascua: Jn 19, 14), es decir, la víspera.

Detengámonos un momento en lo que tradicionalmente se conoció como santa cena que Jesús celebró con sus apóstoles y en la que la Iglesia instituyó el sacramento de la Eucaristía. Tras la consagración, los católicos creen que el pan y el vino se convierten en el cuerpo y la sangre de Cristo produciéndose el prodigio de la transubstanciación, pese a que sus apariencias físicas y químicas permanecen inalteradas. Para no pocos expertos, aquel banquete no se trató de una cena pascual sino de una cena de despedida, porque fue anterior a la Pascua. Pudiera ser, sin más prueba documental que la literatura cristiana, que en aquella cena hubiera palabras sobre el pan y el vino pero, a criterio de eruditos como el catedrático Antonio Piñero, existe una contradicción de ritos que demuestra con claridad que se trata de un episodio meramente legendario, nunca histórico:

> «No hubo tal y como luego lo interpretan, primero Pablo (I Corintios 11, 23-26) y luego Marcos y Lucas, dando pie luego a que la Iglesia católica hable de la transustanciación. Esto es totalmente inverosímil en un individuo que se ha comportado como un judío hasta ese momento, porque la cena, tal y como aparece en Pablo y en Marcos rompe todo el sistema sacrificial del judaísmo y aniquila los sacrificios del templo. ¿*Cómo pudo haber Jesús purific*ado el templo antes y cómo pudo entrar como el mesías de Israel 'hosanna el que viene en

> nombre del Señor', un domingo, según lo presenta Marcos en su cronología, y el jueves rompe con el judaísmo? Desde el punto de vista histórico es completamente inverosímil» (Piñero, A. 2020).

Marcos, que también habla de la *parasceve,* dice que fue en la vigilia del sábado, cuando sepultaron a Jesús (Mc 15, 42). Aquel año la Pascua coincidía con el sábado y Jesús debió morir un viernes con luna llena el 15 del mes de Nisan (el primer mes del calendario hebreo), que además debía coincidir con los años de mandato de Pilato. Pero, ¿de qué año?

Hay dos años que reúnen esas características y, por tanto, dos posibles fechas para la muerte de Jesús: el 7 de abril del año 30, a la edad de 36 años, y el 3 de abril del 33, con 39 años. Hay autores partidarios de cada una de estas fechas.

El catedrático Antonio Piñero se decanta por el 7 de abril del 30 como fecha más probable del óbito. Se basa en el descubrimiento de una inscripción que demuestra que el prefecto de Galión que juzgó a Pablo en Acaya, capital de Corinto, estuvo allí en esa ciudad entre junio del 51 y junio del 52. Esto hace que, si tomamos el año 33 como el de la muerte de Cristo, el cálculo prácticamente coincide, teniendo en cuenta que Pablo se pasó tres años de meditación tras la muerte de Jesús, quince días en Jerusalén y después catorce años predicando. Si bien, Piñero cree que lo más probable es que fuese crucificado en jueves, y no en viernes, porque el nuevo día en el calendario hebreo comenzaba con la puesta de sol, no a las 00:00 h. Si fue crucificado a las 3 de la tarde del viernes, habría muerto ya caída la tarde, pasado el ocaso y habrían entrado en el sábado (*shabbat*), día de descanso, lo que hubiera supuesto una profanación monumental, por lo que se inclina por el día 6 de abril del año 30 d. C. (Piñero, A., 2008). Por lo tanto, la festividad de la muerte de Jesucristo, que siempre se celebra en Viernes Santo, puede estar equivocada al morir en jueves. Y como Jesús nació sobre el año 6 a. C., contaría con 36 años a su muerte. Otros le adjudican una edad de 39 años, y otros incluso 42.

¿Es posible que Jesús tuviera 42 años cuando murió? Algunos autores lo sostienen basándose en el Evangelio de Juan, cuando los judíos dicen a Jesús: «Aún no tienes cincuenta años, ¿y has visto a Abraham?» (Jn 8, 57). Según esta frase, necesariamente tendría más de 40 años, porque si tuviera menos hubieran dicho «aún no tienes cuarenta años…». Podría ser verosimil en el caso de que Jesús hubiera nacido en el 6 a. C. y fuera crucificado en el 36 d. C., último año del mandato de Poncio Pilato, lo que suma, efectivamente, 42 años. De ser así, un hombre con esa edad y en aquella época, con una esperanza media de vida que en el siglo I no alcanzaba los 50 años, era casi un anciano de barba y cabello canoso, por lo que el aspecto juvenil y atlético con el que a su muerte se lo representa en la iconografía cristiana, no está ajustado a la historia ni resulta creíble.

Es precisamente la urgencia en su entierro, lo que hace deducir a algunos historiadores que Jesús murió el día anterior a la celebración de la Pascua, porque las autoridades judías no querían que los cadáveres quedaran allí y fueron ellos mismos los que lo bajaron de la cruz y lo enterraron en una fosa común, pese a la versión evangélica de que fue descendido por José de Arimatea, que lo sepulta en un sepulcro de piedra a las afueras de Jerusalén.

Entonces, ¿de dónde viene la idea de que Cristo murió a los 33 años?

De una deducción tradicional errónea. Los evangelios nunca afirman que murió a los 33 años, solo Lucas dice que la vida pública de Jesús empezó a los 30 años. Si a esto añadimos que en Juan se dice que fueron tres las pascuas en las que Jesús acudió a Jerusalén, y como además creían que Jesús había nacido en el año 1, se forjó la creencia, igualmente errónea, de que murió con 33 años. Esa edad no solo se fue consolidando, también fue adquiriendo un sentido simbólico y ha sido empleada, por ejemplo, en la masonería, que divide su escalafón en 33 grados, correspondiendo el 33 al grado superior, la más alta conciencia espiritual como Soberano Gran Inspector General de la Orden. Que el máximo grado en masonería coincida con la supuesta edad de Cristo y con los 33 años que gobernó el rey David no fue casual.

Culpar a los judíos

Pese a ser el reo de muerte más famoso de la historia, aún se desconocen los motivos exactos por los que Jesús de Nazaret fue juzgado y condenado. En el NT se señala al Sanedrín, consejo de sabios y rabinos judíos, como responsable de la condena y la ejecución. Los cuatro evangelios canónicos señalan la responsabilidad de los judíos que entregaron y convencieron a los romanos de matar a Jesús, quedando el prefecto de Judea, Poncio Pilato, como un personaje compasivo y benevolente que finalmente se lava las manos y accede a la ejecución por la presión judía: «Entonces les dijo Pilato: Tomadle vosotros, y juzgadle según vuestra ley. Y los judíos le dijeron: A nosotros no nos está permitido dar muerte a nadie» (Jn 18, 31).

En Mateo, se describe el injusto juicio presidido por el sumo sacerdote judío empecinado en buscar testigos contra Jesús y concluye que es culpable de blasfemia, siendo condenado a muerte por el consejo judío, escupido y agredido (Mt 26, 57- 68). También las cartas de Pablo refieren de pasada que «los judíos mataron al Señor, Jesús» (I Tes 2, 14-15).

En Juan 11, 48-50, Caifás, el sumo sacerdote judío, propone la necesidad de sacrificar a un hombre por el pueblo para evitar que los romanos destruyan la nación judía, es decir, que los judíos acuerdan matar a Jesús porque podía provocar los mismos problemas que Juan el Bautista:

> «Si le dejamos así, todos creerán en él; y vendrán los romanos, y destruirán nuestro lugar santo y nuestra nación. Entonces Caifás, uno de ellos, sumo sacerdote aquel año, les dijo: Vosotros no sabéis nada; ni pensáis que nos conviene que un hombre muera por el pueblo, y no que toda la nación perezca. Esto no lo dijo por sí mismo, sino que

> como era el sumo sacerdote aquel año, profetizó que Jesús había de morir por la nación; y no solamente por la nación, sino también para congregar en uno a los hijos de Dios que estaban dispersos. Así que, desde aquel día acordaron matarle» (Jn 18, 50-53).

Pero esta idea no se sostiene a los ojos de la historia y fue deliberadamente divulgada por intereses estratégicos. Probablemente los judíos interrogaron a Jesús pero sin un proceso judío estricto, por lo que estaríamos ante una tergiversación, al menos una exageración de los evangelistas. Sería casi imposible un proceso de noche y más en el día que era pues, por la tarde de ese día, comenzaba la Pascua según Marcos.

Pese a las discrepancias entre las distintas comunidades judías: fariseos, saduceos, esenios o zelotas, entre otros, los judíos carecían de motivos para matar a Jesús. Lo más probable es que Poncio Pilato procesara a Jesús mediante la *cognitio extra ordinem*, proceso judicial romano para el que estaban capacitados los prefectos de las provincias tanto senatoriales como imperiales, es decir, un juicio abreviado y, si estaba claro, se liquidaba en el mismo día. La crucifixión era el castigo habitual para los rebeldes políticos y no se practicaba entre el pueblo judío, que utilizaban otros procedimientos de última pena como la lapidación, la decapitación y el degüello. Además, en la Palestina de los tiempos de Jesús, las autoridades judías carecían de potestad para condenar a muerte por motivos políticos, solo ocasionalmente por delitos religiosos, como blasfemia. Pudiera ser que en algún momento el Sanedrín hubiera acusado a Jesús de blasfemia por haber desafiado el poder del templo, pero los evangelios dicen que fue el Sanedrín quien envió a Jesús ante Pilato para que fuera juzgado por él, señal de que no vieron delito religioso como para condenarlo a muerte.

Los romanos sí tenían motivos para eliminar a un líder de la resistencia judía. Necesitaban silenciarlo, quitarlo de en medio. La crucifixión estaba destinada a rebeldes políticos, provocadores que ponían en peligro la *pax romana*. En el caso de Jesús, aunque se desconoce la sentencia, debió ser condenado a muerte por su actividad revolucionaria, al menos por sedición, que es el levantamiento contra un gobierno con el fin de derrocarlo. Alguien que, según Lucas, se atrevió a llamar «zorra» al mismo rey Herodes (Lc 13, 31-32) y liderar una facción de resistentes, empleando la violencia, o al menos, la resistencia, para defender a su pueblo.

Jesús fue condenado a muerte por los romanos como pretendiente mesiánico, como individuo políticamente peligroso porque, al proclamarse mesías-rey, hubiera podido provocar una rebelión contra las fuerzas de ocupación romanas.

Los dos condenados que fueron crucificados junto a él debieron pertenecer a su grupo. En apócrifos tardíos se los nombra como Gestas y Dimas y los convierten en el bueno y el mal ladrón, pero Flavio Josefo dice que a los rebeldes violentos se los llamaba *lestai* (bandidos), término empleado entonces para los miembros de la resistencia judía contra Roma. El caso de Barrabás, otro *lestai,* también pertenece al contexto de procesos contra la resistencia antirromana.

Téngase en cuenta que los evangelios son paulinos y se erradicó cualquier rasgo violento de Jesús y, aun así, se entrevé que, aunque aboga por la paz, permite la violencia y en ningún momento la condena. Algunos autores no creen que Jesús fuera tan manso como lo pintan los evangelios. Recordemos el violento episodio cuando derribó las mesas de los cambistas del templo, o cuando, en Getsemaní, instruyó a sus seguidores para que se armaran. En Lucas 22, 36, Jesús dice «El que no tenga espada, que venda su capa y compre una». En Mateo 10, 34 dice «No penséis que vine a traer paz a la tierra; no vine a traer paz, sino espada». Para expertos como el profesor Antonio Piñero, episodios como la entrada masiva en Jerusalén y la purificación del templo debieron ser actos violentos.

Desde luego su grupo iba armado. Judas Iscariote portaba la sica, el puñal de los sicarios. Pedro, en el momento que lo van a capturar, saca su espada y le corta una oreja a un soldado romano. Si Jesús no fue un zelote, la facción más violenta del judaísmo de su época, desde luego iba siempre rodeado de ellos. Algunos autores piensan que la presencia de zelotes en el grupo de Jesús fue disfrazada y reescrita para apoyar la versión del cristianismo paulino de los gentiles, es decir, los no judíos. Se sabe que Simón el Zelote era uno de los doce apóstoles de Jesús del que casi nada se sabe porque probablemente suprimieron sus referencias. También Judas Iscariote, cuyo nombre procede de los feroces sicarios.

Durante siglos, el catolicismo ha señalado a los judíos como los asesinos de Dios. Se presentó a Judas Iscariote como el arquetipo de judío y todavía sigue siendo el paradigma del traidor por excelencia por haber vendido a Jesús por treinta monedas de plata, según los evangelios canónicos. Después, carcomido en remordimientos, se ahorcó. En los mataderos todavía llaman judas a la cabra que conduce a los animales al degolladero y en algunos países prohíben poner el nombre de Judas a los niños.

En 1570 el papa Pio V creó el Misal Romano e incluyó una oración rezada por millones de católicos en la liturgia del Viernes Santo en la que se dice: «Recemos por los pérfidos judíos (...) Oye, Dios, nuestra plegaria por la obcecación de aquel pueblo para que sea liberado de las tinieblas». En 1959, el papa Juan XXIII suprimió aquella comprometida oración y su sucesor, Pablo VI, modificó la oración para que los «ciegos judíos» se convirtieran a la fe. Ahora se rezaba por los judíos, «a quienes el Señor eligió como los primeros entre todos los hombres para recibir su palabra». Pero Benedicto XVI, más conservador, dio un paso atrás, se saltó el Concilio Vaticano II, volvió a la antigua liturgia en latín e incorporó en la oración del Viernes Santo la necesidad de que los judíos se convirtieran a la fe cristiana: «Recemos por los judíos: Que Dios ilumine sus corazones y reconozcan a Jesucristo».

¿Por qué esa insistencia en culpar a los judíos de la muerte de Jesús? Todo parece indicar que se trató de una argucia de Pablo para congraciarse con los romanos y extender la nueva Iglesia por el imperio. Para ello era necesario liberarlos de su responsabilidad por la muerte del mesías ya que no podría entenderse la adoración a un ajusticiado por el propio imperio sin culpar a los judíos al minimizar la intervención romana. Las cartas de Pablo, primeros documentos cristianos anteriores a los evangelios, estaban escritas para ser leídas ante un público romano, no para los judíos, por lo que hubo que adaptar los textos. Pablo lanza un mensaje transformador sobre un Jesús pacifista y apolítico en su empeño por divinizar al personaje y convertirlo en la cara amable de un dios que se había mostrado implacable en el Antiguo Testamento.

La idea de que fueron los judíos los que conspiraron para llevar al suplicio a Jesús fue promovida desde los primeros días del movimiento cristiano, generando un resentimiento contra las autoridades de Israel y el Sanedrín por no haber creído ni acogido a Jesús, por no haberlo defendido ante Pilato e inhibirse ante su condena, incluso con la aclamación judía ante Pilato de indultar a Barrabás para la Pascua en lugar de a Jesús. Pero el verdadero motivo parece responder a la estrategia de Pablo y sus seguidores de abrir la doctrina a los gentiles tras la destrucción de Jerusalén y el templo, señalar a los judíos como culpables de la muerte del mesías, congraciarse con los romanos, eximirlos de culpa y presentar un mesianismo espiritualizado, manso, pacifista, apolítico, respetuoso con el poder, a diferencia de los revoltosos judíos antirromanos. Un mesías que invita a poner la otra mejilla y dar al césar lo que es del césar. Esto le encanta a Roma hasta el punto de que el imperio que ejecutó a Jesús acabó reconociendo el cristianismo, que terminaría siendo la religión oficial de Roma desde el año 381, lo que, paradójicamente, permitió su vertiginosa expansión en occidente.

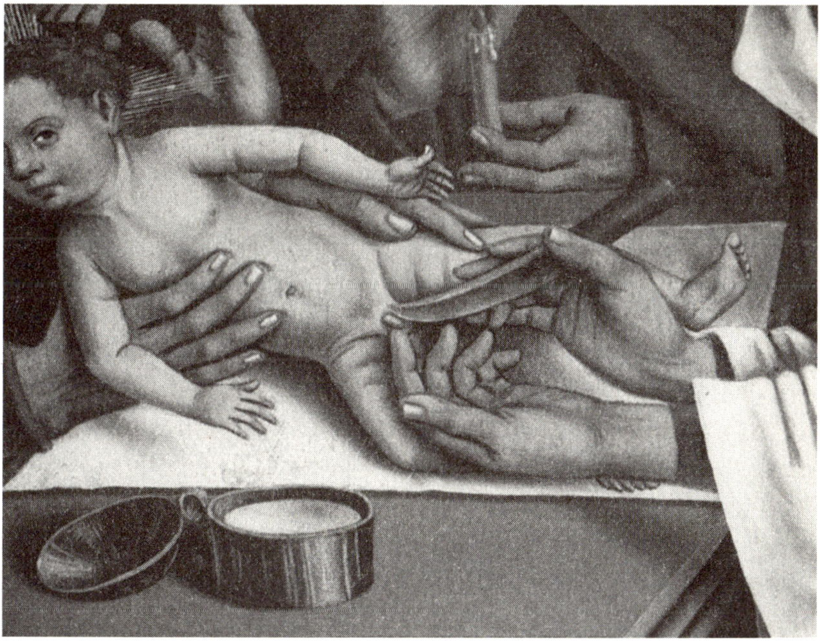

Una de las reformas de Pablo fue prescindir de la tradicional circuncisión (Circuncisión de Jesús, detalle del Altar de los Doce Apóstoles de Friedrich Herlin, 1466. Rothenburg ob der Tauber, Alemania).

Para conseguirlo, Pablo pone las cosas fáciles a una potencial feligresía, levantando la mano en lo concerniente al cumplimiento de la ley judía, relajando tabúes como la prohibición de ciertos alimentos o la circuncisión, que frenaba la conversión entre los gentiles, y estableciendo la salvación solo con la fe en Cristo, en su resurrección y en su ascensión al Reino de Dios. Fue el primer paso para la separación del judaísmo.

El apoyo romano al cristianismo fue fundamental para su propagación pues reprimió otras confesiones y variantes de la versión ortodoxa, como gnósticos, arrianos o montanistas. También influyeron en su expansión las proclamas y el hecho de que los ritos podían ser practicados por los pobres, a diferencia de otras religiones dirigidas a las élites.

Por tanto, la rápida expansión del cristianismo en Europa se verá facilitada por una gran mentira mantenida en el tiempo: la responsabilidad judía en la condena y ejecución de Jesús, cuando en realidad fueron los romanos quienes lo ejecutaron por sedición.

Se armó la de Dios es Cristo

La intervención del emperador Constantino en el concilio de Nicea del año 325 al establecer la sede del cristianimos en la misma capital del imperio romano y su conversión, fue un espaldarazo decisivo que contribuyó notablemente a la expansión de la cristiandad por Europa. En Nicea, el emperador tomó parte por la facción que sostenía que Jesús era hijo de Dios, incluso el mismo Dios, y uno de los componentes de la Santísima Trinidad. A partir de ese momento los cristianos pasan de perseguidos a perseguidores.

Tal vez para justificar que la rápida expasión del cristianismo se produjo sin ayuda externa y minimizar el apoyo de Constantino, algunos autores católicos pretextan que aquel emperador nunca fue cristiano, siendo bautizado en su lecho de muerte por un obispo de dudosa ortoxia como era Eusebio de Nicomedia, del que se decía que era arriano. Sin embargo, Constantino realizó un largo catecumenado y, sin haber sido bautizado, inició las bases que catapultaron al cristianismo en Europa. Lo hizo estableciendo la libertad de cultos, legalizando el cristianismo mediante el Edicto de Milán y formulando el credo niceno. En el año 380, el emperador Teodosio I dio el espaldarazo definitivo con el *Edito de Tesalónica,* convirtiendo el cristianismo en la religión oficial del Imperio. Roma se convertía así en un estado confesional y teocrático. Desde entonces, el cristianismo ha sido la religión dominante en el continente europeo influyendo significativamente en la cultura occidental y, posteriormente, en muchas otras.

Se desconocen las actas del Concilio de Nicea pero sabemos por el mismo Arrio, obispo de Alejandría que participó en el cónclave, que fue en Nicea donde se estableció la naturaleza de Jesucristo como *homoiousios,* no como *homoousios.* Estas dos palabras, que solo se diferencian en una letra i, sembraron el cisma con Arrio y otros obispos cuando sostenían que la esencia de Cristo no era 'semejante' (*homoiousios*) a Dios, sino'igual' (*homoousios*), es decir Cristo tenía la misma naturaleza del Padre, como hijo de Dios.

Constantino mandó exiliar a todo aquel que no acatara los cánones acordados en el concilio y persiguió con dureza a los seguidores del asceta alejandrino Arrio, que se opuso a la Trinidad (arrianismo). Las obras de Arrio fueron declaradas herejías, confiscadas y quemadas. De aquel sínodo procede la frase ¡Se armó la de Dios es Cristo!, que resume los enfrentamientos en los que, con la intervención del emperador, se decidió por las bravas que Jesús era hijo de Dios y, por tanto, Dios mismo.

¿Cómo fueron convertidos más de cincuenta millones de habitantes en solo una centuria? Fácil: mediante el sometimiento y el miedo. El cristianismo primitivo, crecido ante el inesperado apoyo imperial, destrozó infinidad de obras de arte; se quemaron templos y bibliotecas y castigaron con la muerte a quienes practicaban ritos paganos. Condenaron el sexo, los abortos, la sodomía, el clítoris, la homosexualidad, la depilación, la comida sofisticada, las sábanas moradas o las ropas de seda. Persiguieron las escuelas filosóficas, repudiaron

En la tradición cristiana, el emperador Constantino se convirtió al cristianismo tras una visión divina en un sueño (El sueño de Constantino, siglo IX. Biblioteca Nacional de Francia).

el conocimiento, censuraron a autores como Platón, Plinio, Cicerón, Séneca, Virgilio, Ovidio o Tito Livio. El cristianismo acabó con los mil años de la Academia ateniense fundada por Platón, la más grande y famosa escuela del mundo antiguo, cuna del pensamiento crítico y el debate democrático. Se ensalzó la incultura, caldo de cultivo para una fe basada en creer sin ver. «No cuestiones, solo cree. Tu fe te salvará».

Fieros obispos, con el tiempo canonizados por el Vaticano, comenzaron sus carreras organizando barbaries, tales como Benito de Nursia, Juan Crisóstomo, san Martín, san Antonio, san Benedicto, san Cirilo o san Teófilo. Este último, en el 391 d. C. destruyó el templo de Serapis, considerado el más maravilloso del mundo por aquel tiempo. En el 415, san Cirilo envió hordas de monjes matones que destruyeron dos mil quinientos templos religiosos, incluida la famosa biblioteca de Alejandría, la mayor del mundo. Torturaron a Hipatia, cuya escuela neoplatónica se basaba en la erudición y el sincretismo. Le arrancaron los ojos, la despedazaron y quemaron sus restos (Nixey, C., 2018).

Como dijo el teólogo francés Alfred Loisy, excomulgado en 1908, «Jesús anunció el reino y vino la Iglesia», una institución con poder e influencia sobre la que toda la sociedad orbitaba. Las ciudades crecieron en torno a las iglesias como epicentros de representación divina y sus campanarios marcaron la vida de los lugareños en las urbes. La influencia que alcanzaría en la sociedad feudal y en la aristocracia fue enorme. El Concilio ecuménico de Florencia de 1442 sentenció que «fuera de la Iglesia no hay salvación», es decir, todo aquel que contraviniera sus principios estaba condenado al fuego eterno. Una Iglesia fundamentalista, idolátrica y codiciosa hacía sus propias interpretaciones de la hermosísima doctrina evangélica basada en el amor, la humildad y la solidaridad, arrogándose el papel de vicarios de Dios en la tierra, castigando con penitencias, galeras, penas corporales, cárceles, incluso la muerte, a quienes cometieran delitos como alumbradismo, bigamia, blasfemia, herejía, apostasía, hechicería, superstición, pecado nefando (homosexualidad) o la simple fornicación.

Incluso se permitió impulsar y financiar guerras como las nueve santas cruzadas entre el siglo XI al XIII, para intentar recuperar los santos lugares de Jerusalén en poder de los otomanos. En la Edad Moderna, el catolicismo, al igual que otras religiones monoteístas como el islamismo, no dudó en perseguir a las confesiones que le hacían la competencia en Europa. Dio su bendición para que príncipes y reyes católicos emprendieran guerras contra la Reforma protestante y persiguieran con saña a los seguidores de Calvino y Lutero. Cierto es que los protestantes también reprimieron a los católicos en sus zonas de influencia. Frecuentes fueron los conflictos armados en los que la religión formó parte de sus motivos fundamentales, baste recordar la guerra de Esmalcalda en Alemania (1546), la matanza de san Bartolomé en Francia (1572), la guerra de Flandes en los Países Bajos (1568-1648), la guerra de los Treinta Años (1618-1648), la guerra de los Tres Reinos en Escocia, Irlanda e Inglaterra (1639 y 1651), la guerra de Rosellón entre España y Francia (1793-1795), las guerras Habsburgo-otomanas, etc. Voltaire calculó que, en su tiempo, la religión había causado un millón de muertos por siglo.

Las religiones, bien entre ellas o enfrentadas a la insurgencia de movimientos violentos como el ateísmo revolucionario, propiciaron multitud de víctimas en diferentes latitudes. Recordemos la revolución mexicana, la guerra civil rusa o los salvajes enfrentamientos entre sunitas y chiitas islámicos que alcanzan nuestros días.

Famosos y polémicos fueron en su día los rentables concordatos que suscribió el Vaticano con regímenes totalitarios como la Alemania nazi de Hitler en 1933, con la Italia fascista de Mussolini en 1929, con los Pactos de Letrán, y con la dictadura de Franco en 1953, un Concordato este que otorgó a la Iglesia católica amplísimas concesiones, beneficios económicos y exenciones fiscales que alcanzan al día de hoy.

No sería hasta el Concilio Vaticano II (1962-1965) cuando la Iglesia, con casi dos mil años de retraso, reconoció al fin la libertad de conciencia y de religión, declaración, por cierto, que pilló a contrapié al régimen franquista, que solía mirar para otro lado cuando se hablaba de derechos ciudadanos. En 1999, Juan Pablo II llegaría aún más lejos al sostener que el infierno y el cielo no existen como tales, sino que son meros estados de ánimo: el infierno, estado de ausencia de Dios; el cielo, de compañía con Dios.

No sería justo señalar únicamente al cristianismo como la única religión que encorseta las voluntades pues también el judaísmo y el islam hacen lo propio. El monoteísmo ofrecía poderosas armas a aquellos que deseaban la intransigencia. Así lo describía el historiador Michel Onfray en *Tratado de ateología* (2005):

«Las tres religiones monoteístas, animadas por un mismo impulso de muerte genealógica, comparten una serie de aversiones idénticas: odio a la razón y la inteligencia, odio a la libertad, odio a todos los libros en nombre de uno solo, odio a la vida, odio a la sexualidad, a las mujeres y al placer, odio a lo femenino, odio a los cuerpos, los deseos, los impulsos. En lugar de todo esto, el judaísmo, el cristianismo y el islam defienden la fe y la creencia, la obediencia y la sumisión, el gusto por la muerte y la pasión por el más allá, el ángel asexuado y la castidad, la virginidad y la fidelidad monógama, la esposa y la madre, el alma y el espíritu. Es decir, la vida crucificada y la celebración de la anulación personal...».

¿Idolatría y politeismo católico?

Como ya hemos referido, las religiones abrahámicas tendían al *aniconismo*, es decir, a evitar el uso de imágenes, llegando a incurrir en violentos episodios de iconoclastia o destrucción de los símbolos sagrados de otras confesiones o creencias. Si bien judíos, musulmanes y algunas religiones protestantes tienen prohibida la idolatría, no ocurre lo mismo con el catolicismo y la iglesia ortodoxa.

En sus primeros siglos, el cristianismo no utilizaba imágenes debido a su arraigada base judaica, pues el AT prohibe la idolatría y el uso de imágenes. Esta es la razón por la que no existen representaciones cristianas, ni siquiera el símbolo de la cruz, antes del siglo IV. Incluso era negado este símbolo en el siglo II, como lo atestigua la respuesta del apologista cristiano Minucio Félix al romano Cecilio sobre la veneración de la cruz:

> «Estáis muy lejos de la verdad cuando nos atribuís como objeto de nuestro culto un criminal y su cruz, cuando pensáis que hemos podido tomar por Dios un culpable o un mortal... Nosotros no honramos ni deseamos suplicios. Vosotros, sois los que consagráis dioses de madera y adoráis cruces de palo como parte de sus ídolos».

Algunos yacimientos arqueológicos como la capilla paleocristiana de Dura Europos (Siria), que conserva pinturas de episodios del Antiguo Testamento hechas hacia el año 244, confirman que los cristianos comenzaron a saltarse los preceptos de idolatría.

El catolicismo dice ser monoteísta, pero tiene un solo dios que a la vez es una Trinidad, es decir, tres entes superiores a los que venerar: Padre (Dios), Hijo (Cristo) y Espíritu Santo. Pero, además, ha incorporado cientos de ídolos en imágenes que también se veneran como dioses menores a los que se invoca y se adora para que intercedan con los entes superiores. Una inmensa pléyade de apóstoles, santos, mártires, beatos, ángeles y arcángeles a los que, tras el Concilio de Éfeso en el año 431, hay que sumar cientos de vírgenes. Con la advocación mariana se roza el paroxismo idolátrico, tal vez por la necesidad ancestral de tener divinidades femeninas, prohibidas siglos atrás en el proceso monoteísta misógino impuesto por el judaísmo, el cristianismo y el islam.

Sería la propia Iglesia católica la que propiciaría la veneración a la Virgen María, convertida en una especie de diosa madre. En España, país mariano donde los haya, hubo una gran proliferación de estas apariciones entre los siglos X y XVI, curiosamente, en las regiones cristianas fronterizas durante la larga reconquista sobre la ocupación musulmana, con el fin de elevar la moral de los ejércitos de Cristo, en la creencia de que la Madre de Dios estaba con ellos y les ayudaba en la victoria. Se aparecía generalmente a pastores o niños, siempre en la retaguardia cristiana. En Andalucía, por ejemplo, se documentan cientos de apariciones marianas en la frontera con Al-Andalus a partir del siglo XIII hasta después de la abdicación del reino nazarí de Granada. Si bien, las apariciones más famosas son del siglo XX. Hay tantas vírgenes y leyendas marianas como pueblos y ciudades, y a ella se dedican casi todas las fiestas patronales.

A esta miríada de santos, vírgenes y mediadores celestiales, también se les atribuyen poderes milagrosos. A san Pancracio se le rinde adoración para prosperar económicamente, a san Cucufato para encontrar objetos perdidos, a san Antonio de Padúa para encontrar marido, a san Isidro para que llueva, a san Judas Tadeo para las causas imposibles y así un larguísimo etcétera, pues el santoral dispone de varios santos para cada día del calendario. Cada colectivo tiene además su patrón: santo Tomás Moro es el de los abogados, san José el de los carpinteros, san Ginés el de los actores, san Francisco de Sales el de los escritores, etc. Las iglesias católicas están colmadas de iconografía y efigies de santos y a cada uno de ellos se le atribuye una especialidad. Los hay para evitar el aborto (san Ramón Nonato), para los enfermos en general (la Virgen de Lourdes y san Juan de Dios), también sobre dolencias específicas: san Alfonso María de Ligorio para la artrosis, san Ezequiel Moreno para el cáncer, pero si es cáncer de huesos, entonces santa Tecla. San Damián de Veuster para el SIDA, aunque también puede echar una mano Peregrino Laziosi. San Blas para la garganta, santa Lucía para la vista, san José de Anchieta para la escoliosis, etc.

Salvando las diferencias, es inevitable recordar la tríada de divinidades mayores del panteón romano en la figura de Júpiter, Juno y Minerva junto a una pléyade de dioses menores. O los dioses del Olimpo de la antigua Grecia, con sus divinidades menores o semidioses que, sin estar incluidos en el panteón olímpico, tenían estrechos vínculos con ellos y a los que también se les rendía culto.

Siempre encontré cierta similitud entre la jerarquía de estos panteones a los que precisamente el cristianismo combatió con saña, con la amplísima nómina de santos católicos mediadores, capaces también de obrar prodigios, aunque sometidos a Jesucristo como deidad mayor, que a su vez está sometido a otra superior, Dios. Otro tanto ocurría con los dioses helenos Dionisio, Ares, Hermes o Atenea, sometidos a Zeus, dios de dioses. En el caso del dios Dionisio, existe un curioso paralelismo con Jesucristo.

Si como dice Timoteo, Cristo es el único mediador entre Dios y los hombres (1 Tim 2, 5), ¿para qué se precisan terceros personajes? En la Epístola a los Hebreos se dice que Jesús es el sumo sacerdote que intercede en nuestro socorro (Heb 4, 14-16) ¿Son realmente necesarios tantos intercesores? ¿No es esto una forma de politeísmo idolátrico? ¿Incumple el catolicismo los sagrados preceptos sobre idolatría?

Uno se pregunta cómo ha llegado la Iglesia católica, que acepta y asume el AT, a convertirse en una cantera inagotable de santos, imágenes, iconos y símbolos de todo tipo, pese a que la Biblia contiene furibundos ataques a la idolatría. Tanto el Éxodo como el Deuteronomio prohíben expresamente postrarse ante otro dios o imagen:

> «No habrá para ti otros dioses delante de mí. No te harás escultura ni imagen alguna ni de lo que hay arriba en los cielos, ni de lo que hay abajo en la tierra, ni de lo que hay en las aguas debajo de la tierra. No te postrarás ante ellas ni les darás culto» (Éx 20, 2-5).

Si bien este principio fue acogido por la Iglesia católica como uno de sus Diez Mandamientos, con el paso del tiempo lo simplificó en su forma catequética por 'Amarás a Dios sobre todas las cosas'. Frente a las críticas de incumplir las Sagradas Escrituras, el catolicismo salió al paso diferenciando entre la *iconodulia*, es decir la veneración de imágenes religiosas como una forma de acercarse a Dios, y la *idolatría* o adoración de ídolos. Para el catolicismo la *iconodulia* no es pecado porque Dios mismo mandó construir imágenes en varias ocasiones (*Éx* 25, 18-19; *Éx* 26, 31, 1R 6, 23-28...). Alegan, además, que la palabra usada para prohibir imágenes en Éxodo 20, 4 y su paralelo en Deuteronomio 4, 15 es *pesel*, que no significa imagen, sino *ídolo*. Incluso justifican la veneración mariana como un acto de hiperdulía, no de idolatría. Según ellos, el *iconófilo* o *iconódulo* que adora una imagen religiosa no incurre en pecado de idolatría, sino aquel que adora objetos que representen un antivalor a Dios, por ejemplo, adorar a Buda, a cualquier dios pagano, a un demonio o a cualquier objeto contrario a la doctrina.

Pero estos matices tan finos no son compartidos como argumentos válidos por otras iglesias cristianas, como los protestantes, sobre todo los anglicanos, que siguen viendo idolatría en personas arrodillándose ante una talla de madera o una pintura sacra.

Purgatorio, indulgencias y Reforma

Para la doctrina católica, el purgatorio era un lugar, o más bien un estado, donde iban las almas de aquellos que, habiendo muerto en gracia de Dios, necesitaban aún purificarse para alcanzar la gloria. Es decir, los que, sin ser merecedores de ir al infierno, tampoco lo son para pasar directamente al paraíso celestial y han de permanecer un tiempo de transición expiando sus pecados veniales no perdonados, hasta que sus almas estén preparadas para acceder a la visión beatífica de Dios. Este concepto religioso tuvo, y tiene, una especial presencia en la iglesia copta y sobre todo en el catolicismo.

¿De dónde surge esta idea? La Iglesia copta se basa en el Libro de Enoc, redactado entre el siglo V y II a. C., donde se describe el cielo, el infierno y el purgatorio en sus capítulos del 6 al 36, pero el catolicismo no tiene reconocido ese libro en su canon oficial.

En 1307, Dante, en su *Divina Comedia*, describió el purgatorio como una gran montaña dividida en siete niveles donde las almas purgaban cada uno de los siete pecados capitales hasta alcanzar la cima, que era paraíso terrenal. El purgatorio sería reconocido en el Concilio de Florencia de 1439 (cf. DS 1304) y en el de Trento de 1545 (cf. DS 1820; 1580). Creyeron intuir su existencia en algunas citas del AT, bastante ambiguas por cierto, pues en ellas no se habla expresamente del purgatorio, tales como:

> «Muchos serán purificados, emblanquecidos y refinados; los impíos procederán impíamente, y ninguno de los impíos comprenderá, pero los entendidos comprenderán» (Dn 12, 10).

> «Pero él presumía que una hermosa recompensa espera a los creyentes que se acuestan en la muerte, de ahí que su inquietud fuera

santa y de acuerdo con la fe. Mandó pues ofrecer ese sacrificio de expiación por los muertos para que quedaran libres de sus pecados» (2 Mac 12, 45-46).

Entendían, pues, que el estado de limpieza de las almas no podía hacerse en el infierno, porque de él no se puede salir; tampoco en el cielo, pues nada manchado puede entrar en él. Hablando de la Jerusalén celestial, el Apocalipsis dice que «nada manchado entrará en ella» (Ap. 21, 27). Dedujeron, pues, que debía existir un lugar donde se cancelara esa deuda, un tercer estado.

También en el NT creyeron ver alusiones al purgatorio. En sus epístolas, Pablo decía: «Si la obra de alguno se quemare, él sufrirá pérdida, si bien él mismo será salvo, aunque así como por fuego» (1 Cor 3, 15). En el libro de Pedro se lee: «para que sometida a prueba vuestra fe, mucho más preciosa que el oro, el cual aunque perecedero se prueba con fuego, sea hallada en alabanza, gloria y honra cuando sea manifestado Jesucristo» (1 Pe 1, 7). Como vemos, relacionar un supuesto purgatorio con esas citas requiere de una gran imaginación.

El papa Gregorio Magno (540-604), dio un paso más y asoció ese fuego de Pablo con la purificación de un purgatorio:

> «Respecto a ciertas faltas ligeras, es necesario creer que, antes del juicio, existe un fuego purificador, según lo que afirma aquel que es la verdad, al decir que si alguno ha pronunciado una blasfemia contra el Espíritu Santo, esto no le será perdonado ni en este siglo, ni en el futuro (Mt 12, 31). En esta frase podemos entender que algunas faltas pueden ser perdonadas en este siglo, pero otras en el siglo futuro» (San Gregorio Magno, *Dialogi* 4, 41,3).

En la parábola del funcionario que no quiso perdonar: «Tanto se enojó el señor, que lo puso en manos de los verdugos hasta que pagara toda la deuda», y Jesús añadió: «Lo mismo hará mi Padre celestial con ustedes, a no ser que cada uno perdone de corazón a su hermano» (Mt 18, 21-35). Estas citas bíblicas, la mayoría sacadas de su contexto, me llevan a deducir que el concepto de purgatorio que la Iglesia implantó estaba cimentado en ambiguas especulaciones sobre citas simbólicas que poco o nada tenían que ver con aquel espacio transitorio para que las almas purgaran su pena. Terminaría siendo un invento enteramente eclesial.

Para el catolicismo, en el purgatorio se sufrirían tormentos similares a los del infierno, con fuego literal, pero con la salvedad de que no serán eternos. Un poco duro parece el tránsito de la purgatoria para pecados veniales, más aún cuanto no se establece un tiempo establecido, siglos a criterio de san Gregorio Magno.

La Iglesia, sabedora de la aflicción que la supuesta purgatoria producía en los familiares del difunto, encontró la forma de poder reducir el tiempo de espera a través de los 'sufragios', que podían ser plegarias por los muertos, eucaristías, misas gregorianas, limosnas a pobres, peregrinajes, mortificaciones corporales, ayunos y, sobre todo, indulgencias. La indulgencia, a diferencia de la penitencia, no perdonaba el pecado pero eximía las penas de carácter temporal que los fieles deberían purgar, ya sea durante su vida terrenal o en el purgatorio tras su muerte. El catolicismo vio en las indulgencias un rentable negocio para incrementar las arcas de la Iglesia, porque bastaba con pagar una cantidad de dinero para que papas, cardenales u obispos te concedieran las indulgencias.

Esto dio lugar a múltiples abusos durante la Edad Media. Muchos sacerdotes se lanzaron a la prédica de indulgencias, incluso las vendían por adelantado, para futuros pecados que pudieses cometer. Los lugareños, que creían o temían todo lo que procedía de Dios, pagaban religiosamente para aliviar o acortar la purgatoria de sus difuntos o sus propias penitencias. Manuales conocidos por 'penitenciales' circularon por Europa con tarifas de reparaciones, un precio por cada falta. La indulgencia se transformó en una poderosa herramienta recaudatoria.

Ya en el siglo XI la indulgencia plenaria se utilizaba para apoyar la Reconquista española. Teólogos europeos como John Wickliffe o Jan Hus criticaron abiertamente estos abusos del catolicismo en los siglos XIV y XV. Pero sería en el XVI cuando alcanzó visos de escándalo y arreciaron las críticas ante las indulgencias masivas para todos aquellos que contribuyeran económicamente a la construcción de la suntuosa basílica de San Pedro en la Ciudad del Vaticano, la iglesia cristiana con mayor espacio interior del mundo: 193 metros de longitud, 44'5 de altura y una superficie de 2,3 hectáreas.

En el siglo XV se hizo famoso el dominico alemán Johannes Tetzel, vendedor ambulante de indulgencias durante la escandalosa campaña del arzobispo de Maguncia, Alberto de Brandeburgo. Recaudó tanto dinero que liquidaron deudas bancarias, gastaban ingentes cantidades de dinero en lujos para la gran basílica y, de paso, se alimentaba el tren de vida de prelados y cardenales corruptos.

En 1517, Martín Lutero criticó duramente las indulgencias en sus famosas *Noventa y cinco tesis,* clavadas en la puerta de la iglesia de Wittenberg. El teólogo alemán sostenía, respecto a los vivos, que el arrepentimiento y la confesión bastaba para la remisión de las penas sin necesidad de comprar cartas de indulgencias; y respecto a los muertos, alegaba que no se encontraban ligados por decretos canónicos, cuestionando la idea del purgatorio, acusando a la Iglesia de instrumentalizar el miedo al infierno. Aunque terminó excomulgado, Lutero abrió un cisma en el catolicismo y con él se inició la Reforma protestante.

La simonía era la compra de cargos eclesiásticos a la curia o el pago con dinero o bienes, de favores convenidos. Un procedimiento que se dio con frecuencia durante la Edad Media. Debe su nombre a Simón el Mago, que quiso comprar el poder de san Pedro para realizar milagros (Hch, 8, 9-21).

Estas prácticas fueron frecuentes en la Europa del Renacimiento, sobre todo tras el Concordato de Bolonia en 1516, por el cual, a cambio de disponer de los ingresos de la Iglesia gala, el papa León X concedió al rey Francisco I el derecho de nombrar arzobispos, obispos, abades y priores, permitiendo a la corona controlar a sus miembros y decidir quiénes serían los líderes de la Iglesia en Francia.

Las grandes familias tentaban y la curia aceptaba los sobornos. Con el Concilio de Trento de 1563 se frenaron los abusos, sin embargo, las indulgencias continuaron practicándose en la Iglesia católica con mayor discreción para casos de excomuniones, anulaciones matrimoniales y compra de determinados cargos eclesiásticos, entre otros.

Las competencias fueron transferidas en 1908 al Santo Oficio y aún se regulan en el Código de Derecho Canónico actual, en su canon 992. El actual Catecismo de la Iglesia católica también las recoge:

> «La indulgencia es parcial o plenaria según libere de la pena temporal debida por los pecados en parte o totalmente. Todo fiel puede lucrar para sí mismo o aplicar por los difuntos, a manera de sufragio, las indulgencias tanto parciales como plenarias» (Catecismo de la Iglesia católica Cap.II, Art. 4. X. 1471).

En 2011, el papa Benedicto XVI dijo, respecto al purgatorio, que no existía como espacio físico, que solo era un fuego interior que purificaba el alma del pecado. Era como decir que no existe de forma material sino espiritual por lo que, o tienes fe en los dogmas católicos o el purgatorio no existe.

Como curiosidad, un apunte sobre la iglesia del Sagrado Corazón del Sufragio, en Roma, donde se exhiben reliquias y objetos 'tocados' por almas del purgatorio, entre ellos huellas digitales de almas en purgatoria y testimonios de apariciones de difuntos que piden misas por su alma en el purgatorio.

Los evangelios apócrifos

Aunque Pablo de Tarso no perteneció al círculo de discípulos ni de apóstoles, e incluso se cree que se enfrentó a Santiago, el hermano de Jesús, para ser sucesor del grupo, fue él quien forjó las bases de la fe cristiana contenida en las epístolas paulinas del siglo I. Estas cartas, enviadas para ser leídas ante los creyentes de las iglesias que iba fundando, contienen el pensamiento fundamental de la cristología de Pablo: la muerte y resurrección de Jesús. En cambio, algunos de sus seguidores consideraron que la vida de Jesús también tenía importancia y compusieron los evangelios que conocemos: Marcos, Mateo, Lucas y Juan.

Con el paso del tiempo, el sugerente relato evangélico de Jesús de Nazaret, se quedó corto en los primeros siglos del cristianismo ante la avidez de lectores que deseaban saber más sobre su mesías. Surgió entonces le necesidad de conocer más detalles sobre su poder milagroso y diferentes aspectos de su vida como su infancia y su juventud, sobre los que nada cuentan los evangelios canónicos, o sobre sus padres y abuelos. Aparecieron así nuevos textos religiosos con una estructura similar a los evangelios, algunos de los cuales tuvieron una gran aceptación al aportar nuevas anécdotas y milagros que no se encontraban en los sinópticos. La Iglesia se negó a aceptarlos por considerar que algunos, como los gnósticos, no eran auténticos, incluso contrarios al dogma y, por tanto, heréticos. Son los llamados evangelios apócrifos, que no fueron incluidos en el canon de la Biblia Septuaginta griega, ni en la versión católica, ortodoxa, anglicana y protestante por considerar que «no estaban inspirados por Dios».

Lo cierto es que casi todos los evangelios apócrifos son tardíos, posteriores a los canónicos. El más antiguo que se conoce hasta ahora es el Evangelio de Pedro, que data del año 130 aproximadamente y varios papiros de Oxirrinco que oscilan entre el 150 y 180. Los hay incluso del siglo IX o X. Su fuente de inspiración solía ser los evangelios canónicos por lo que, fuera del interés sobre diferentes visiones de la inmortalidad y la resurrección en la cristología de la época, la información que aportan sobre el Jesús histórico es meramente legendaria.

El término apócrifo, que originalmente significaba 'ocultar lejos', fue derivando en lo oculto, lo oscuro pues, en griego, *apokryphos* es 'palabras ocultas'. Más tarde, al identificar lo apócrifo con lo no canónico, se asoció a lo falso, a lo carente de valor, es decir, todo manuscrito fuera del canon. Pero no eran más falsos que los canónicos pues, para muchos autores, tuvieron una formación similar, la ficción mítica inspirada en textos y tradiciones anteriores, con añadidos y adornos de cosecha propia. Por ello, tal vez sería más exacto denominarlos evangelios extracanónicos. Por el hecho de haber sido ocultos y vetados al público cristiano, estos manuscritos se fueron dotando de un aura de magia y misticismo. Los apócrifos carecen del sobrio estilo de los canónicos, y sus relatos desbordan fantasía; algunos, procedentes de comunidades cristianas gnósticas, como el Evangelio de Tomás, contienen palabras ocultas y tienen enseñanzas mistéricas reservadas a los iniciados en esas comunidades. En otros, aparecen nuevos y extravagantes milagros de Jesús.

Se tiene constancia de más de doscientos textos apócrifos escritos en distintas épocas y de diferentes procedencias y autores. La Iglesia no dio explicaciones de porqué unos fueron inspirados por Dios y otros no, pues la principal diferencia entre los canónicos y los apócrifos es que a los primeros se les atribuye la inspiración por soplo divino, mientras que a los apócrifos no, pero este hecho es imposible de constatar y supone un dogma de fe. Y los dogmas son así, cuando algo de la fe es incomprensible, se proclama un dogma y asunto resuelto. La única divergencia histórica constatable sería que son posteriores a los canónicos y, por proximidad cronológica, los más antiguos podrían reflejar con mayor exactitud lo ocurrido. Pero a lo largo de los dos primeros siglos tras la muerte de Jesús ya existían más de una treintena de evangelios con versiones diferentes de la vida y dichos de Jesús, muchas de ellas totalmente incompatibles como fue el actual evangelio apócrifo de Judas, el de la Verdad, el de

María Magdalena, el de Tomás, el de Felipe, el de Pedro, y muchos más que hoy día se han recuperado y que siguen catalogados como apócrifos.

Cuando se analizan los textos apócrifos, se repara en que el cristianismo primitivo no fue un movimiento monolítico sino que estaba integrado por creencias discordantes que cada grupo redactó en base a su propia perspectiva y se inspiraban en fuentes anteriores que editaban para ajustar a su propia teología. Solían atribuir la autoría a discípulos o personajes cercanos a Jesús como Tomás, Felipe, Santiago, Pedro, Bartolomé, Magdalena, etc., pese a que habían fallecido años o siglos atrás, por lo que se desconoce a sus verdaderos autores. Pero esto también es aplicable al canon oficial de la Biblia pues ni Moisés escribió el Deuteronomio, ni el rey David el Salterio, ni Salomón los Sapienciales. Otro tanto ocurre en el Nuevo Testamento pues, aunque la tradición cristiana lo ha atribuido a discípulos de Jesús, se sabe que, de los 27 documentos que lo constituyen, solo entre 7 y 10 fueron probablemente redactados por autores de la primera generación cristiana, por ejemplo, Pablo. Los restantes son documentos anónimos o pseudoepigrafías, es decir, que el autor dice ser alguien que no es, entre ellos los evangelios de Marcos, Mateo, Lucas y Juan.

Para el catolicismo, en algunos apócrifos aparece un Jesús reinventado por las sectas gnósticas y esotéricas que mezclaban doctrinas de religiones orientales, la fe de la Iglesia primitiva, elementos de la literatura apocalíptica judía, filosofía pitagórica, neoplatonismo y mitos egipcios.

Los evangelios apócrifos que han llegado hasta nosotros se pueden clasificar en cuatro grandes grupos: los apócrifos de la natividad, los de la infancia, los de la pasión y resurrección y los de la asunción.

Entre los evangelios considerados gnósticos están el Evangelio de Tomás, el de Marción, el de María Magdalena, el de Judas, el de Valentín, el de la Verdad y el griego de los egipcios. Entre los que abordan la Natividad: el Protoevangelio de Santiago y los evangelios de Pseudo-Mateo y de la Natividad de María, junto a extractos del Liber de Infantia Salvatoris. Entre los que abordan la infancia de Jesús, el Evangelio de la Infancia de Tomás, el Árabe de la Infancia, el Armenio de la Infancia, la Historia de José el Carpintero y el Liber de Infantia Salvatoris. Entre los relacionados con la pasión y la resurrección: los evangelios de Pedro, el de Nicodemos y el de Bartolomé. Pero hay muchos más que pueden agruparse entre los asuncionistas, es decir, los que defendían la asunción al cielo del cuerpo y alma de María. Entre ellos, el Libro de san Juan Evangelista, el Libro de Juan, la Narración del Pseudo José de Arimatea, y otros relacionados con Cartas del Señor, los evangelios perdidos y escrituras en fragmentos papiráceos, entre otros, incluso la *ágrapha* de Jesús.

Por lo general, católicos, protestantes y ortodoxos coinciden en el canon del NT, sin embargo, algunas Iglesias cristianas incluyen ciertos apócrifos en su canon, como la Iglesia ortodoxa etíope con las epístolas I y II de Clemente y la obra el Pastor de Hermas. La Iglesia copta tenía en sus pasajes textos apócrifos que incluían la niñez de Jesús.

En tiempos de los evangelistas ya debieron escribirse diferentes versiones sobre la vida de Cristo. Así se deduce en el prólogo del propio Evangelio de Lucas, cuyo autor se dirige a un personaje llamado Teófilo con estas palabras:

> «Ya que muchos han intentado escribir la narración de los sucesos que se han cumplido entre nosotros (...) pareciome también a mí, después de haberme informado de todo exactamente desde su origen, escribírtelos por su orden, dignísimo Teófilo, a fin de que conozcas la verdad de lo que se te ha enseñado».

Leyendo los evangelios apócrifos surge de inmediato una cuestión recurrente: Si eran textos extraoficiales para el catolicismo, ¿por qué la Iglesia católica terminó aceptando algunas de sus leyendas ficticias?

En realidad, la Iglesia custodió los evangelios apócrifos, incluso asumió algunas tradiciones de ellos, salvo de los gnósticos, a los que consideraba heréticos y los persiguió.

Aunque nunca entraron en el canon, algunos judeocristianos influyeron en la liturgia, en la piedad popular y en el arte y se hicieron tan populares que, pese a su acanonicidad, la Iglesia los aceptó por inercia de la tradición. De hecho, algunas de estas creencias más entrañables de la tradición católica vienen de los textos no canónicos. Incluso algunas cuestiones apócrifas, como la ascensión de la Virgen a los cielos, la Iglesia terminaría elevándola a dogma.

Esto generaba la lógica contradicción en la feligresía, que terminaba creyendo, por ejemplo, que los padres de la Virgen María se llamaban Joaquín y Ana, que el buen y el mal ladrón que acompañaron a Cristo en la cruz fueron Dimas y Gestas, que el centurión que atravesó el costado de Cristo se llamaba Longinos o que los Reyes Magos fueron tres y sus nombres eran Melchor, Gaspar y Baltasar y que cuando llegaron al portal de Belén, junto al pesebre había un buey y un asno, cuando, en realidad, todo ello procede de textos apócrifos muy posteriores que no fueron aceptados por la Iglesia como libros oficiales.

Los evangelios apócrifos. solían ampliar episodios partiendo de una pequeña referencia evangélica. Por ejemplo, entre la muerte y resurrección de Jesús hay un oscuro episodio que, aunque no aparece en los evangelios, sí se cita de pasada en la *Primera epístola de Pedro* (3, 19 y 4, 6): el descenso de Jesús a los infiernos. Pues bien, en el apócrifo Evangelio de Nicodemo se dan detalles sobre cómo fue aquella peripecia. Unos cuantos sacerdotes, un levita y un doctor de la ley cuentan cómo, a la vuelta de Galilea, les salió al paso una muchedumbre de hombres vestidos de blanco que resultaron ser los resucitados con Jesús. Entre ellos reconocieron a Leucio y Carino, quienes les contaron los maravillosos acontecimientos tras la muerte del maestro, entre ellos su visita a los infiernos.

Otro tanto ocurría con la perpetua virginidad de María, cuya primera referencia se encuentra en el Protoevangelio de Santiago, otro apócrifo del siglo II. Pese a que este prodigio procede de un texto no canónico tardío, el catolicismo lo asumió.

Otro episodio de procedencia apócrifa es el de la Verónica, mujer que enjugó el rostro de Cristo con un paño durante el viacrucis, obrándose el milagro de la estampación de su rostro. Más adelante nos ocuparemos del episodio de Verónica y la santa faz.

Muchos de estos textos fueron descubiertos durante los siglos XIX y XX, entre ellos los famosos códices encontrados en 1945 ocultos en una gruta de la localidad egipcia de Nag Hammadi, cerca de Luxor. Escritos en copto y datados entre los siglos III y el IV, es una colección de trece libros encuadernados en cuero que contienen 52 textos, de los cuales 40 eran totalmente desconocidos. Consta de tratados religiosos y herméticos, escritos apócrifos, sentencias morales, incluso una versión de *La República* de Platón, que contribuyeron a un mejor conocimiento del cristianismo primitivo y el gnosticismo judío.

Otro gran descubrimiento fue los manuscritos del mar Muerto o rollos de Qumrán, encontrados, entre 1946 y 1956, en once cuevas del desierto de Judea, junto al mar Muerto. Se trata de una colección de 972 manuscritos datados entre los siglos II a. C. y I d. C. considerados los textos más antiguos del Tanaj o AT hasta la fecha. Se cree que los ocultaron los esenios para preservarlos de la guerra de los romanos contra los rebeldes judíos en aquellos años, aunque otras hipótesis barajan la presencia zelota en la comunidad durante el siglo I, junto a la tesis de que fueron escritos en Jerusalén y llevados a las cuevas de Qumrán para esconderlos del expolio romano.

EL EVANGELIO DE TOMÁS

Sobre el Evangelio de Tomás, los expertos no se ponen de acuerdo a la hora de su datación. Parecen mayoría los autores convencidos de que se basa en tradiciones anteriores a las fechas en que se escribieron los evangelios canónicos (Koester, H. 1990). Numerosos historiadores defienden su datación en torno al año 50, siendo anterior al Evangelio de Marcos (Robinson J.A., 1976, Theissen, G. 1998, Meier, J.P. y Merz, A., 2009). Otros le otorgan una datación más tardía, sobre todo alemanes e ingleses, que alegan que el Evangelio de Tomás sigue los mismos cambios verbales que Lucas utiliza sobre el texto de Marcos. Algunos lo datan a mediados del siglo II (Valantasis, 1997).

La datación temprana está más extendida entre los investigadores estadounidenses, que argumentan que, dado que este manuscrito se compone sobre todo de material original y no se basa en los evangelios canónicos, debió ser escrito en base a la tradición oral y solo la del siglo I se considera tradición oral verosímil. Esto induce a muchos historiadores a considerar que el Evangelio de Tomás bien pudo ser la misteriosa Fuente Q o tener relación con ella, que sirvió como material común en Mateo y Lucas que no procede de Marcos. Según esta teoría, los fragmentos de Q que no incluye el citado evangelio apócrifo fue porque su autor no los conoció al ser posteriores y no pudo incorporarlos a su escrito.

Lo cierto es que, por su antigüedad y contenido, el Evangelio de Tomás es el único entre todos los apócrifos que algunos autores otorgan credibilidad como fuente primaria. Los apócrifos de Tomás y Felipe corroboran que entre las primeras comunidades de cristianos era común encontrar colecciones de los dichos del maestro, entre las que no se hablaba ni de crucifixión ni de resurrección, sino de enseñanzas sobre la vida que debían llevar sus seguidores. ¿Tal vez frases o máximas del Jesús histórico dichas a su grupo como líder espiritual conservadas en la tradición oral?

Junto con los manuscritos del mar Muerto, los de Nag Hammadi constituyen el más importante descubrimiento de textos antiguos de la era moderna. Gracias a ellos, hoy se sabe que la gnosis y el gnosticismo formaban el núcleo de uno de los fenómenos ideológicos que dominaron el pensamiento religioso y filosófico de la cuenca del Mediterráneo durante los siglos I al IV (Piñero, A., 2018). De hecho, la corriente gnóstica fue la que aportó la mayor parte de los textos apócrifos.

Códice II de los Manuscritos de Nag Hammadi, con el colofón del Libro Secreto o Apócrifo de Juan y el comienzo del Evangelio según Tomás. Datado entre los siglos I y II.

EL EVANGELIO DE JUDAS

Mención merece el Evangelio de Judas, otro apócrifo pseudoepígrafo utilizado por el movimiento gnóstico de los cainitas. Se creía desaparecido hasta que, a finales de 1970, fue encontrado en Egipto el llamado *Códice Tchacos*, papiro muy deteriorado escrito en copto y datado entre los años 220 y 340, aunque se cree que es una traducción de un original griego que debió componerse entre los años 130 y 150.

El documento cayó en manos de los traficantes de antigüedades que pretendían enriquecerse con él. Cuando en 2002 lo adquirió la Maecenas Foundation for Ancient Art, contactó con National Geographic Society para que restaurase, datase y tradujese el manuscrito. Cosa que hizo en 2006.

La novedad que aporta es una versión de Judas Iscariote muy alejada de la imagen adjudicada en los evangelios canónicos como el hombre más odiado, el paradigma del traidor por excelencia que vendió a Jesús a los romanos por treinta monedas de plata y lo señaló con un beso. Según este evangelio gnóstico, Judas no solo fue uno de los discípulos favoritos de Jesús, sino que su acción de entregarlo a las autoridades de Roma fue en cumplimiento de un plan previsto por el propio Jesús, quien lo agradece porque prepara el momento en que queda liberado del cuerpo para regresar al reino de los cielos. También señala a Judas como el décimotercer apóstol y, pese a que predice que será maldito por generaciones, «vendrás para reinar sobre ellos». Tras su entrega a los romanos, el texto no hace ninguna referencia a la crucifixión ni a la resurrección. Jesús se ríe de la ignorancia, reconociendo en Judas revelaciones y secretos, propio del gnosticismo.

En el siglo II, el obispo Ireneo de Lyon, en su lucha contra los gnósticos, menciona evangelios heréticos, entre ellos el de Judas. En el año 180, Ireneo escribió sobre la secta de los cainitas que, según él, pretendían reahabilitar villanos de la Biblia como Caín, Esau, Coré y Judas. Este obispo atribuye la autoría del Evangelio de Judas a Simón el Mago, que es citado en Hechos de los Apóstoles.

El Evangelio de Judas es un claro ejemplo de la lucha entre los gnósticos y la Iglesia jerárquica.

Fragmento del evangelio de Judas (Foto: Wolfgang Rieger).

EL GNOSTICISMO

Hemos hablado de textos gnósticos, pero ¿qué es el gnosticismo? Fue un movimiento que tuvo su auge fundamentalmente entre los siglos II d. C. y III d. C. Proliferó sobre todo en Egipto y era una mezcla de corrientes filosóficas entre sectas judías y cristianas antiguas, una sincretización de creencias orientales y helenísticas con una fuerte influencia mistérica, esto es, plena de revelaciones secretas y muy selectiva, que terminó asumiendo como su protagonista a Jesús de Nazaret.

Los gnósticos consideraban que el principal elemento de salvación no era la fe o el perdón, sino el conocimiento espiritual (*gnosis)* en la forma de intuiciones místicas o esotéricas. Los gnósticos creían que la gente corriente podía estar conectada con Dios. La salvación se alcanzaba consiguiendo conectar el espíritu humano con Dios, proceso durante el cual se precisa un maestro que te guie como Cristo. Aquellos que interiorizaban su mensaje podían ser tan divinos como el propio Cristo. Los evangelios gnósticos presentan a Jesús resucitado como un revelador especial para un grupo pequeño de escogidos. Es decir, para ellos Jesús revela tras su resurrección ciertas verdades que no pueden comprender los cristianos corrientes, sino solo aquellos que están dotados, además del alma, de un espíritu especial que han recibido de Dios como elegidos. Esto les permitía comprender las escrituras de mejor manera y lograr una mejor salvación que el cristiano corriente.

Muchos textos gnósticos discuten no los conceptos de pecado y arrepentimiento, sino los de ilusión e iluminación. Algunas de estas corrientes sincréticas mimetizaron con el cristianismo, convirtiendo en gnóstico al Jesús de los cristianos, lo que arraigó en el siglo II entre ciertos grupos de cristianos europeos, por lo que su pensamiento fue declarado herético por la Iglesia. Esto produjo la destrucción masiva de los textos gnóstico; muy pocos sobrevivieron. No se puede saber exactamente cuantos libros y documentos se perdieron a lo largo de los siglos, pero sí se sabe que algunos de los textos gnósticos fueron ocultados. Por ejemplo, los libros hallados en 1945 en la localidad egipcia de Nag Hammadi fueron escondidos en el interior de una gran tinaja enterrada.

El Evangelio de Felipe, por ejemplo, contiene una suerte de doctrinas gnósticas con palabras clave y viene a decir que el gnóstico concibe la revelación por medio del contacto con el revelador a través del grupo dirigido por un maestro que habla en nombre de Jesús. También habla del sacramento de la cámara nupcial, metáfora con la que los gnósticos simbolizan la unión con Dios a través del matrimonino con la contraparte celestial de uno mismo.

En el pasado, algunas versiones gnósticas pudieron tener mayor difusión que los evangelios canónicos. Pero, a partir de la legalización del cristianismo por Constantino en el año 313, no se hacía aconsejable poseer ese tipo de libros. El emperador puso su tolerancia en la Iglesia organizada a la que agasajó con riquezas, privilegios y exenciones de impuestos, pero los cristianos considerados herejes fueron castigados y se les prohibió reunirse. La política represiva hizo que finalmente los evangelios canónicos acabaran por eclipsar a los otros.

EL MITO APÓCRIFO DE LA VERÓNICA

La tradición de la santa Verónica (de *vero icon,* verdadera imagen), la mujer que supuestamente enjugó el rostro de Cristo camino del Calvario quedando la imagen de su rostro en el paño, procede de textos apócrifos tardíos. En ellos se pretendía aportar más detalles sobre la escena de Lucas cuando describe a las mujeres llorando por Jesús camino de la cruz:

> «Le seguía una gran multitud del pueblo y mujeres que se dolían y se lamentaban por él. Jesús, volviéndose a ellas, dijo: Hijas de Jerusalén, no lloréis por mí; llorad más bien por vosotras y por vuestros hijos. Porque llegarán días en que se dirá: ¡Dichosas las estériles, las entrañas que no engendraron y los pechos que no criaron!» (Lc 27, 29).

A la piedad cristiana este pasaje le supo a poco y, con los siglos, aparecieron textos con nuevas anécdotas de aquel episodio. En el tardío Evangelio de Nicodemo, también llamado Hechos de Pilato

(*Acta Pilati*) del siglo IV, sin ninguna prueba, pone el nombre de Verónica a la hemorroísa (mujer que sufría hemorragias continuas) curada por Jesús solo con tocar su túnica y citada, sin nombre, en los evangelios sinópticos (Mt 9, 20–22, Mc 5, 25–34, Lc 8, 43–48).

En el citado apócrifo, Verónica intenta testificar en el juicio contra Jesús pero los judíos se lo impiden porque las mujeres no podían testificar (VII. 1-2). El milagro de la estampación del rostro se recoge el Evangelio de la muerte de Pilato, otro apócrifo muy breve y tardío de la época tardomedieval que no coincide con la versión de que el milagro surgió cuando Verónica enjugaba el sudor y la sangre de su rostro.

Según este apócrifo, el emperador Tiberio César, muy enfermo, envió a un sirviente llamado Volusiano para que dijera a Pilato que enviara a Jesús para que lo sanara, pero Pilato le informa que lo había crucificado «conforme al deseo de los judíos». De regreso, Volusiano se topa con Verónica, que había conocido a Jesús, y le dice «¡Oh mujer! ¿Y cómo los judíos han hecho morir a un médico que había en esta ciudad, y que curaba las enfermedades con solo su palabra?». La mujer le cuenta el milagro del lienzo:

> «Y Verónica le dijo: Como mi Señor iba de un sitio a otro predicando, y yo estaba desolada, al verme privada de su presencia, quise hacer pintar su imagen, a fin de que, cuantas veces sintiese el dolor de su ausencia, tuviese al menos el consuelo de su retrato. Y, cuando yo llevaba al pintor un lienzo para hacerlo pintar, mi Señor me encontró, y me preguntó adónde iba. Y, el indicarle mi objeto, me pidió un paño, y me lo devolvió impreso con la imagen de su venerada figura. Y si tu emperador la mira con devoción, gozará de salud brevemente». (I, 8-9)

Volusiano quiere comprar el lienzo a precio de oro o plata, pero Verónica se niega, aunque se ofrece a viajar con él a Roma y mostrárselo al emperador para que sane:

> «Pero por un sentimiento de piedad, partiré contigo, llevando esta imagen al césar, para que la vea, y luego volveré. Y Volusiano fue a Roma con Verónica, y dijo al emperador Tiberio: Hace tiempo que Pilatos y los judíos, por envidia, han condenado a Jesús a la muerte afrentosa de la cruz. Pero ha venido conmigo una matrona que trae consigo la imagen del mismo Jesús y, si tú la contemplas devotamente,

> gozarás el beneficio de la curación. Y el césar hizo extender telas de seda, y ordenó que se le llevase la imagen y, en cuanto la hubo mirado, volvió a su primitiva salud» (I, 10-12).

La tradición cristiana, de nuevo sin pruebas, situó posteriormente ese encuentro en el camino de la amargura (Santos Otero, A., 1985). Por tanto, Verónica llevaba consigo a un pintor para que le hiciera un retrato, cuando Jesús obró el milagro y se adelantó haciendo aparecer su imagen en el lienzo. Versiones aún más tardías volvieron a modificar el relato alegando que la imagen apareció cuando Verónica le enjugó el rostro.

Estamos, por tanto, ante una leyenda tardía e inverosímil que no se recogió en ningún texto religioso anterior, por lo que el santo rostro impreso en el paño de la Verónica no es más que una leyenda, una historia de ficción. Pese a provenir de un texto apócrifo no reconocido en el canon de la Iglesia, fue aceptado con tanto énfasis que hasta nueve templos y catedrales de Europa conservan la reliquia del santo rostro. Podemos encontrarlo en Roma, París, Turín, Génova, Viena, Manoppello, Oviedo, Alicante o la catedral Jaén. Pese a que se trata de pinturas, todas ellas diferentes, en cada uno de ellos se dice que es el auténtico.

Un mito prácticamente idéntico es la imagen de Edesa, también conocido como *Mandylion,* que se hizo popular en oriente. Según una leyenda recogida por Eusebio de Cesarea en el siglo IV, el rey Abgaro V de Edesa escribió a Jesús, pidiéndole que viniera a curarle una enfermedad. Jesús respondió que enviaría a un discípulo a sanarlo. Eusebio no menciona ninguna imagen de Jesús, por lo que una adición posterior describe el hecho de que Jesús envió a Edesa al apóstol Tadeo portando una tela con la imagen de Jesús y el rey sanó milagrosamente.

Como vemos, las leyendas sobre supuestos milagros de Jesús, incluso los que no se relatan en los evangelios canónicos, circulaban de boca en boca y fueron difundidas con el paso de los siglos en un proceso continuo de engrandecimiento del personaje. El episodio de la Verónica fue escrito casi cuatrocientos años después de la muerte de Jesús y, pese a tratarse de un texto apócrifo tardío, sin rigor y 'no inspirado por Dios', la Iglesia lo aceptó y lo incorporó a su imaginario iconográfico, lo que no deja de ser un contrasentido.

EL POLÉMICO CANON OFICIAL

Por la cantidad y variedad de relatos se desprende que no existió una única cristiandad original sino muchas. El catolicismo, heredero de la tradición judía, buscó seleccionar los textos sagrados para unificar su doctrina y diferenciarse del judaísmo, por lo que determinó agrupar textos con las mismas doctrinas para evitar escisiones y dotarlos de un carácter sagrado, desterrando el resto por considerar que podían poner en peligro la unidad doctrinal.

Este proceso se alargó durante más de mil quinientos años. Aunque no existe ningún escrito conocido donde se documente el momento y lugar en el que se oficializó la lista de libros sagrados, se sabe que, en el siglo II, el obispo Ireneo de Lyon ya contaba con una lista de veintisiete libros sagrados, veintitrés de los cuales coinciden con los canónicos actuales. En el decreto Gelasiano del Sínodo de Roma del año 383, surge el primer documento romano con la lista completa del canon y, en el siglo IV, en el Concilio de Cartago, ya existían elencos completos de libros canónicos. El Apocalipsis, por ejemplo, no fue canónico hasta el siglo X.

El canon católico no se oficiaría hasta el Concilio de Trento de 1546, en el que se definió dogmáticamente el canon actual de la Biblia católica, que incluye siete libros más del Antiguo Testamento en comparación con las protestantes. Estos libros son: El Libro de Tobías o Tobit, el de Judit, el de la Sabiduría, el Eclesiástico (Sirácida o Sirácides), el de Baruc, y dos libros de los Macabeos. El profesor Antonio Piñero apostilla que, por esa razón, los católicos no tienen el mismo concepto de apócrifo que los protestantes, pues algunos libros que estos consideran apócrifos, los católicos los tienen por *deuterocanónicos*, es decir, canónicos de segunda fila. No obstante, todas las tradiciones cristianas han mantenido los veintisiete libros canónicos que hoy conocemos.

Lo cierto es que el canon actual no coincide con el de los primeros siglos del cristianismo, en los que se convivió con concepciones más variadas en torno a una cristiandad más plural. Antes de que se impusiera la visión única de los textos canónicos, los primeros cristianos también leían y veneraban evangelios considerados hoy como apócrifos o gnósticos.

¿Solo hay apócrifos en el Nuevo Testamento? También los hay en el Antiguo. Esos textos, igualmente tardíos, fueron redactados entre el siglo III a. C. y el II a. C. Solían ser textos apocalípticos que describían catástrofes cósmicas y la aniquilación del mundo, si bien anunciaban la llegada de un mesías liberador. Su interés radica en la aparición de temas en los que se adelantan al cristianismo como la vida después de la muerte, el bautismo o la santa cena.

El enigma de los años oscuros

Se conoce como los años oscuros al periodo sobre la infancia y juventud de Jesús de Nazaret que no se documenta en los textos del NT. En los evangelios, salvo las breves referencias sobre su nacimiento, existe un misterioso vacío hasta su predicación adulta, poco antes de su muerte. Solo encontramos brevísimas pinceladas como el viaje a Egipto para librarse de la amenaza del rey Herodes (Mt 2, 13-23), episodio que la mayoría de expertos consideran legendario, la referencia de que María y el joven Jesús vivieron en Nazaret (Mt. 2, 23) o la visita que hicieron a Jerusalén para celebrar la Pascua cuando Jesús tenía doce años de edad (Lc 2, 41-50). Después hay un largo y enigmático silencio sobre su vida desde los 12 hasta su muerte, que debió ser sobre los 36 o los 42 años de edad.

Para algunos, esta es una prueba más sobre el proceso de mitificación del personaje, pues a los creadores de mitos solo les interesa la divulgación del origen y el fin del héroe junto a una selección de sus milagros o proezas, prescindiendo del material biográfico intermedio, menos relevante para su exaltación legendaria. A la Iglesia le interesaba destacar el nacimiento Jesús, concebido puro por obra de Dios como espíritu, sin concurso seminal de varón, en contra de otras divinidades que tenían algún contacto físico. Los antiguos imaginaban la milagrosa concepción como un rayo de luz que atraviesa un cristal, y esa imagen ha seguido hasta hoy.

Algunos suponen, sin ninguna prueba en la que apoyarse, que Jesús fue al colegio de la sinagoga de Nazaret, donde pasó sus primeros años de vida, primero en la Casa del Libro, después en la Casa de la Interpretación, donde aprendería las leyes judías y la manera de interpretarlas. Si concluyó esta formación, debió completarse posteriormente en el templo de Jerusalén como maestro o rabino. Pero solo es una hipótesis inconsistente, pues Nazaret era una aldea tan minúscula y pobre que no aparece siquiera mencionada en los mapas de la época. Debía estar formada por un puñado de cabañas o cuevas de pastores en las montañas de Galilea.

Con el paso de los siglos, gracias a la expansión del cristianismo, su figura alcanzó cotas de enorme popularidad en muchos países y, con el tiempo, aparecieron leyendas de todo tipo con el fin de atribuirse su presencia en diferentes regiones geográficas durante los indocumentados años oscuros. Aprovechando la ausencia de información sobre esos años secretos o perdidos de Jesús, muchos autores vieron un tentador filón para la fantasía. El experto Antonio Piñero no recomienda su lectura porque, a su juicio, extravían lo que fue el Jesús verdadero y no es ético presentar fantásticas hipótesis como hechos históricos sin pruebas documentales o arqueológicas. Veamos, no obstante, algunas de ellas.

Varios autores sostienen la presencia de Jesús en la India y en el Tíbet durante su juventud. En 1895, el aventurero judío Nicolás Notovitch aseguraba en su libro *Los años desconocidos de Jesucristo* que Jesús se unió a un grupo de comerciantes que viajaban al extranjero por la ruta de la seda y llegó a la India, donde estudió las costumbres de sus gentes. Notovitch visitó el monasterio budista de Hemis, en Nepal, donde un lama le informó que los budistas hablaban de Issa (nombre árabe de Jesús) y que había manuscritos antiguos que documentaban su visita a aquellas tierras. Notovitch pudo convencer a los monjes para que le mostraran los documentos. Se dice que en la India Jesús fue perseguido por dirigir su mensaje a los parias, las castas inferiores, y huyó de nuevo a Palestina, donde acabó falleciendo. Varios autores ampliaron estos relatos (Mirza Ghulam Ahmad, 1899, Levi H. Dowling, 1908 o Nicolás Roerich, 1923).

Sin embargo, un oficial británico aseguró que la presencia de Notovich en el Tibet no estaba documentada y el profesor Archibald Douglas visitó el monasterio de Hemis y no encontró ninguna prueba ni de los libros ni de que Notovich hubiera estado allí. En cambio, en 1922, el hinduista Swami Abhedananda investigó por su cuenta y, según él, el lama le mostró el manuscrito, tradujo parte del documento y defendió la tesis de Notovitch. Algunos autores insistieron en este viaje a la India, Nepal, Ladakh y Tíbet (Prophet, E.C., 1987), frente a otros que no solo descartaban la veracidad del supuesto códice indio que nunca apareció sino que también ofrecieron detalles sobre el interés de Notovich, que era judío, como un intento de frenar la ola de antisemitismo en Europa a finales del siglo XIX. (Theroux, M., 2019).

Otra hipótesis señala que el budismo tuvo una gran influencia en la vida de Jesús durante sus años oscuros en su viaje a Egipto. En el siglo III a. C. fueron enviados por el emperador Ashoka de la India muchos misioneros budistas al país del Nilo. Se especula con que, durante su estancia en Egipto, Jesús fue discípulo de la orden monástica budista de los *therapeutae*. Según esta tesis, recibió enseñanzas de los budistas que se reflejan en el Sermón de la Montaña,

Supuesta tumba de Jesús en el edificio sagrado Razabal, en Srinagar, capital de Cachemira.

las parábolas, la elección de los discípulos y la denuncia de los falsos profetas. El mensaje de Jesús sería, en síntesis, un mensaje budista, lo cual explica el motivo por el cual muchos cristianos se sienten instintivamente más identificados con las enseñanzas de Buda que con las de la Iglesia oficial. (Kersten y Gruber, 1996).

Otros autores ven notables coincidencias entre la vida de Jesucristo y Krishna, héroe de la dinastía Yadu, encarnación del dios Vishnu de la India, las dos figuras religiosas más importantes de occidente y oriente. Sostienen que el Cristo de los evangelios está basado en la mitología antigua India (Jacolliot, J, 1869).

Una leyenda musulmana de los *ahmadíes* refiere que Jesús, conocido como Isa o Yuz Asaf (líder de los sanados), murió en Cachemira, India, a la edad de 120 años y está enterrado en el santuario de Roza Bal, en Srinagar. Los cuidadores suníes de la capilla niegan tal hipótesis.

En Japón existe la insólita leyenda de que quien murió en la cruz no fue Issa (Jesús) sino su hermano Isukiri (que relacionan con Santiago). Tras la redada de los romanos, Jesús huyó al país del sol naciente, donde cultivó arroz, se casó con una japonesa, tuvo tres

Supuesta tumba de Jesús en el pueblo japonés de Shingo. En aquella ciudad muchos piensan que Jesús huyó a Japón, cultivó arroz, se casó con una japonesa, tuvo tres hijas y murió a los 106 años.

hijas y murió a los 106 años de edad. La familia Sawaguchis son los descendientes directos de Jesús. Según esta leyenda, está enterrado en el pueblo japonés de Shingo, donde existe un túmulo de tierra con una cruz para satisfacción de peregrinos y turistas.

Es en la década de 1930 cuando se empieza a hablar de la tumba de Cristo en Japón. Hacia 1935 llegó al lugar Kiyomaro Takenouchi, un religioso que había leído unos documentos a la sazón conocidos como los libros Takenouchi, donde se señalaba que Cristo estaba enterrado en Japón. Los supuestos libros eran del siglo XVII pero desaparecieron en la II Guerra Mundial. El alcalde de Shingo, Denjiro Sasaki, vio una oportunidad turística y económica y, en la actualidad, recibe más de veinte mil peregrinos.

Dennis Price, en *Los años perdidos de Jesús,* propone otra leyenda contemporánea que afirma que José de Arimatea llego a las islas británicas junto a Jesús, su sobrino adolescente. José se convirtió en un comerciante de estaño y comerció con celtas y fenicios. En Glastonbury, Jesús aprendió en la academia druida la sabiduría celta por boca de los sacerdotes.

El *Evangelio de Acuario,* escrito por Levi H. Dowling en 1908, que abarca toda la vida de Jesús, incluidos los dieciocho años silenciados en el NT y también sitúa al joven Jesús en India, Tíbet, Persia, Asiria, Grecia y Egipto. ¿Cómo lo sabe el autor? A través de la meditación, leyendo los registros akásicos del pasado. Rizando el rizo, *El libro de Urantia* (1955) sostiene que Jesús fue un extraterrestre y de ahí la 'inoculación' de María, los milagros, la resurrección, etc.

Son ejemplos de las muchas leyendas que han circulado sobre los años oscuros de Jesús, todas ellas sin verificación histórica.

Los evangelios apócrifos amplían los capítulos 1 y 2 de Mateo, únicas referencias en los canónicos donde se habla del supuesto viaje de la familia de Jesús a Egipto, pero lo sitúan siempre en su primera infancia, de bebé, incorporando algunos milagros con los pañales. Todas estas historias son tardías y legendarias, como lo son el supuesto viaje a la India o a Japón. En cambio, sí existe una tradición sobre un supuesto hermano gemelo de Jesús a partir del siglo II que aparece en los hechos apócrifos de Tomás, posiblemente el apócrifo más antiguo. Tal vez de ahí proceda la tradición del supuesto viaje a la India. Abordaremos al supuesto hermano gemelo en el siguiente capítulo.

¿Tuvo Jesús un hermano gemelo?

La tradición de que Jesús predicó y vivió en la India se ha mantenido desde la antigüedad, de hecho se fundaron algunas iglesias y abadías. Sin embargo, no hay constancia documental de tal posibilidad. Entonces, ¿de dónde procede esa tradición? ¿Quién profetizó el cristianismo en aquellas tierras dominadas por el hinduismo y el budismo?

En los textos canónicos no se menciona ningún viaje de Jesús a la India, solo Mateo (2, 13-15) refiere de forma breve la huida de la sagrada familia de la matanza de inocentes ordenada por el rey Herodes, pero fue a Egipto, no a la India. La mayoría de los expertos consideran legendarios tanto el genocidio herodiano como el supuesto viaje a Egipto. Sobre la presencia de Jesús en la India y otras tierras de oriente, el catedrático Antonio Piñero no lo cree verosímil, y sostiene que quien viajó a aquellos lares, según la tradición, fue santo Tomás.

Efectivamente, existen relatos tradicionales de la fundación en Kerala, India, de una comunidad conocida como los cristianos de santo Tomás, también llamados *nasranis* o cristianos sirios. La tradición de este apostolado se remonta al siglo I, considerándose una de las comunidades cristianas más antiguas del mundo (Fahlbusch, E., 2008 o Slapak, O., 2003). De acuerdo con estos relatos, tras la muerte de Jesús, Tomás, el apóstol incrédulo que negó la resurrección hasta no ver y tocar las heridas de la crucifixión de Jesús (Jn 20, 24–29), huyó hacia oriente. Sus referencias alcanzan también a Siria donde, hacia la década de 380, la monja gallega Egeria, viajera incansable por los santos lugares, ya describió en su visita a Edesa la presencia de iglesias y monumentos dedicados a santo Tomás:

«[...] Llegamos a Edesa, en nombre de Cristo Nuestro Señor y, a nuestra llegada, reparamos inmediatamente en la iglesia y monumento de santo Tomás. Allí, según la costumbre, se reza y se hacen las otras cosas que se acostumbra a hacer en los lugares santos; leímos también algunas cosas acerca de santo Tomás. La iglesia de allí es muy grande y hermosa, y de nueva construcción, un lugar muy a propósito como casa de Dios, y, como había muchas cosas que yo deseaba ver, fue necesario permanecer allí durante tres días».

¿Fue el apóstol Tomás el hermano gemelo de Jesús? (Grabado de 1739. La Historia Completa de la Santa Biblia por Laurence Clarke, Londres).

Orígenes afirma que Tomás predicó en el Imperio parto, al noreste de la actual Irán (Eusebio de Cesarea, *Historia Ecclesiastica,* III, 1). Según el apócrifo Hechos de Tomás, texto gnóstico del año 200, el apóstol fue comprado como esclavo en Siria por Habban, un enviado del rey indiparto Gondofares. Tras su entrevista con el rey, viajó hasta Kerala, al sur de la India, donde predicó el evangelio, fundó varias iglesias conocidas como *Ezharappallik* y la comunidad cristiana antes mencionada (James, M.R., 1924).

Una variante de esa tradición sostiene que Tomás llegó a la India por mar desembarcando en Kodungallur, ciudad costera del estado de Kerala, en el año 52 y, tras un apostolado de unos veintiún años, fue martirizado y muerto el 3 de julio del año 72, fecha de su festividad en el santoral católico. Eusebio de Cesárea aseguro que ya hubo un concilio cristiano en Edesa en el año 197 y, en el 201, la iglesia cristiana quedó destruida por una inundación (*Chronicon Edessenum*, 201). Existen varios himnos atribuidos a Efrén el Sirio, padre de la Iglesia y místico del siglo IV, que documentan el apostolado de Tomás en aquellos lares. Según una tradición, un mercader llevó las reliquias de Tomás a la ciudad turca de Edesa donde se veneran desde el año 232. Parece ser que, en 1258, parte de las reliquias fueron llevadas a la ciudad italiana de Ortona, a la iglesia dedicada a santo Tomás Apóstol, traídas, dicen, de Chios, isla del mar Egeo, próxima a la península de Karaburun, en Turquía.

El nombre Gondofares fue traducido al armenio como Gastaphar y a las lenguas occidentales como Gaspar. (Bussagli, M., 1967, p.207). ¿Era ese Gaspar el rey mago procedente de la India que adoró al niño Jesús, citado en el evangelio apócrifo de la Infancia de Tomás? ¿Se hizo coincidir el mito apócrifo de los Reyes Magos con el supuesto encuentro de Gondofares con el apóstol Tomás?

¿Qué hay de verdad y de leyenda en la prédica de Tomás por Siria y la India? No lo sabemos. En esta historia existen algunas contradicciones. Sí que están documentados los viajes a la India por mar en aquella época y que el monarca Gondofares existió realmente, pero su reinado concluyó en año 47, antes de la supuesta llegada de Tomás. Su apostolado parece en exceso prematuro pues, para entonces, aún faltaban varias décadas para que se escribieran los evangelios canónicos, ni siquiera se habían difundido las epístolas paulinas.

Aun con lagunas cronológicas, la tradición de la presencia de Tomás en oriente está bastante arraigada. Es aquí donde surge una cuestión interesante: la hipótesis de que Jesús tuviera un hermano gemelo que huyera al este tras su muerte. ¿Fue el apóstol Tomás ese hermano gemelo? ¿Pudieron confundir a Tomás con Jesús?

El evangelio gnóstico de Tomás encontrado en Nag Hammadi, datado entre los siglos I y II, comienza con las siguientes palabras: «Éstos son los dichos secretos que Jesús el Viviente ha dicho y ha escrito Dídimo Judas Tomás». Tomás también era llamado Dídimo, o Judas Tomás Dídimo. En la etiología de estos nombres encontramos que Tomás en arameo es תְּאוֹמָא, leído Ta'oma', que significa gemelo, lo mismo que Dídimo (o *Didymus*) en griego. En las espístolas paulinas, en los Hechos de los Apóstoles y en los evangelios de Marcos y Juan se dice que Jesús tuvo hermanos, pero no se precisa que alguno de ellos fuera gemelo. Marcos dice que los hermanos de Jesús se llamaban Judas, Santiago, José, Simón y, al menos, dos hermanas de las que no se dice el nombre. Sin embargo, la idea de aquel hermano gemelo o mellizo circuló durante los primeros siglos del cristianismo. El único evangelista que reconoce que Tomás era conocido como Dídimo, el gemelo, fue Juan: «Dijo entonces Tomás, llamado el Gemelo [Dídimo], a sus condiscípulos: Vamos también nosotros, para que muramos con él» (Jn 11, 16).

Aunque los eruditos actuales rechazan la autoría del apóstol Tomás en el evangelio apócrifo homónimo, el autor, quien quiera que fuera, aplicó dos apelativos (Tomás y Dídimo) al nombre de Judas y que significan lo mismo en distintos idiomas: gemelo. Recordemos que Marcos sí cita como uno de los hermanos de Jesús a un tal Judas (Mc 6, 3). ¿Era, pues, Judas Tomás Dídimo el hermano gemelo de Jesús?

Algunos textos apócrifos sí consideran esta posibilidad, tales como los Hechos de Tom*á*s o el Libro de Tomás el Contendiente, ambos del siglo III (Turner, J., 1975). Este último recoge costumbres de Edesa y Siria en torno a Judas Tomás y su misión en la India. En él, el Salvador dice al apóstol:

> «Hermano Tomás, mientras tengas tiempo en el mundo, escúchame, y te revelaré las cosas que has meditado en tu mente. Ahora, ya que se ha dicho que eres mi gemelo y verdadero compañero, examínate a ti

mismo y aprende quién eres, de qué manera existes y cómo llegarás a ser» (El Libro de Tomás el Contendiente, II, 138-4).

No hay manera de saber si el término hermano gemelo debe entenderse como gemelo espiritual o como parentesco. Si tenemos en cuenta la posible procedencia siria del Libro de Tomás el Contendiente, es probable que gemelo se refiera al parentesco, es decir, que Jesús tuviera un hermano gemelo llamado Judas. Esta tradición se hizo popular entre muchos cristianos durante los siglos II a IV. Según textos y tradiciones sobre Tomás, no pocos cristianos barajaron la posibilidad de que Dios hubiera engendrado en María a Jesús, que pudo compartir gestación con Judas Dídimo, que sería hijo de su esposo José. Esta rebuscada probabilidad tenía su correspondencia casi idéntica en la mitología griega, cuando el dios Zeus engendra a Hércules en Alcmena, una mortal, que parirá dos hijos simultáneamente: Hércules, hijo de Zeus, e Ificles, hijo de Anfitrión, su legítimo esposo. Por tanto, Hércules (conocido por Heracles) e Ificles serían hermanos gemelos de distinto padre, uno de procedencia divina y otro de un mortal. El mayor dilema para los cristianos era cómo hacer a María virgen perpetua en una inmaculada concepción divina compartida con una concepción carnal. Obvisamente esa posibilidad se consideró herética.

Pese a todo, existieron artistas que se atrevieron a representar a la Virgen María junto a dos bebés iguales. El primero fue Leonardo da Vinci en *La Virgen de las Rocas,* una polémica obra que dio mucho que hablar en su tiempo, datada entre 1483 y 1486. Se trató de un encargo de los frailes de la Orden de San Francisco para decorar el altar mayor de la iglesia de San Francesco el Grande de Milán, aunque en la actualidad se exhibe en el Museo del Louvre. La pintura debía representar a la Virgen con el niño, dos profetas y algunos ángeles, pero Leonardo obvió las indicaciones y pintó a María, al arcángel Uriel y a dos niños: san Juan Bautista y al niño Jesús. María, en el centro, con la mano derecha sostiene a un niño que se supone Juan Bautista y, a su izquierda, el arcángel sentado junto al niño Jesús.

Esta extraña obra no satisfizo a los franciscanos, que se extrañaron de que ninguno de los personajes tuviera halo de santidad y se le concediese más protagonismo al niño Juan que al niño Jesús.

Incluso el arcángel señala con su dedo al Bautista y, con una intrigante sonrisa, mira hacia el espectador. Por si fuera poco, la escena no aparecía en los evangelios, pues nunca se produjo un encuentro entre Juan y Jesús en su infancia camino de Egipto. Para colmo, los niños son casi idénticos, como dos gemelos. Los franciscanos pusieron el grito en el cielo y no aceptaron la obra. El asunto pasó a manos de los tribunales. Tras una década de disputas, Leonardo fue obligado a pintar otra tabla para el altar mayor, pero el testarudo Da Vinci repitió el tema en 1497 con una segunda versión de la misma obra a la que añadió pequeñas modificaciones: las figuras principales ya aparecían con aureolas de santidad y el arcángel Uriel ya no señalaba a nadie. Esta obra se exhibe hoy en la National Gallery de Londres.

La sorpresa se produjo en 2005 cuando, en una exposición sobre Leonardo Da Vinci celebrada en la ciudad italiana de Ancona, se dio a conocer una tercera versión de *La Virgen de las Rocas,* datada en 1493. ¿Por qué Leonardo pintó tres versiones del polémico cuadro prácticamente idénticas? La mayoría de los historiadores coinciden en que Da Vinci se inspiró en los evangelios apócrifos para dejar entrever la existencia de un hermano gemelo de Jesús, cosa que los franciscanos sabían y denunciaron.

La Virgen de las Rocas primigenia aún guardaría más sorpresas. En 2017, expertos italianos, utilizando avanzadas técnicas y una lupa especial, descubrieron en el Museo del Louvre un mensaje oculto en esta controvertida obra. En el fondo de la pintura, bajo la fronda del bosque, había un dibujo velado de un perro con correa que, según los expertos, tiene el significado de 'desobedecer', como el mismo Da Vinci había escrito en anteriores bocetos. Para Silvano Vinceti, presidente del Comité Nacional para la Valorización del Patrimonio Histórico, la correa es una herramienta de caza medieval y renacentista para evitar que los perros coman la presa. Para Da Vinci, el perro con correa era una denuncia sobre la corrupción del papado y una crítica a la Inquisición creada por Torquemada. Es una prueba más de que las obras de Leonardo son mucho más que arte, estética y técnicas pictóricas.

Grandes creativos renacentistas pintaron a la Virgen María con dos niños casi idénticos (véase *La Bella Jardinera* de Rafael, de 1507), o con dos bebes iguales besándose, como las obras de Jan Gossaert,

La Sagrada Familia, de Bernardino Luini, o *Los santos infantes abrazándose,* atribuida a Da Vinci. En estas obras siempre se justificaba que el segundo niño era Juan el Bautista, el primo de Jesús. ¿Era una coartada artística para no representar al hermano gemelo y sufrir una condena por herejía utilizando pasajes de evangelios apócrifos excluídos por el canon oficial?

En la exposición a Leonardo de 2005 en Ancona saltó una nueva sorpresa con una obra de Bernardino De´Conti, discípulo de Da Vinci, titulado *Los tres niños santos.* En él, se representaba a san Juan en el centro, Jesús a su izquierda y a un tercer niño a su derecha. La conexión con *La Virgen de las Rocas* de Da Vinci era evidente. ¿Quién era el tercer niño? Los especialistas no tienen duda: se trata del hermano gemelo de Jesús.

Detalle del perro con cadena oculto en el cuadro La Virgen de las Rocas, de Leonardo Da Vinci, 1483 (Museo del Louvre).

Jesús no era blanco

La iconografía cristiana se ha encargado de trasladarnos la imagen de Jesús de Nazaret como un hombre de raza blanca. Desde el Renacimiento, la imaginería lo representa en tallas de una belleza física extraordinaria, un cuerpo fibrado y proporcionado, hermoso cabello, facciones perfectas y, en casi todos los casos, de raza blanca.

Convencido de la superioridad de la raza aria, en 1899, el alemán Stewart Chamberlain aseguraba que Jesús de Nazaret necesariamente era de raza aria porque sus padres descendían de los antiguos macedonios, que tenían la costumbre de no mezclarse con otros pueblos (Chamberlain, S., 1899). Ni que decir tiene que esta tesis carece de fundamento histórico.

En el lado opuesto, defendiendo la tesis del mesías de color, Albert Cleage, reverendo, político y miembro del nacionalismo negro. Durante los años sesenta del siglo xx abrió el debate en los Estados Unidos con su libro *The Black Messiah* (El mesías negro). Afirmaba que Jesús era de raza negra porque procedía de Nubia, al sur de Egipto.

Lo cierto es que Jesús era un judío de Galilea, por tanto, no podía ser ario ni caucásico. Desde luego, no pudo ser el hombre rubio y de ojos turquesa de la iconografía cristiana. Lo más plausible es que tuviera rasgos semitas, achaparrado, de poco más de metro y medio de altura, de unos cincuenta kilos, membrudo, negro o de piel oscura, nariz aguileña, barbado y con ojos pardos, rasgos cercanos a los habitantes de Egipto. Así lo describió un equipo de antropólogos forenses y arqueólogos dirigidos por Richard Neave, científico de la Universidad de Manchester (Inglaterra). Neave realizó un minucioso estudio sobre cráneos reales de israelitas del siglo i y, mediante avanzadas técnicas tomográficas e informáticas, realizó una reconstrucción en tres dimensiones del rostro del judío de la época en la zona donde nació y residió Jesús de Nazaret. Este estudio fue publicado en 2001 en la revista *Popular Mechanics.* Creen los científicos que esta recreación de Jesús es mucho más exacta que las representaciones de los imagineros, los grandes maestros escultores o pintores, más interesados en ensalzar la belleza física por encargo de la Iglesia, en la creencia de que un físico perfecto debe corresponder a la perfección de Dios, como si lo bello fuera necesariamente lo más puro, lo adecuado, lo agradable, lo elegido. Planteamiento clasista donde los haya.

Esos falsos patrones eclesiales, pasados por el filtro de lo perfecto o lo ideal, no evitan que yo me lo represente como un hombre común, normal, más equiparado a la vida de su época y a la raza de su región, que tan solo destacaría por su carisma. Lejos del estereotipo que nos impusieron, me lo imagino con deformidades y cicatrices en manos y rostro, propias de los carpinteros de su tiempo que trabajaban sin protección, y con las secuelas físicas visibles por accidentes y heridas profesionales que no se curaban entonces como hoy en día. En el Evangelio de Mateo se le describe como una persona comilona y bebedora «Vino el Hijo del Hombre, que come y bebe, y dicen 'he aquí un hombre comilón y bebedor de vino, amigo de publicanos y pecadores'» (Mateo 11, 19). En definitiva, una persona común y corriente cuya belleza no reside en su esbeltez ni en el quimérico semblante nórdico de las iconografías, sino en el corazón del personaje que luchó por su pueblo: «No mires a su parecer, ni a lo grande de su estatura, porque yo lo desecho; porque Jehová no mira lo que mira el hombre; pues el hombre mira lo que está delante de sus ojos, pero Jehová mira el corazón» (1 Sam 16, 7), porque incluso «la canicie es corona de hermosura cuando se halla en el camino de la justicia» (Prov 16, 31).

Aunque en la Biblia no hay descripción física de Jesús, entre otras cosas porque ninguno de sus autores lo conoció, la lógica parece indicar que su aspecto no debía diferenciarse mucho de cualquier judío de Oriente Medio y, por tanto, de piel oscura. Pero este detalle ha sido pasado por alto por millones de cristianos que veneran en Semana Santa las imágenes que lo representan como un sujeto de raza blanca, tal y como lo pintaron Rubens, Grünewald o Giotto.

Las primeras y toscas imágenes de Jesucristo durante los primeros siglos del cristianismo no trataban de representar sus rasgos físicos, sino de ensalzarlo como líder o salvador. La imagen sincrética más popular es el Buen Pastor, juvenil e imberbe, tal vez inspirada en las figuras paganas de Orfeo, Hermes y Apolo. En otras se le representa de emperador o rey, pero siempre de raza blanca.

Se tenía la creencia de que los primeros retratos anónimos de Cristo fueron prodigiosos autorretratos, los conocidos como *acheiropoietos*, imágenes milagrosas que no fueron hechas por manos humanas. La leyenda del Mandylion de Edesa o el mito del paño de la Verónica son prueba de ello, pero solo son ficciones con el propósito de enriquecer el relato de su figura, ensalzar su poder y sus prodigios.

Es en el Renacimiento cuando proliferan imágenes de una gran belleza con artistas como Miguel Ángel o Leonardo da Vinci, entre otros muchos. Aunque aparecieron imágenes de Jesús de rasgos indios o etíopes, tras la expansión de occidente con la colonización y el comercio, el Cristo europeo se fue imponiendo. Al Jesús recién nacido se le representaba siempre con piel clara y ojos azules en las escenas de la Adoración y con rasgos caucásicos, hermosa melena y una expresión dulce en la fase adulta. Los artistas cristianos, o sus mecenas, en una actitud marcadamente antisemita, siempre intentaron alejar a Jesús de su propia condición de judío.

Cuando los europeos conquistaron el continente americano y establecieron colonias en África y oriente, llevaron consigo al Jesús europeo. Los jesuitas abrieron escuelas de pintura en América y Asia y enseñaron a los indígenas el arte cristiano, en el que Jesús y su familia eran blancos. En América, estas imágenes reforzaron el sistema de castas, una estructura piramidal donde los europeos ocupaban la cúspide, en medio estaban los mestizos y en la parte inferior indígenas y esclavos africanos, con la piel aún más oscura.

En siglos posteriores, en América solo hay cristos blancos. Occidente aproxima a Dios a su cultura y, en su nombre, emplea actitudes marcadamente xenófobas contra nativos, criollos y esclavos.

Ya en la etapa contemporánea, la Europa antisemita, sobre todo el régimen nazi y algunas potencias del Eje, impusieron el estereotipo ario y, con el beneplácito de la Iglesia, rompieron definitivamente los vínculos de Jesús con el judaísmo. Premeditación infundada pues

Jesús fue un judío que precisamente luchó y sacrificó su vida por defender a su tribu y a su pueblo semita de la invasión imperialista de occidente.

Una de las imágenes más reproducidas de Jesús es la famosa *Cabeza de Cristo*, pintada en 1940 por Warner Sallman, que lo representa con rasgos arios: cabello rubio y ojos claros. Esta imagen se convirtió en un icono internacional cuando fue reproducida masivamente en estampas, calendarios, devocionarios, vidrieras, etc. Solo en los últimos años del siglo XX se hicieron más de quinientos millones de reproducciones. La imagen se convirtió en la base para

Aunque Jesús no era de raza blanca, se le suele representar con rasgos europeos, incluso de raza aria: piel blanca, rubio y ojos claros. (Cabeza de Cristo Alexander Ivanov, 1833).

la visualización del Jesús que se quería difundir a millones de personas. Luego llegó el cine y Jesús de Nazaret se convirtió en el personaje más interpretado desde *La Vie et la Passion de Jésus-Christ* se (1902), en cine mudo, hasta *La Pasión de Cristo* de Mel Gibson; y prácticamente todos los actores que interpretaron a Jesús, como Ted Neeley, Jeffrey Hunter, Joaquin Phoenix, Christian Bale y tantos otros, eran blancos y con los ojos azules.

Está tan implantada en el imaginario popular el Cristo blanco europeo, que se desecha otro color de piel para representarlo, aun en la certeza de que Jesús de Nazaret no era de raza blanca. Si en la sociedad occidental somos capaces de reconocer y respetar las diversidades étnicas, ¿por qué no lo aceptamos en la fe? ¿Qué nos impide venerar a un Cristo negro? ¿Por qué en occidente se sigue faltando al rigor histórico y continúan creándose obras de arte que lo representan de raza blanca?

El cristianismo, sobre todo el catolicismo, no debió permitir esa diferenciación racial pues invita a la comunidad cristiana a establecer diferencias étnicas y devocionales con los que se consideran diferentes. La cita del Génesis 1, 26, «Y dijo Dios: Hagamos al hombre a nuestra imagen y semejanza», dio pie a que siglos después occidente se adjudicara un Dios de raza blanca, con el consiguiente blanqueamiento de Jesucristo y de Adán y Eva, idea bajo la que subyace un racismo latente que, andando el tiempo, contribuyó a la escalada antisemita que terminó en terribles genocidios, de sobra conocidos.

No sin razón, hay quienes piensan que la representación tradicional de un Cristo de raza blanca produce, de alguna manera, cierta desconexión cognitiva. Por una parte se ama al Jesús blanco y, al mismo tiempo, se rechaza al diferente, por ejemplo a un inmigrante de Oriente Medio que, paradójicamente, tendría el mismo color de piel que pudo tener Jesús de Nazaret. Tal vez si nos parásemos a reflexionar, caeríamos en la cuenta de que el Jesús palestino de los evangelios, que sufrió privaciones, persecuciones, abusos, tortura y muerte, está más relacionado con los indígenas, inmigrantes y refugiados que con aquellos que se apropian de la imagen de Cristo como espejo caucásico.

Machismo y homofobia

De entrada, el Génesis ya advierte a la mujer que «tu marido te dominará» (Gn 3, 16). En Eclesiastés se dice que no hay una sola mujer buena (Ec 7, 28). En el Levítico, que son impuras: «La mujer que da a luz es impura, pero si encima da a luz a una niña, doblemente impura» (Lv. 12, 1-5).

La Iglesia ha maquillado el último de los Diez Mandamientos del Éxodo reescribiendo: «no codiciarás los bienes ajenos». Pero el contenido literal de ese mandamiento bíblico es «no codiciarás la casa de tu prójimo, ni su mujer, ni su siervo, ni su sierva, ni su buey, ni su asno, ni nada de lo que te pertenezca» (Éx 20, 17), prueba clamorosa de la cosificación femenina: la mujer es una propiedad del hombre, como su buey o su asno.

El Deuteronomio autoriza a quedarse con cautivas si te gustan, te las puedes llevar a tu casa, le rapas la cabeza y te unes a ellas, y cuando dejen de gustarte, las echas (Dt 21, 11-15). También autoriza a cortarle la mano a la mujer que te agarre de los genitales en una disputa (Dt 25, 11-12). En el libro Jueces relata como, tras la matanza de Yabés de Galaad, se llevaron a las mujeres vírgenes, pero como no había para todos, Dios les autorizó a raptar a las jóvenes de Siló, «os lleváis cada uno una muchacha y volvéis a vuestra tierra» (Jc 21, 10).

En el Levítico hasta se pone precio a la mujer, menor que el del hombre, por supuesto:

> «El Señor dijo a Moisés: Di a los israelitas: Cuando alguien haga al Señor una promesa ofreciendo una persona, la estimación de su valor será la siguiente: el hombre entre veinte y sesenta años, quinientos gramos de plata, según las pesas del santuario; la mujer, trescientos; el joven entre los cinco y los veinte años, si es muchacho, doscientos

> gramos, y si es muchacha, cien; entre un mes y cinco años, si es niño, cincuenta gramos, y treinta gramos de plata si es niña; de sesenta años para arriba, el hombre, ciento cincuenta gramos y la mujer, cincuenta» (Lev 27, 1).

El hombre podía repudiar a una mujer que no llegara virgen al matrimonio. En ese caso, los padres de la joven podrían aportar las pruebas de la sábana manchada de sangre, como la tradición del pañuelo que aún se hace en algunos clanes de etnia gitana. Prueba que había que guardar como oro en paño ante futuros intentos de repudio. Si aparece la prueba de la virginidad y se demuestra que el marido miente para humillarla, solo se le multará, pero si no hay prueba o no aparece, se lapidará a la mujer hasta la muerte. Trascribo literal la cita porque no tiene desperdicio:

> «Si un hombre se casa con una mujer y se une a ella, pero después le toma aversión, la acusa falsamente y la difama, diciendo: 'Yo me casé con esta mujer, y cuando me uní a ella comprobé que no era virgen', entonces el padre y la madre de la joven tomarán las pruebas de su virginidad, y las exhibirán ante los ancianos, en la puerta de la ciudad. El padre de la joven dirá a los ancianos: 'Yo entregué mi hija a este hombre para que fuera su esposa, pero él le ha tomado aversión y ahora la acusa falsamente, declarando que no encontró en ella las señales de la virginidad. Aquí están las pruebas de que mi hija era realmente virgen'. Y en seguida extenderán la sábana nupcial ante los ancianos de la ciudad. Entonces estos tomarán al hombre y lo castigarán por haber difamado a una virgen israelita, condenándolo, además, a pagar cien siclos de plata, que entregarán al padre de la joven. Ella seguirá siendo su mujer, y el hombre no podrá repudiarla nunca más. Pero si la acusación resulta verdadera y no aparecen las pruebas de la virginidad de la joven, la sacarán a la puerta de la casa de su padre, y la gente de esa ciudad la matará a pedradas, por haber cometido una acción infame en Israel, prostituyéndose en la casa de su padre. Así harás desaparecer el mal de entre ustedes» (Dt 22, 13-21).

Estos ejemplos se encuentran en el AT, escrito varios siglos antes de Cristo, pero no olvidemos que fue la base legal y teológica del judaísmo de la época y de la que se nutrió el cristianismo junto al NT, en el que también encontramos planteamientos misóginos. Los mensajes de Jesús en defensa de las mujeres no fueron suficientes para cambiar la actitud de algunos padres de la Iglesia que predicaron un machismo recalcitrante durante siglos. La mujer era para ellos un ser inferior detestable, necesaria para procrear, prescindible en todo lo demás.

En las epístolas a los corintios, Pablo de Tarso manda a la mujer callar en las congregaciones y asambleas y le prohíbe intervenir y preguntar (I Cor 14, 34). En la primera a los corintios, Pablo dice: «Es bueno para el hombre abstenerse de la mujer». Tertuliano, teólogo, padre de la Iglesia y prolífico escritor, divulgaba el machismo de Pablo un siglo después: «No está permitido que una mujer hable en la Iglesia, ni bautizar, ni ofrecer la eucaristía, ni participar en las funciones masculinas, y mucho menos en el sacerdocio». Agustín de Hipona, santo y Doctor de la Gracia, sostenía en el siglo v que «El marido ama a la mujer porque es su esposa, pero la odia porque es mujer». Juan Damasceno, teólogo sirio y Doctor de la Iglesia, escribió en el siglo VIII: «La mujer es una burra tozuda, un gusano terrible en el corazón del hombre, ella ha expulsado a Adán del Paraíso». Tomás de Aquino, santo y Doctor de la Humanidad, sentenciaba en el siglo XIII: «La mujer es un hombre malogrado». Con estas mimbres, la Iglesia católica versionaba el mensaje de Jesús sobre el amor al prójimo y la igualdad.

Un versículo en la primera epístola a Timoteo, fue utilizado para vetar a las mujeres del ministerio y de posiciones de liderazgo, haciéndolas responsables del pecado original:

> «Que la mujer aprenda en silencio y con toda sujeción; pues no permito que la mujer ensene ni ejerza dominio sobre el hombre, sino que guarde silencio. Porque primero fue formado Adán, y después Eva, y el engañado no fue Adán, sino que la mujer, al ser engañada, incurrió en transgresión» (1 Timoteo 2, 11-14).

Termina la cita perdonándola de ser una maldita si cumple su misión de engendrar hijos y se somete con modestia:

> «Pero se salvará engendrando hijos, si permaneciere en fe, amor y santificación, con modestia» (1 Timoteo 2, 15).

El sometimiento al esposo hasta su muerte queda recogido, sin ambages, en varias citas:

> «Porque la mujer casada está sujeta por la ley al marido mientras este vive: pero si el marido muere, ella queda libre de la ley del marido» (Rom 7, 2).

> «Asimismo vosotras, mujeres, estad sujetas a vuestros maridos; para que también los que no creen a la palabra, sean ganados sin palabra por la conducta de sus esposas…» (1 Ped 3, 1).

> «Pero quiero que sepáis que Cristo es cabeza de todo varón, y el varón es cabeza de la mujer… Porque el varón no debe cubrirse la cabeza, porque él es imagen y gloria de Dios; pero la mujer es gloria del varón. Porque el varón no procede de la mujer, sino la mujer del varón, y tampoco el varón fue creado por causa de la mujer, sino la mujer por causa del varón» (1 Co 11, 3,7-9).

Inferiores, culpables y un rencor perpetuo hacia ellas por la delirante acusación de haber tentado al hombre a comer el fruto prohibido en el mito de la creación. Pretexto bíblico para perpetuar el sometimiento femenino en aquella sociedad patriarcal.

Respecto a la visión de la mujer, poco ha cambiado la Iglesia actual pues, después de dos mil años, el catolicismo aún descarta a la mujer para cargos de responsabilidad en la alta jerarquía del clero secular en ninguno de sus estadios, desde el diaconado hasta el pontificado, relegándolas a pequeños oficios del bajo clero regular, como novicia, monja o, todo lo más, abadesa de monasterio de religiosas. Las siguen relegando a funciones secundarias pese a que la presencia femenina en la Iglesia constituye el 61% frente a un 39% de hombres. El gobierno, la toma de decisiones y la visibilidad de la institución está todavía en mano de varones. Debe ser ya la única institución de occidente que sigue marginando a las mujeres. Esta circunstancia empobrece a la Iglesia y le resta credibilidad ante los ojos de los pueblos, porque ya no existe aquel contexto histórico de la sociedad patriarcal de la Palestina del siglo I. ¿O sí?

En el siglo I, las mujeres eran propiedad del padre, del marido o, en su defecto, del hermano varón o el hijo mayor. La ausencia de tutela masculina era sinónimo de miseria y mala vida. Si la mujer no tenía hijos, era repudiada socialmente al igual que si cometía adulterio, delito que no afectaba al hombre.

En contraposición a estas ideas católicas, en el NT las mujeres están presentes en los principales momentos de la pasión, muerte y resurrección de Jesús. En los evangelios hay numerosos episodios protagonizados por mujeres a las que Jesús defiende, consuela, acepta como discípulas y las distingue con su misericordia, en algunos momentos reprobando la actitud de los hombres. Recordemos episodios como los de la suegra de Pedro, la hija de Jairo, la viuda de Nain, la parábola de las diez vírgenes, la prostituta en casa de Simón, la mujer en el pozo de Samaria, las hermanas de luto y tantos otros.

Un episodio significativo lo encontramos en Lucas 10, 38-42. Jesús se presentó inesperadamente en casa de Marta con sus doce discípulos. La mujer, hospitalaria, intentaba servirles, pero su hermana María no la ayudaba y se sentó en el suelo a escuchar las enseñanzas de Jesús. Marta protestó ante el maestro la actitud de su hermana, que debía estar ayudándola, y Jesús, lejos de mandar a María a la cocina a servir a los hombres, respondió: «Marta, Marta, tú estás preocupada y molesta por tantas cosas, pero una sola cosa es necesaria y María ha escogido la parte buena, la cual no le será quitada», en referencia al aprendizaje y la reflexión, hasta entonces reservaba a los varones.

No era normal que Jesús estuviera rodeado siempre de tantas mujeres. Los rabinos, como hombres públicos, no trataban con las mujeres porque ellas carecían de vida pública. En eso Jesús era un rabino extraño y para los grecorromanos y muchos judíos, esta situación, de ser cierta, hubiera supuesto una incómoda reticencia, incluso de que le mirasen mal. ¿El Jesús histórico actuó realmente así o forma parte del ideario mítico que sobre él escribieron después de su muerte? No lo sabemos. Lo cierto es que, según los evangelios, Jesús convive de forma respetuosa con las mujeres, lo que supone una ruptura con las costumbres de su época de tratarlas con desprecio, como poco. Resulta paradójico que, con respecto a la mujer, la Iglesia haya respetado y asumido las tradiciones machistas del Antiguo Testamento, con su Dios vengativo y sus proclamas misóginas y homófobas y, en cambio, no hayan tenido en cuenta el novedoso mensaje de Jesucristo quien, en contra de los usos, consideraba a la mujer igual al hombre en dignidad.

¿Y la homosexualidad? Las referencias bíblicas sobre la cuestión han influido en las sociedades de tradición judeocristiana. En la Biblia existen trece referencias a prácticas homosexuales, y en todas ellas se repudia. Dos contundentes citas en el Levítico fueron interpretadas como prohibición absoluta de tales prácticas y se justificaba la muerte de los homosexuales:

> «No te acuestes con un hombre como si te acostaras con una mujer. Eso es un acto infame» (Lev 18, 22).

> «Si alguien se acuesta con un hombre como si fuera mujer, ambos han cometido abominación: morirán sin remedio, su sangre caerá sobre ellos» (Lev 20, 13).

¿Y en el Nuevo Testamento? Pablo consideraba esas relaciones contra natura. En la epístola a los romanos, que incluye la única alusión a la homosexualidad femenina, Pablo se refiere en estos términos:

> «Por eso, Dios los ha abandonado a pasiones vergonzosas. Incluso sus mujeres han cambiado las relaciones naturales por las que van contra naturaleza; y, de la misma manera, los hombres han dejado sus relaciones naturales con la mujer y arden en malos deseos los unos por los otros. Hombres con hombres cometen actos vergonzosos y sufren en su propio cuerpo el castigo de su perversión» (1 Rm 26, 27).

En la primera a los corintios, Pablo incluye a los homosexuales en el mismo saco que los adúlteros, ladrones, estafadores o borrachos:

> «¿No sabéis que los injustos no heredarán el reino de Dios? No erréis; ni los fornicarios, ni los idólatras, ni los adúlteros, ni hombres que tienen para sí propósitos contranaturales, ni hombres que acuestan con hombres, ni los ladrones, ni los avaros, ni los borrachos, ni los maldicientes, ni los estafadores, heredarán el reino de Dios» (1 Co 6, 9).

Condena social propia de aquellos tiempos de no ser porque partía del fundador oficial del cristianismo, de cuyas epístolas bebió Marcos y, de él, Lucas y Mateo para constituir las bases de la teología cristiana que rigió durante siglos.

Algunos autores consideran que son escasas las referencias bíblicas a la homosexualidad. Otros sugieren que estas prácticas fueron el motivo de la destrucción de Sodoma y Gomorra (Gn 19, 1-38). La historia se basa en la llegada a Sodoma de dos ángeles que

Grabado de François Elluin, de 1781, que representa la ira de Dios sobre los habitantes de Sodoma, en evidente pecado de sodomía (Obra libertina Le Pot-Pourri de Loth, 1789).

se alojaron como huéspedes en casa del viejo Lot. Al enterarse, los hombres de Sodoma rodearon la casa con la excusa de 'conocer' a los extranjeros, pero Lot se negó, ofreciéndoles a sus dos hijas a cambio: «haced de ellas como bien os pareciere». Pero los hombres intentaron entrar en la casa con violencia rompiendo la puerta. Los ángeles los dejaron ciegos y pidieron a Lot que huyera con su familia al monte sin mirar para atrás, porque la ciudad iba a ser destruida. Mientras huían, Dios mandaba una lluvia de fuego y azufre sobre Sodoma y Gomorra. La esposa de Lot miró para atrás y se convirtió en estatua de sal. Lot vivió en una cueva con sus hijas quienes, al no poder tener descendencia como únicos supervivientes, emborracharon con vino a su padre y yacieron con él, quedando embarazadas. La mayor parió a Moab, padre de los moabitas, tribu semita del este del mar Muerto, en la actual Jordania del XIII a. C. al 5 a. C. La menor dio a luz a Benjamín, padre de los amonitas, tribu judía del reino de Amón.

Para unos autores esta leyenda ejemplifica la ira de Dios contra los homosexuales. Para otros, lo que se castigaba no era una relación homosexual consentida, sino un intento masivo de violación contra unos huéspedes. Lo curioso es que, en medio del debate, nadie se rasga las vestiduras por el ofrecimiento de Lot, que prefiere que abusen de sus hijas a que lo hagan con los huéspedes, prueba del poco valor que tenía el género femenino. También choca el incesto de las hijas con el padre para procrear, decisión que no aparece reprendida en ese pasaje del texto bíblico.

Paradójicamente, la mayor contumacia homófoba no procedía de los textos sagrados sino de las interpretaciones de los teólogos cristianos. En el siglo XI, el cardenal benedictino Pedro Damián, precursor de la reforma gregoriana, escribió el libro *Liber Gomorrhianus*, en el que por vez primera se condenaba explícitamente la homosexualidad, lanzando una feroz crítica a los vicios nefandos del clero bajo el pontificado de León IX. Basándose en las Sagradas Escrituras, exigió mano dura contra los cuatro niveles de actitudes sodomíticas por él establecidas: la masturbación solitaria, la compartida, la cópula entre los muslos y fornicación anal. Criticó la laxitud y propuso la prohibición de ordenar a los homosexuales y su expulsión de las órdenes religiosas a los ya ordenados. El papa aceptó algunas de sus propuestas, aunque atenuadas, pero consiguió sembrar el rechazo social hacia los homosexuales. La sodomía pasó a ser pecado y los que tenían relaciones con personas del mismo sexo empezaron a ser perseguidos.

Sin embargo, en el libro de Samuel se relata una curiosa historia de amor entre David, el popular israelita que acabó con la vida del gigante Goliat en la guerra con los filisteos, y Jonatán, hijo mayor del

Homofobia. En 1482, el noble Richard Puller von Hohenburg y su sirviente Anton Mätzler fueron quemados vivos en Zúrich acusados de sodomía y herejía (Imagen de la Gran Crónica de Borgoña, Biblioteca Central de Zúrich).

rey Saúl. Aunque la Iglesia alega que se trata de un pacto de amistad platónico, la lectura sugiere una interpretación homoerótica:

> «Aconteció que cuando él hubo acabado de hablar con Saúl, el alma de Jonatán quedó ligada con la de David, y lo amó Jonatán como a sí mismo.Y Saúl le tomó aquel día, y no le dejó volver a casa de su padre. E hicieron pacto Jonatán y David, porque él le amaba como a sí mismo. Y Jonatán se quitó el manto que llevaba, y se lo dio a David, y otras ropas suyas, hasta su espada, su arco y su talabarte, Y salía David a dondequiera que Saúl le enviaba, y se portaba prudentemente. Y lo puso Saúl sobre gente de guerra, y era acepto a los ojos de todo el pueblo, y a los ojos de los siervos de Saúl» (1 Sam 18, 1-5).

Jonatán, hijo del rey Saúl, despide amorosamente a David.
Algunos autores piensan que su historia es una relación sentimental homoerótica (grabado de Julius Schnorr von Karolsfeld, 1860).

Saúl, ante la popularidad de David, siente celos de su valentía en la guerra y recrimina a su hijo Jonatán: «Hijo de la perversa y rebelde, ¿acaso no sé yo que tú has elegido al hijo de Isaí [David] para confusión tuya y para confusión de la vergüenza de tu madre?» (Samuel 1 20, 30). Finalmente Jonatán muere en batalla y David llora su muerte de esta forma: «Angustia tengo por ti, hermano mío Jonatán, que me fuiste muy dulce. Más maravilloso me fue tu amor que el amor de las mujeres» (2 Sam 1, 26).

En el ámbito cristiano se critica la cita seleccionada y aislada de versículos de la Biblia, sacándolos del contexto histórico en el que se producen, con la intención de aplicar cada cita como un todo. Es cierto que la Biblia se escribió en un periodo particularmente machista y homófobo. Hasta ahí, de acuerdo. Lo que cuesta entender es cómo muchos siglos después la Iglesia no se adecua a los nuevos tiempos y persiste en aquellas actitudes machistas, cuando impide a la mujer progresar en su propia institución, o cuando critica la normalización social de los colectivos LGTB, con los que ha tenido siempre un doble rasero; por un lado, sancionando actitudes homosexuales, oponiéndose a su regulación como parejas de hecho y el derecho a adoptar hijos y, por otro, silenciando los numerosos casos de pederastia y homosexualidad en su propia institución.

Un mensaje universal

La repercusión histórica que Jesús de Nazaret tuvo durante su vida fue prácticamente irrelevante comparada con la influencia que adquirió el cristianismo con el paso de los siglos. Su mensaje, ya sea el que tuvo como líder histórico o, más probablemente, el que le atribuyeron Pablo y los evangelistas para mitificarlo, se extendió a gran velocidad a partir de la conversión del emperador Constantino en el año 312. El espaldarazo definitivo llegó con la declaración como religión oficial del imperio a partir del Edicto de Tesalónica del año 380. Con el imperio de su parte, el cristianismo alcanzó un enorme poder en el arco mediterráneo convirtiéndose, con el paso de los siglos, en uno de los rasgos de identidad de Europa. Con el colonialismo del siglo XV, se extendió por otros continentes, sobre todo en América, siendo en la actualidad la religión con mayor número de seguidores del mundo: 2 500 millones de fieles, la tercera parte de la población mundial.

Para el cristianismo, Jesús es el Hijo de Dios y, por extensión, la encarnación de Dios mismo. Su importancia estriba en la creencia de que, con su muerte y resurrección, redimió al género humano. La resurrección, esto es, la posibilidad de alcanzar la salvación después de la muerte en función de las acciones de nuestro paso por la vida terrena, ha ejercido una enorme influencia en muchos pueblos y culturas.

Jesús es visto por otras religiones de muy distinta forma. El judaísmo y el islam niegan su divinidad, aunque el islamismo lo reconoce como un profeta llamado Isa. Las enseñanzas *bahá'is* consideran a Jesús una 'manifestación de Dios'. Algunos hindúes lo ven como un avatar o un *sadhu*, un asceta que persigue la iluminación y la felicidad. Algunos budistas lo consideran como un *bodhisattva*, alguien embarcado en el camino del Buda que dedicó su vida al bienestar de las personas.

Dos mil años después, Jesús de Nazaret sigue siendo un personaje fascinante que camina envuelto por la bruma entre la historia y el mito legendario. Una leyenda es una mentira pergeñada para explicar una verdad universal y pienso, con el debido respeto, que el Cristo de los evangelios es una hermosa leyenda, pese a que estoy convencido de que contiene un sustrato real: el auténtico Jesús histórico del que solo sabemos que fue un líder judío crucificado por sedición.

El Jesús histórico fue profundamente judío, nunca fue cristiano. Si trasladásemos al mundo de hoy el personaje del Jesús mítico, el de las proezas y milagros, casi nadie se interesaría por él porque vivimos en un mundo de ciencia y verificación empírica. Y si trasladásemos el Jesús histórico judío, sacándolo de su contexto social y religioso del siglo I, tampoco sería un modelo para hoy. Luego entonces, ¿por qué sigue arrastrando seguidores? La respuesta nos la da el profesor Antonio Piñero:

> «Porque el modelo de Jesús de hoy es el que cada uno se construye, el Cristo personal, el que cada uno se autointerpreta para sí mismo a través de la lectura de esos instrumentos potentísimos, maravillosamente escritos y complejos que son los evangelios. Son una maravilla literaria. Cuando uno se mete en el que parece el más sencillo de todos, el más burdo, que es el Evangelio de Marcos, es impresionante lo bien construido que está. Es una máquina de propaganda prodigiosa» (Piñero, A., 2020).

Lo que divulgó el primer cristianismo fue conveniente en aquel momento: crear una figura que pusiera orden en el caos que genera el comportamiento humano, de hecho es algo que no se desmonta porque el hombre, en su incultura y fragilidad, acepta ese tipo de orden. Sus bondades han sido tan necesarias que, de no haber existido, hubiera habido que crearlo en algún momento de nuestra historia. Sin embargo, una vez creado el mito, la conveniencia social la hizo para sí la Iglesia católica, que empezó a distanciarse en cierta medida de la filosofía cristiana al aferrarse al poder.

Muchas personas pueden vivir sabiendo que todo está edificado sobre algo falso, pero no les importa porque el mito, a diferencia del violento Dios del AT, es tan dulce, tan agradable, que apetece creer en él, aunque sea inventado.

Canónicos y apócrifos nos regalan bellos episodios ejemplarizantes que aportan ilusión y esperanza a nuestra vida. Por ejemplo, la noche del cinco de enero es mágica. Medio mundo sale a la calle con los niños para ver pasar a los Reyes Magos. Con esas mentiras nacemos y crecemos. ¿Por qué las perpetuamos? Porque somos seres que necesitamos caramelos, creencias dulces que sustituyan las sombras de un final inevitable por otra vida en el más allá. El misterio reside en esa necesidad del ser humano de creer en prodigios, en magia, en un orden superior, porque el poder divino, como los caminos del Señor, es inescrutable e inexplicable. La perfidia, no exenta de mérito, radica en convertir leyendas y mitos en historia real y conseguir más seguidores que la ciencia.

Desde una visión escéptica, he realizado un recorrido respetuoso por los enigmas, controversias y bulos sobre la Biblia y Jesús de Nazaret, también sobre los posibles manejos de la Iglesia en torno a su figura histórica y cómo fueron adaptando su biografía a los intereses de aquel propósito.

Al margen de quién fuera realmente Jesús, de si hizo o no milagros, de si su mito fue el mayor montaje de la historia, su mensaje contiene una ética extraordinariamente elevada. El amor a los enemigos, poner la otra mejilla o la predicación de un dios que ama, muy distinto al dios vengativo del Antiguo Testamento, fueron ideas revolucionarias para el mundo grecorromano de la época y terminaron haciéndose universales e impactando en la historia de la humanidad.

Son, y siguen siendo, mensajes de una enorme trascendencia para las relaciones humanas. Valores como la verdad, que nos hará libres, el amor, que nos hará fraternos; la justicia, que nos hará solidarios; la libertad, frente al dinero, el poder y la soberbia así como aprovechar cada oportunidad de ser compasivos y de amar plenamente, son máximas quc, por sí mismas, marcaron una subversión ética, un movimiento trascedente que nunca pasará de moda. Otra cosa es que muchos cristianos eviten su práctica, incluso que la curia eclesial exhiba el paradigma de lo opuesto.

Aunque parezca una contradicción, no creo en el Cristo de la fe, pero sí en su mensaje, que va más allá de su existencia histórica. La moral del Nuevo Testamento se adentra en lo más profundo de la persona, de modo que atañe al ser y al actuar del hombre. El hecho de que su líder, su modelo a seguir, fuera un mito magnificado por algunos autores, no resta un ápice a la grandeza del resultado.

Deduzco de lo investigado y de lo aquí expuesto que Pablo creó el mito por unas razones concretas y los evangelistas lo situaron en la historia. Independientemente de las estrategias para engrandecer el mito y matizar su mensaje con el paso de los siglos, me descubro ante los valores que el discurso cristiano transmitió hace dos mil años, tan vigente aún que sigue cambiando la vida de muchas personas.

Otra cosa, amigo lector, es la historia.

Bibliografía

Alfaric P., Couchoud, P.L. y Bayet, A. *El problema de Jesús y los orígenes del cristianismo*, 1932.

Alonso López, J. *La última semana de Jesús*, Edit.Alianza Editorial, 2019.

Álvarez Valdés, A., ¿Prohibió Jesús el divorcio? revista Criterio Digital, 2011, nº 2372.

Ambelain, R. *La vie secrète de Saint Paul Coll*, Robert Laffont, París, 1971.

___, *Jesús ou le mortel secret des templiers, Robert* Laffont, Paris, 1979.

Baigent, M., Leigh R. y Lincoln, H., *El enigma sagrado*, edit. Roca, 1987.

___, *El escándalo de los rollos del mar Muerto*, edit. Martínez Roca, 1993.

Bauckham, R. *Judas y los parientes de Jesús*, edit. *T & T Clark, 1990.*

Bermejo Rubio, F. *La invención de Jesús de Nazaret*, edit. Siglo xxi, 2018.

Bergeron, J. W. *La crucifixión de Jesús: revisión de los mecanismos hipotéticos de la muerte y las implicaciones de la coagulopatía inducida por el shock y el trauma. Revista de medicina legal y forense 19.3 (2012), pags. 113-116.*

Borg, M.J y Crossan, J.D., *The First Christmas*, edit. HarperCollins, 2009.

Brown, D. *El código Da Vinci*, edit. Doubleday, 2003.

Brown, R. E. *Introducción al Nuevo Testamento* Editorial Trotta, Madrid. 2002.

___, *La muerte del Mesías. Desde Getsemaní hasta el sepulcro*, edit. Verbo Divino, 2006.

Brandon, S. G. F., *Jesus and the zealots: a study of the political factor in primitive christianity*, edit. Charles Scribner's Sons, 1967.

Bruce M. Metzger, B.M y Ehrman, B.D., *The Text of The New Testament*, edit. Oxford University Press, 2005.

Bultmann, R., *Historia de la tradición sinóptica*, Edit. Sígueme, 2000.

Bussagli, M. *El arte del Gandhara*, edit. Sadea, 1967.

Caldwell, I. & Thomason, D., *The Rule of Four.* The Dial Press, 2004.

Calvino, J. *Tratado de las reliquias*, 1543. Edit. Labor y Fides, 2000.

Campbell, J. *The Hero with a Thousand Faces* (El héroe de las mil caras), edit. Pantheon Books, 1949.

___, *Las máscaras de Dios: Mitología occidental*, edit. Penguin, 1992.

Cape, J., *La Santa Sangre y el Santo Grial*, 1982.

Carcenac Pujol, C.B. y Llogari Pujol., *Jesús, 3000 años antes de Cristo*, edit.Plaza & Janés, 1991.

Carrier, R. *The Guarded Tomb of Jesus and Daniel in the Lion's Den: An Argument for the Plausibility of Theft*, edit. Journal of Higher Criticism, 2001.

Chamberlain, S. Die Grundlagen des neunzehnten Jahrhunderts (Los fundamentos del siglos xix), edit. München Bruckmann, 1899.

Craig, W. L., 2013, en Internet: https://es.reasonablefaith.org/escritos/pregunta-de-la-semana/la-inerrancia-y-la-resurreccion

Evans, C. A., *Matthew (New Cambridge Bible Commentary)*, edit. Cambridge University Press, 2012.

De Orbaneja, F. *Lectura impía de la Biblia*, edit. Pigmalion Edipro, 2016.

De Santos, A. Criação Divina sem Pecado Humano, edit. Paulinas Editora, 2019.

Dommanget, M.: *Le Curé Meslier, athée, communiste et révolutionnaire sous Louis XIV* (*El cura párroco Meslier, ateo, comunista y revolucionario bajo el reinado de Luis XIV*) Paris, edit. Julliard, 1965 (reed.: Coda, 2008).

Diderot, D. *Pensées philosophiques*, 1746, reed. Kessinger Publishing Co, 2009.

Doherty, E. *El rompecabezas de Jesús*, edit. Age of Reason. 2005.

Dunn, J. D. G., *The Canon Debate*, edit. L.M. McDonald y J.A. Sanders, 2002.

Ehrman, B. *How Jesus Became God. The Exaltation of a Jewish Preacher from Galilea*, Harperone, 2014.

___, *Jesús no dijo eso: los errores y falsificaciones de la Biblia*, Crítica, 2006.

___, *Did Jesus Exist? The Historical Argument for Jesus of Nazareth*, edit. Harper Collins, USA. 2012.

___, *Jesus and the Adulteress*, New Testament Studies, XXXIV, 1988.

Eisenman, R.H., *The Historical Provenance of the 'Three Nets of Benial' Allusion in the zadokite document an Ball/Bela in the Temple Scroll*, Folia orientalia, Vol. XXV (1988).

___, *Eschatological 'Rain' Imagery in the war scroll from Qumran and in the Letter of James*, journal of Near Eastern Studies, vol. XLIX, nº 2, abril 1990.

___, *Interpreting 'Arbeit-Galuto' in the Habakkuk Pesher,* Folia orientalia, Vol. XXVII, 1990.

Faber Kaiser, A. *Jesus vivió y murió en Cachemira,* Edit. ATE, 1976.

Fábrega, O. *Pongamos que hablo de Jesús,* Planeta 2017.

Fahlbusch, E. *The Encyclopedia of Christianity,* Vol. 5, edit. Eerdmans Publishing, 2008.

Festinger, L. *A Theory of Cognitive Dissonance,* edit. Stanford University Press, 1957.

Freeman, Ch., *A New History of Early Christianity,* pp. 31-33. Yale University Press, 2009.

Friedrich Strauss, D. *El cristo de la creencia y el Jesús de la Historia* (1865), reedit.Nabu Press, 2011.

González, J., *Tácito y las fuentes documentales,* Universidad de Sevilla, 2002.

González Echegaray, J., *Jesús en Galilea: aproximación desde la arqueología,* edit. Verbo Divino, 2000.

Habermas, G.R., *The Historical Jesus: Ancient Evidence for the Life of Christ,* Thomas Nelson, Inc., 2008.

Harris, Murray J. *Tres preguntas clave sobre Jesús.* Editorial Clie, Barcelona, 2005.

Hilborn, D., Dios y las generaciones: la juventud, la edad y la iglesia hoy, edit. Authentic Media, 2002.

Hiding Places. Boletín de la Sociedad Arqueológica Anglo-Israelí 25, 2007, 139-162.

Hopper, P.J. *A Narrative Anomaly in Josephus: Jewish Antiquities XVII,* Linguistics.

Jacobocini, S. y Pellegrino, C. *La tumba de Jesús y su familia,* edit. El Andén, 2007.

Jacolliot, L. *The Bible in India,* Carleton, New York, 1870.

___, and Literary Studies / Linguistik und Literaturwissenschaft.

James, M.R., *The Apocryphal New Testament. The Acts of Thomas,* edit. Oxford University Press, 1924.

Karen King, *El Evangelio de María de Magdala: Jesús y la primera mujer apóstol,* 2003.

Kazantzakis, N. *La última tentación de Cristo,* 1953.

Kersten, H. *Jesús vivió en la India,* edit. Ed. Penguin Books, Alemania, 1981.

Kersten, H., Gruber, E.R. *Jesús ¿discipulo de Buda? Fuentes budistas del cristianismo,* edit. Martínez Roca, 1996.

Klausner, J. *Jesús de Nazaret, su vida su epoca sus enseñanzas,* edit. Paidós, 2006.

Koester, H. *Evangelios cristianos antiguos.* Edit. Harrisburg: Trinity PressInternational, 1990.

Maccoby, H., *Revolution in Judaea: Jesus and the Jewish*, edit. Resistance Taplinger Publishing, N.Y. 1980.

Maier, J.P. *Jesús de Nazaret en la tradición talmúdica*, Sociedad del Libro Científico (WBG), 1978.

___, *Un judío marginal,* edit. Verbo Divino, 1998.

___, *A Marginal Jew: Rethinking the Historical Jesus,* v. 1, edit. Yale University Press, 2009.

Metzger, B.M. *El Nuevo Testamento: su trasfondo, crecimiento y contenido*, edit. Abingdon Press, Nueva York, 1965.

Murdock, D.M. *La conspiración de Cristo,* edit. Adventure Unlimited Press, 1999.

Nixey, C. *La edad de la penumbra,* edit. Taurus, 2018.

Onfray, M. *Tratado de Ateología*, edit. Grasset, 2005.

Pagels, E., *Beyond Belief: The Secret Gospel of Thomas* (Más allá de la fe: el evangelio secreto de Tomás), edit. Random House, 2003.

Patterson, L. 1917, *Origin of the Name Panthera*, JTS 19 (1917-1918), citado en Meier,p. 107 n. 48.

Pfann, S.J. *Reassessing the Judean Desert Caves: Libraries, Archives, Genizas and* Picknett, L. y Princey, C., *La revelación de los templarios,* 1997.

Piñero, A. y otros, *Textos gnósticos. Biblioteca de Nag Hammadi I,* edit. Trotta, 2018.

___, *Guía para entender el Nuevo Testamento*, edit. Trotta, 2006.

___, *La verdadera historia de la pasión, según la investigación y el estudio histórico,* edit. Edaf, 2008.

___, Entrevista a Antonio Piñero en el programa televisivo *Mis enigmas favoritos,* 2020, presentado por Luis Mariano Fernández Pimentel. Disponible en Ivoox.

___, *Jesus y Apolonio de Tiana,* 2016, en Internet: https://www.tendencias21.es/crist/Jesus-y-Apolonio-de-Tiana-Compartir-176-de-10-de-marzo-de-2016-Preguntas-y-respuestas_a1994.html

Price, D. *Los años perdidos de Jesús: La historia más grande jamás contada*, edit. House Publishing, 2009.

Price, R.M. *The Christ-Myth Theory and its Problems*, edit. Atheist Press, 2011.

Prophet, E.C. *Los años perdidos de Jesús: prueba documental del viaje de 17 años de Jesús a Oriente*, edit. Summit University Press, 1987.

Puente Ojea, G. *El Evangelio de Marcos. Del Cristo de la fe al Jesús de la historia.* edit. Siglo XXI, Madrid, 1998.

Rahmani, L.Y., *Un catálogo de osarios judíos en las colecciones del Estado de Israel*, edit. Autoridad de Antigüedades de Israel, 1994.

Ratzinger J. (Benedicto XVI), *La infancia de Jesús*, Planeta, 2012.

Remsburg, J. E., *The Christ: A Critical Review and Analysis of the Evidence of His Existence, edit. The Truth Seeker Company, New York, 1909. Reeditado en edit Prometheus, 1994.*

Richard Carrier, *Why I Don't Buy the Resurrection Story*, 2006.

Ristine, J. *María Magdalena: percepciones desde la antigua Magdala*, Independently published, 2018.

Robinson, J.A.T., *Redating the New Testament*, edit. Wipf & Stock, 1976.

Rosario Barbosa, P.M. *Pablo el Emisario: ¿antisemita y misógino?*, en Internet, silo.tips, 2012.

Santos Otero, A., *Los evangelios apócrifos*. Edit. Biblioteca de Autores Cristianos, Madrid, 1963.

Saramago, J. *El evangelio según Jesucristo, Caminho, Lisboa, 1991.*

Shore-Goss, B., *Jesus acted up: A gay and lesbian manifestó*, edit. HarperSanFrancisco, 1994.

Slapak, O. *The Jews of India: A Story of Three Communities*, edit. The Israel Museum, Jerusalem. 2003.

Smith, M., Jesus the Magician, edit., Harper & Row, 1978.

Stephenson, F.R. y Clark, D. *Applications of Early Atronomical Records*, edit. A. Hilger, 1978.

Strauss, D., *La vida de Jesús para la gente*, vol. 1, edit. Williams y Norgate, 1879.

Strauss, D. F. *Das Leben Jesu, kritisch bearbeitet* (*La vida de Jesús, críticamente elaborada*), edit. GBM, de la edición de 1835, 2012.

Sukenik, E. *Marcas en los sarcófagos de Talpiot*, 1958.

Tabor, J.D. y Brewer, C., 2005. *Invitación al Antiguo Testamento*, edit. Abingdon Press, 2005.

___, *La dinastía de Jesús*, Planeta, 2007.

Theroux, M., *El libro secreto de Marcel Theroux*, edit. Faber & Faber, 2019.

Theissen, G. *Fortress Introduction to the New Testament*, edit. Fortress Press, 2003.

Theissen, G. & Merz, A., *El Jesús Histórico: Una guía completa*. Minneapolis: Fortress Press., 1998.

Thenius, O. *Golgatha et Sanctum Sepulchrum*, en Zeitschrift fir die historische Theologie, 1842.

Till, W., *Las escrituras gnósticas del papiro copto berolinensis*, 1955.

Travers Herford, R. *Cristiandad en Talmud y Midrash*, edit. Wipf and Stock Publishers, 2003.

Turner, J.D., *El Libro de Tomás el Contendiente del Códice II de la Biblioteca Gnóstica de El Cairo de Nag Hammadi*, edit. Missoula, 1975.

Unamuno, M. *San Manuel Bueno, mártir*, 1931, reed. Independently Published, 2019.

Urrutia, B. *The Logia of Yeshua: The Sayings of Jesus*, edit. Counterpoint Press, 1996.

Valantasis, R. *El Evangelio de Tomás*, edit. Routledge, Londres, 1997.

Van Voorst, R., *Jesus outside the New Testament*, B. Eerdmans Publishing Co., 2000.

___, *Eternal Life*. Eerdmans Dictionary of the Bible, Edit. David Noel Freedman, 2000.

Vermes G. *El nacimiento de Jesús*, edit. Planeta, 2007. *La Resurrección*, edit. Crítica, 2008.

Vidal, S. *Las cartas originales de Pablo*. Editorial Trotta, Madrid, 1996.

Wells, S. *Drunk with Blood* (Borracho de sangre: Los asesinatos de Dios en la Biblia), edit. SAB Books, 2013.

Wilson B. y Jacobicini, S. *El evangelio perdido*, edit. Pegasus, 2014.

Winter, P., *Sobre el proceso de Jesús*, edit. Aleph, 1995.

William, E. D. *Sobre la muerte física de Jesucristo*. Revista de la Asociación Médica Estadounidense, 255 (11), 1986.

Whittaker, H. *Bible Studies. 'The sun stood still'*, Cannock: Biblia. pp. 72-73.

Este libro, por encomienda de la editorial Almuzara, se terminó de imprimir el 14 de abril de 2023. Tal día, del año 73, en Masada, cerca de Jerusalén, los judíos defensores de la fortaleza cometen un suicidio colectivo para no entregarse a los romanos.